Notas Dissonantes

estranheza como condição para o pensar

Conselho Editorial da LF Editorial

Amílcar Pinto Martins - Universidade Aberta de Portugal

Arthur Belford Powell - Rutgers University, Newark, USA

Carlos Aldemir Farias da Silva - Universidade Federal do Pará

Emmánuel Lizcano Fernandes - UNED, Madri

Iran Abreu Mendes - Universidade Federal do Pará

José D'Assunção Barros - Universidade Federal Rural do Rio de Janeiro

Luis Radford - Universidade Laurentienne, Canadá

Manoel de Campos Almeida - Pontifícia Universidade Católica do Paraná

Maria Aparecida Viggiani Bicudo - Universidade Estadual Paulista - UNESP/Rio Claro

Maria da Conceição Xavier de Almeida - Universidade Federal do Rio Grande do Norte

Maria do Socorro de Sousa - Universidade Federal do Ceará

Maria Luisa Oliveras - Universidade de Granada, Espanha

Maria Marly de Oliveira - Universidade Federal Rural de Pernambuco

Raquel Gonçalves-Maia - Universidade de Lisboa

Teresa Vergani - Universidade Aberta de Portugal

Juliano C. S. Neves

Notas Dissonantes

estranheza como condição para o pensar

2024

Copyright © 2024 o autor
1ª Edição

Direção editorial: Victor Pereira Marinho e José Roberto Marinho

Capa: Fabrício Ribeiro
Projeto gráfico e diagramação: Fabrício Ribeiro

Edição revisada segundo o Novo Acordo Ortográfico da Língua Portuguesa

Dados Internacionais de Catalogação na publicação (CIP)
(Câmara Brasileira do Livro, SP, Brasil)

Neves, Juliano C. S.
Notas dissonantes: estranheza como condição para o pensar / Juliano C. S. Neves. – São Paulo: LF Editorial, 2024.

ISBN 978-65-5563-444-0

1. Diálogo 2. Filosofia 3. Filosofia e ciência I. Título.

24-201668 CDD-100

Índices para catálogo sistemático:
1. Filosofia 100

Eliane de Freitas Leite - Bibliotecária - CRB 8/8415

Todos os direitos reservados. Nenhuma parte desta obra poderá ser reproduzida sejam quais forem os meios empregados sem a permissão da Editora. Aos infratores aplicam-se as sanções previstas nos artigos 102, 104, 106 e 107 da Lei Nº 9.610, de 19 de fevereiro de 1998

LF Editorial
www.livrariadafisica.com.br
www.lfeditorial.com.br
(11) 2648-6666 | Loja do Instituto de Física da USP
(11) 3936-3413 | Editora

agradecimento
à minha querida Elena (или Алёна)
agradeço a leitura e sugestões feitas

aos meus semelhantes
e aos meus dessemelhantes

Sumário

Prefácio 11
Do alto 13
No meio 127
De baixo 257

Prefácio

No futebol, a ausência de um meio-campo torna o jogo excessivamente corrido, confuso e cansativo para quem o joga. Não há uma articulação entre ataque e defesa quando falta um meio-campo. Essa articulação é feita pelo jogador que pensa e organiza o avanço e o recuo, o meio-campista. Na vida intelectual também há uma desarticulação como essa, exemplificada pela *quase* ausência de um diálogo entre ciência e filosofia. Quem, entre os filósofos, conhece as fronteiras da ciência? Quem, entre os cientistas, está por dentro das mais ousadas investigações filosóficas de hoje? *Quase* sempre cientistas filosofam a partir de uma perspectiva já "superada". *Quase* sempre filósofos desconhecem os grandes resultados da ciência atual. No caso da filosofia, quem não tem uma relação hostil com a ciência *quase* sempre se preocupa com uma ciência já datada, assunto de historiadores das ideias. No caso da ciência não é raro deparar-se com quem ainda fala como um realista ingênuo, mesmo depois da criação do mundo quântico. Sem a filosofia, a ciência percorre caminhos já percorridos por filósofos (com outras abordagens), cansando alguém que já conhece as respostas. Sem a ciência, a filosofia não é filosofia, pois não lida com a "totalidade". É, no máximo, história da filosofia.

Neste livro, não apenas o olhar filosófico será lançado à ciência ou o olhar científico à filosofia. Ao dia a dia, ao mundo concreto, "verdadeiro", de carne e osso, olhares de *meio-campista* também serão lançados. No meio-campo articulado aqui, vamos visitar três níveis: Do alto, No meio e De baixo indicam um movimento que vai do geral ao particular, do sublime ao vulgar, do cósmico ao *humano, demasiado humano*. De problemas que podem ser chamados de "universais" à minha experiência em um Brasil. Tomarei empréstimos da filosofia e da ciência, em especial da física. O meio-campo então é uma tentativa de diálogo entre filosofia, ciência e vida, com muitas aspas e muitos itálicos.

Como físico por formação, tudo aquilo que tomo emprestado da física *escrevo deitado*, zombando de quem lê ou não, brincando como o mundo de Heráclito. Pois a física apenas deixa ser tomada para fins de diversão por aqueles que a conhecem. No final das contas, *com ou sem álgebra*, é uma mulher desconfiada, não se abre a qualquer um.

Poços de Caldas, março de 2024

Do alto

1 *Observação do alto*

"A ciência é neutra", dizem. Digo, ao contrário, que neutra não o é. A ciência é alimento de um tipo, o científico. E este gosta de fortes temperos! Não há como ser neutra.

2 *Cozinhas e filosofia*

Conhecimento como alimento *espiritual*. Cada ciência como uma cozinha: quem hoje conhece todos os pratos de uma cozinha ou de todas cozinhas? O grande filósofo como *chef* — ele *pode* escolher quando um prato é adequado e em quais circunstâncias *pode* ser saboreado. O grande filósofo pacientemente escolhe. Diferente do ansioso erudito, um glutão como o Fausto de Goethe.

3 *Física e ética*

Física e ética estão ligadas, unidas. Seja na visão dos pré-socráticos ou na atual que defendo,[1] podemos pensar uma ética ao lado de uma física. Por causa da isonomia moderna, um valor que nos é caro, as leis dos homens e as leis do cosmo valem para todos igualmente. O princípio cosmológico diz que todos os observadores em queda livre, seja aqui ou numa galáxia distante, são equivalentes, observam o mesmo mundo e as mesmas lei da natureza.

4 *Caímos iguais*

Somos iguais diante da queda. Não que todos se *estabaquem* da mesma forma. Existem pessoas que são mais elegantes até quando caem. Somos iguais na queda livre, diante da atração gravitacional, sob a ação de um campo gravitacional, caímos com a mesma aceleração ou $9,8m/s^2$ na superfície da Terra. Acima de tudo ou abaixo de tudo, pois perdemos as noções de acima e abaixo

---

1   Neves, J. C. S. *Demiurgos: sobre a criação de mundos*. São Paulo: Editora Livraria da Física, 2021.

com a lei da gravitação, está aqui uma física — inaugurada por nomes como Galileu, Descartes, Newton e continuada por Einstein — que é moderna na isonomia, no tratamento igual a tudo e a todos. "Somos iguais diante da queda" é uma verdade impossível aos antigos e às suas hierarquias.

5 *Política cósmica*

É possível uma política cósmica, uma forma de agir publicamente de acordo com uma visão cósmica? Sim, em Platão, por exemplo, a ética poderia ser guiada pela cosmologia. Para Platão, no *Timeu*, o criador do cosmo, o Demiurgo, seria um modelo aos cidadãos. O criador criou o cosmo buscando o belo e o bom. Portanto, o cidadão deveria buscar os mesmos valores na vida política. Mais de dois mil anos depois, Nietzsche, com a sua ideia do eterno retorno, tentou criar valores a partir de uma interpretação cósmica. O agir humano seria guiado pela pergunta "você quer isso mais uma vez e por incontáveis vezes?"[2] A nossa política hoje pode ser cósmica também, mas uma comédia cósmica: *buracos negros*, onde o dinheiro público desaparece, e *buracos de minhoca*, onde processos ilegalmente têm os seus caminhos encurtados, são comuns. O princípio cosmológico, que afirma a igualdade entre todos observadores no cosmo, assume uma forma de democracia cósmica. Mas o princípio cosmológico não é perfeito, de acordo com observações, logo nem todos no cosmo são "iguais", assim como nas nossas democracias. Por outro lado, a tragédia cósmica diz que precisamos de supernovas para iluminar os nossos caminhos nesta terra, muitas vezes, desorientada. E quais serão as nossas *supernovas*?

6 *PBB (Partido dos sem Big Bang)*

PBB é o "partido" dos sem *big bang*, daqueles que rejeitam um *big bang* como origem do universo. Apresento aqui o seu manifesto cosmológico: hoje a cosmologia mais popular entre cientistas e não cientistas é o modelo do *big bang*, também chamado modelo cosmológico padrão. Tal modelo, um fruto da teoria da relatividade geral de Einstein, afirma um cosmo em expansão, que em seus primórdios foi muito quente e denso. Há inúmeras observações, feitas

---

2   Nietzsche, F. *A gaia ciência*. São Paulo: Companhia das Letras, 2001, seção 341.

pelos mais avançados telescópios e radiotelescópios, que apoiam o modelo do *big bang*, mas três observações são as mais importantes: o afastamento das galáxias, a radiação cósmica de fundo e a nucleossíntese primordial. Essas três observações indicam, de forma convincente, que o universo foi quente, no passado, e está em expansão. Mas por que dá-se um salto e, a partir dessas observações, afirma-se o *big bang* como sendo o início de tudo? Como disse, a cosmologia hoje é einsteiniana, e é a teoria de Einstein, ou uma solução de suas equações, que afirma um estado inicial singular para o universo, o suposto *big* bang. Suposto pois os dados, as observações, não dizem nada sobre o *big bang* como sendo o estado inicial. Das três obervações citadas, a nucleossíntese primordial fornece os dados mais antigos, mas foram gerados poucos minutos depois do suposto *big bang*. No entanto, na teoria einsteiniana faz-se a regressão temporal, e, a partir de um universo que se expande, as equações mostram que não apenas o universo foi menor no passado, mas também teria tido um "início". É somente a partir da matemática que se afirma um começo ou um *big bang*, também chamado de singularidade inicial. Como disse, não há uma observação que diz respeito ao estado inicial pois o estado inicial é um incondicionado ou númeno. Como bem disse Kant, o incondicionado não faz parte deste mundo que habitamos, não é um objeto para uma ciência, e um númeno pode ser apenas um conceito problemático "que, embora não contenha contradição, e se concatene com outros conhecimentos como limitação de determinados conceitos, não pode ser conhecido de modo algum no que diz respeito à sua realidade objetiva".[3] *Big bang* como númeno é apenas uma limitação ao conceito de trajetória no espaço-tempo na teoria da relatividade. A "realidade" matemática de um *big bang* é "confirmada" pelos teoremas de singularidade de Hawking e Penrose, não é uma realidade física.[4] E como todo teorema tem condições, caso não as aceitemos, os teoremas de singularidade perderão suas validades, serão descartados, ou seja, livrar-nos-emos da singularidade inicial. Sendo a cosmologia uma área da física, busca-se então a observação ou um experimento para o teste ou falseamento de uma proposição ou teoria. Kant muito bem disse que "pensar um objeto e conhecer um objeto não são a mesma

---

3   Kant, I. *Crítica da razão pura*. Petrópolis: Editora Vozes; Bragança Paulista: Editora Universitária São Francisco, 2015, B 310.

4   Neves, J. C. S. *Demiurgos: sobre a criação de mundos*. São Paulo: Editora Livraria da Física, 2021, cap. 4.

coisa".⁵ Aquilo que, a partir de um pensamento, transforma-se em conhecimento deve ser observado, ou, como Kant dizia, deve ser intuído empiricamente. Ao *big bang*, como instante inicial, será negada qualquer observação, mesmo que indireta, pois não é possível observar o incondicionado. Sendo negada a sua observação, o *big bang* será eternamente uma fábula ou, como escrevi, uma sombra do Deus morto.⁶

7 O absoluto na ciência e a morte de Deus

É no *A gaia ciência*, escrito por Nietzsche, onde lemos a declaração da morte de Deus e a previsão da sua influência (ou sombras) nos próximos séculos: "Deus está morto; mas, tal como são os homens, durante séculos ainda haverá cavernas em que sua sombra será mostrada".⁷ Deus no trecho indicado diz respeito às noções de absoluto ainda existentes. Absolutos morais e éticos, científicos, epistemológicos e ontológicos que ainda seriam sombras do deus morto. A afirmação nietzschiana não pode ser lida literalmente como se o deus onipotente, onisciente e onipresente estivesse morto. Não, é a noção de absoluto que é dita no famoso trecho do *A gaia ciência*. Na física, na teoria da relatividade, é dito que a velocidade da luz é um absoluto. A luz, no vácuo, não varia, sua velocidade é sempre aproximadamente 300 000 km/s para qualquer observador, esteja este parado ou em movimento, em aceleração ou não em relação à fonte de luz. Mas aqui, na física, a luz seria somente uma sombra do deus morto e não o próprio deus. Isso porque é possível fazer física com uma velocidade da luz variável. Modelos e teorias com tal proposta têm sido desenvolvidos ao longo das últimas décadas.⁸ Diferem, evidentemente, da teoria da relatividade de Einstein. O interessante aqui é que a velocidade da luz é um absoluto apenas num contexto, o einsteiniano, por exemplo. Em outros, seria variável e não absoluta. Isso justifica considerá-la só uma sombra do deus morto. Pois só Deus seria um absoluto sobre tudo e todos. É a morte dessa noção de absoluto — um absoluto sobre absolutos — que deve ser confirmada.

---

5 Kant, I. *Crítica da razão pura*. Petrópolis: Editora Vozes; Bragança Paulista: Editora Universitária São Francisco, 2015, B 146.
6 Neves, J. O eterno retorno hoje. *Cadernos Nietzsche* 32, 283-296, 2013.
7 Nietzsche, F. *A gaia ciência*. São Paulo: Companhia das Letras, 2001, seção 108.
8 Veja, Kragh, H. *Higher speculations: grand theories and failed revolutions in physics and cosmology*. Oxford: Oxford University Press, 2011, cap. 7.

8 A gravidade pode ser força ou curvatura no espaço-tempo

Proposta por Isaac Newton no século XVII, a lei da gravitação é expressa pela noção de força. A gravidade em Newton, diferente dos antigos como Aristóteles, é uma força de atração entre os corpos. Pensemos em dois corpos: cada corpo é afetado pelo outro, exercendo e sofrendo uma força de atração proporcional às suas massas e inversamente proporcional ao quadrado da distância que os separa. Por séculos, a visão newtoniana foi a dominante, suplantou a de Aristóteles — que é baseada na ideia de que cada corpo tem o seu lugar natural no cosmo — e somente foi desafiada por Einstein no século XX. Albert Einstein foi autor de relatividades. Na primeira, a teoria da relatividade restrita, o objeto de estudo é o movimento dos corpos a altíssimas velocidades, sem levar em consideração a gravidade. Na segunda relatividade, a geral, Einstein apresentou a sua teoria da gravitação. Na teoria da relatividade geral, a gravidade não se apresenta como força entre os corpos, mas como curvatura do espaço-tempo. A Lua é atraída pela Terra porque a massa do nosso planeta altera o espaço-tempo ao seu redor, criando trajetórias especiais, caminhos percorridos pelo nosso satélite natural ao redor do nosso planeta. A massa da Terra "curva" o espaço-tempo, gerando o fenômeno gravitacional. Temos, então, duas formas para falar sobre a gravidade (se excluirmos Aristóteles e Descartes): em Newton, é uma força; em Einstein, o fenômeno gravitacional é curvatura do espaço-tempo. Não são poucos os que afirmam que, por causa de Einstein, Newton foi superado, e "a verdade" sobre o fenômeno gravitacional está em Einstein, com a sua teoria mais avançada e sofisticada, e não em Newton. Discordo. Newton e Einstein trouxeram duas formas de falar sobre o fenômeno gravitacional. Einstein não refutou Newton. São duas perspectivas científicas, só que Einstein trouxe uma perspectiva mais abrangente, pois descreve todos os fenômenos da teoria newtoniana e ainda outros que a teoria de Newton não os prevê. É nesse sentido que a teoria einsteiniana é ainda mais científica do que a newtoniana, possui um maior grau de cientificidade.[9] Portanto, a cientificidade de uma teoria não é binária, não é afirmativa ou negativa exclusivamente. Uma teoria pode, ao invés, apresentar graus de cientificidade. Com uma noção de grau de cientificidade, podemos afirmar que a

---

9   Na cosmologia, propus um grau de cientificidade em Neves, J.C.S. Proposal for a degree of scientificity in cosmology. *Foundations of Science* 25 (3), 857-878, 2020.

gravitação einsteiniana é mais científica do que a newtoniana. Ser menos científica significa que ainda é científica. Por isso, mesmo dentro da ciência, podemos ainda insistir em gravidade como força ou curvatura do espaço-tempo.

9 A gravidade do desconhecido

Sabe aquela equação matemática que descreve a força da gravidade, expressa na chamada lei da gravitação universal ou lei da atração dos corpos de Newton, aprendida na escola? Tal equação tem exercido um enorme domínio em mentes cultas há séculos. Isso acontece porque ela funciona, descreve bem o movimento dos planetas, ao redor do Sol, assim como a queda de uma maçã na cabeça de um distraído. No entanto, a lei da gravitação universal, no tempo de Newton, sofreu críticas por conduzir à conclusão de que os corpos se atrairiam pela força da gravidade a distância, ou seja, a influência gravitacional mútua se mostraria sem um contato entre os corpos. A chamada ação a distância foi perturbadora a muitos críticos de Newton (e ao próprio autor da teoria), fazendo-os apontar na teoria newtoniana algum tipo de simpatia entre os corpos. Antes de Newton, o desenvolvimento da mecânica, a partir de nomes como Descartes e Galileu, deu-se com a premissa de que corpos somente atuariam sobre corpos por contato. E a gravitação newtoniana manifesta-se, claramente, sem contato, a distância, por um desconhecido mecanismo ou uma ignorada origem. Newton, por não saber a origem da influência gravitacional, escreveu honestamente na sua obra-prima: "Pois eu planejo aqui apenas dar uma noção matemática dessas forças, sem considerar suas causas e bases físicas".[10] Com o passar dos séculos, o sucesso nas previsões, a partir da "noção matemática" de força gravitacional, fez com que essa querela fosse deixada de lado, ainda mais depois do surgimento da nova teoria da gravitação, a teoria da relatividade geral de Einstein. Na relatividade geral, como disse, a gravidade não é mais vista como uma força como em Newton, mas como curvatura num espaço-tempo quadridimensional. Com a tentativa de transformar a teoria da relatividade geral ou algo semelhante numa teoria quântica, surge então a noção de gravidade quântica como algo que traz aquilo que Newton não trouxe em sua teoria: o contato entre os corpos. Numa tentativa de tornar quântica uma

---

10   Newton, I. *The Mathematical principles of natural philosophy*. New York: Daniel Adee, 1846, def. VIII.

teoria como a de Einstein, os quanta do campo gravitacional seriam uma partícula chamada gráviton, assim como na teoria quântica da luz (a eletrodinâmica quântica) o fóton é o quantum da luz. Grávitons seriam supostamente trocados entre corpos, a gravidade se apresentaria, então, por absorções e emissões de grávitons entre os corpos, ou seja, como alguma forma de "contato" entre os corpos. No entanto, ainda não detectamos um gráviton sequer, nem ao menos temos uma teoria quântica da gravidade em sua forma final, logo o fenômeno gravitacional ainda permanece misterioso, em sua origem, como no tempo de Newton. Mas o sucesso da fórmula ou equação continua a *encantar...*

10 *Gravidade da prisão*

A gravidade é uma prisão, e Gagarin foi o primeiro fugitivo. Há algum tempo que essa metáfora fez sentido para mim. É curioso notar que com a busca de planetas fora do sistema solar, os exoplanetas, pesquisadores têm afirmado que, em gigantes encontrados, o campo gravitacional seria tão intenso que a velocidade de escape — aquela velocidade mínima necessária para um foguete sair do planeta — seria muito grande. Para alguns,[11] este seria um motivo para civilizações extraterrestres ficarem presas em tais planetas gigantes e não passearem por aí. Claro, a argumentação é baseada na *nossa ciência*. E caso seja uma *realidade*, mostrará mais uma entre tantas prisões.

11 *A irresistível teoria de Einstein*

A teoria geométrica da gravitação einsteiniana — como poderia viver sem conhecê-la? A relatividade geral, mesmo para muitos físicos, é ainda uma teoria pouco conhecida. A grande obra do físico alemão é um *novo* olhar para a gravitação: um olhar mais rico em detalhes em relação à gravitação de Newton. Nem mesmo o conceito de força utiliza! Na relatividade geral, a trajetória de um objeto no espaço-tempo é solução das chamadas equações da geodésica. Num espaço-tempo qualquer, a interdependência entre geometria e matéria-energia determina a trajetória de todos os corpos. A geometria tem um papel

---

11   Hippke, M. Spaceflight from Super-Earths is difficult. *International Journal of Astrobiology 18* (5), 393-395, 2019.

aqui ainda mais importante. Segundo Jammer,[12] a geometrização da física foi o sonho de Descartes realizado, num certo sentido, por Einstein. A relatividade geral, bem-sucedida em todos os testes até hoje, está ainda à espera de outros desafios. Os mais novos envolvem intensos campos gravitacionais — como os gerados por buracos negros supermassivos — que poderão mostrar as limitações da teoria einsteiniana. No entanto, sem mesmo ir para um teste, a relatividade geral mostra uma *rachadura*. Singularidades surgem naturalmente na teoria de Einstein, segundo os teoremas de singularidade de Hawking e Penrose.[13] Espera-se resolvê-las, eliminá-las, com uma teoria quântica da gravitação. Mas tal teoria não existe. É, neste momento, apenas uma esperança dos físicos. Na mais atraente aplicação da relatividade geral — a cosmologia —, tentativas de eliminar a singularidade inicial ou *big bang* conduzem às cosmologias fora do modelo padrão. A esperteza de cosmólogos ousados traz à luz cosmologias eternas — visões de um universo sem começo ou fim *no tempo*. A discussão científica de cosmologias eternas já existia no século XIX. Porém, no século XX a relatividade geral e a recente energia escura corroboram *ainda mais* a ideia de uma eternidade imanente.[14]

12 *O poder das geometrizações*

A geometrização da física ou da natureza é um processo que se acelera. Na teoria da relatividade geral de Einstein isso é muito claro. O fenômeno gravitacional manifesta-se como curvatura num espaço-tempo quadridimensional. Mas a geometrização da física não é algo recente. Descartes tentou uma no seu *Do mundo*. E, muito antes, Platão mostra no *Timeu* uma natureza geometrizada, onde triângulos formam o "fundamento do mundo" físico. Que não se minimize o poder das geometrizações. Para Koyré, uma das condições para o surgimento da física moderna (com Galileu, Descartes e Newton) foi a geometrização do espaço.[15] A partir da modernidade, o espaço foi representado pelo espaço euclidiano — homogêneo e isotrópico. Os modernos recusaram o

---

12 Jammer, M. *Concepts of force*. New York: Dover Publications Inc., 1999.
13 Veja Neves, J. C. S. *Demiurgos: sobre a criação de mundos*. São Paulo: Editora Livraria da Física, 2021, cap. 4.
14 Neves, J. O eterno retorno hoje. *Cadernos Nietzsche*, 32, 283-296, 2013.
15 Koyré, A. Galileo and Plato. *Journal of the History of Ideas*, 4 (4), 400-428, 1943, p. 403

espaço hierarquizado dos antigos, com os seus lugares naturais. A representação da natureza ou do espaço, a partir da modernidade, adequa-se ao democratismo, à isonomia. *Não há lugar privilegiado, todos os lugares são equivalentes!* Com Einstein, o espaço torna-se espaço-tempo, e a geometria para descrever os fenômenos gravitacionais é a não-euclidiana ou curva. A geometrização é tamanha que, em fenômenos como buracos negros, a partir da forma conclui-se a dinâmica. A simples forma da sombra de um buraco negro diz se o buraco roda sobre o seu eixo ou não. Forma é traduzida por dinâmica.[16] "A natureza foi escrita na linguagem da geometria", alguém poderá dizer. Sim, eu digo, mas somos nós os escritores — nós, os demiurgos!

13 *Momentos sobre o espaço*

Momentos na discussão sobre o espaço: a tese substantivista e a tese relacional. A primeira afirma que o espaço é uma substância independente dos corpos. Na segunda, o espaço ou a noção de espaço surge a partir da relação entre os corpos. A primeira posição foi a de Newton. Já a segunda, a de Leibniz.[17] E a teoria de Einstein o que diz? Nesse caso, a disputa prossegue. Talvez, uma *eterna* aporia.

14 *Posições sobre o tempo*

Posições na discussão sobre o tempo: a realista e a idealista. A primeira afirma que o tempo existe independente de nós. Na segunda, o tempo é algo que "colocamos" nas coisas. Na física, a posição é, em geral, realista. Em filosofias como a de Kant, a posição é idealista. Mas com a teoria da relatividade, parece-me que as duas posições se encontram em algum ponto no espaço-tempo: na teoria de Einstein, o tempo é tido como uma "realidade", que depende de nós, os observadores. Há ainda outras posições sobre o tempo: o presentismo e o eternalismo. No presentismo, só o presente é real. Já no eternalismo, passado, presente e futuro "coexistiriam". A teoria da relatividade geral dá ensejo ao eternalismo, com o tempo tendo aspecto de espaço

---

16   Veja, Neves, J. C. S. Geometrization 3.0: the black hole shadow, arXiv:2212.06054.
17   Veja, por exemplo, Sklar, L. *A Filosofia da Física*. São Paulo: Contraponto, 2021.

— tempo como uma coordenada espacial, como uma direção num espaço-tempo quadridimensional.[18]

15 *Uma suave introdução aos buracos negros*

Dentre as possíveis soluções das chamadas equações de Einstein, os buracos negros estão entre as mais interessantes. Possível ligação entre a macro e a microfísica (teoria da relatividade geral e mecânica quântica), um buraco negro é um objeto físico *simples*. Para caracterizá-lo bastam poucas variáveis. Três apenas, de acordo com a conjectura da calvície:[19] massa, carga e momento angular ou rotação. No chamado *mundo real*, em galáxias, acredita-se que sejam neutros, sem carga elétrica, com massas variadas e com movimento de rotação. Um objeto desses é definido pelo seu horizonte de eventos. Dentro deste horizonte, não se pode mais sair, nem mesmo a luz escapa-lhe. Está aí a origem do seu nome (fora do horizonte de eventos, um cientista não pode realizar um experimento para medir diretamente algo que ocorre dentro). Daí um horizonte de eventos delimitar os "muros" de um buraco negro, uma prisão cujo portal poderia ter as mesmas inscrições do portal do inferno de Dante: "Deixai toda esperança, ó vós que entrais".[20] Em sua região ainda mais interna nem mesmo pistas existem, pois uma singularidade *supostamente* surge no interior de um buraco negro, demolindo toda a física atual. Mas há escapatória... Enquanto a *messiânica* teoria quântica da gravitação não resolve este e outros problemas, uma ainda não existente teoria que unifique a teoria quântica e a teoria da relatividade geral, *jeitinhos* são dados. Buracos negros regulares são objetos não singulares, sem uma singularidade dentro do buraco.[21] A física de Einstein é válida em todo o espaço-tempo, desde que violações em condições bem estabelecidas sejam aceitas como razoáveis. Tais condições surgem dos teoremas de singularidade de Hawking e Penrose.[22] Tais teoremas estabelecem que, a partir de condições razoáveis para a matéria-energia e para a geometria

---

18 Ibidem.
19 Veja Neves, J. C. S. *Demiurgos: sobre a criação de mundos*. São Paulo: Editora Livraria da Física, 2021, cap. 4.
20 Alighieri, D. *A divina comédia*. São Paulo: Editora 34, 1998, verso IX, Inferno, Canto III.
21 Veja Neves, J. C. S. *Demiurgos: sobre a criação de mundos*. São Paulo: Editora Livraria da Física, 2021, cap. 4.
22 Ibidem.

do espaço-tempo, singularidades são uma necessidade. Mas caso não se obedeçam a tais condições, caso violações sejam propostas, o problema das singularidades é resolvido. E tal problema está entre os mais candentes hoje. Na cosmologia, por exemplo, a singularidade chama-se *big bang*.

16 Uma suave introdução à ciência mais poderosa: a cosmologia

Cosmologia, como dizemos hoje, é uma obra recente, ainda em construção. A cosmologia científica de hoje surge com as equações de Einstein, publicadas como as conhecemos como teoria da relatividade geral, em 1916. Soluções das equações de Einstein nos dizem sobre a dinâmica do universo: sua expansão, contração ou não. Mas a aceitação da expansão cósmica ocorreu somente com a detecção do movimento relativo das galáxias. Foi depois de Hubble, em 1929, que a *crença* na expansão cósmica ganhou espaço. Nem mesmo Einstein acreditava, pois quando escreveu suas equações, adicionou um termo, chamado constante cosmológica, com intuito de ter um universo estático, sem expansão ou contração. A chamada constante cosmológica foi, segundo dizem, o maior erro de Einstein, assumido pelo próprio autor da relatividade. Mas em 1998, a observação da expansão acelerada do universo trouxe a constante cosmológica ao debate científico. Tal constante seria responsável pela expansão cada vez mais rápida do cosmo. Hoje é comum atribuir o nome de energia escura àquilo que promove a expansão acelerada do cosmo. No modelo mais aceito para descrever o universo, a energia escura é representada pela velha constante cosmológica, criada por Einstein. E algo como a energia escura abre portas para o infinito. Pois no modelo padrão cosmológico, num tempo finito no passado, quase quatorze bilhões de anos atrás, existe aquilo que é chamado de *big bang* ou a singularidade inicial. Este "estado inicial" para o universo provoca, atualmente, o desmoronamento de toda a física bem estabelecida. A teoria de Einstein somente é incapaz de dizer algo sobre o que é o *big bang*. A messiânica teoria quântica da gravidade, algo inexistente ainda hoje, é tida como uma solução para esse problema e outros tantos. No entanto, como não temos uma teoria quântica da gravidade completa, a energia escura entra como um tipo de energia que pode evitar o problema da singularidade inicial ou *big bang*. Cosmologias sem a singularidade inicial — chamadas de cosmologias com ricochete — podem não ter um "estado inicial". Uma forma exótica de energia, como a energia escura, pode conduzir à ausência de um início para o cosmo. O universo, então, é visto como eterno. Temos, dessa forma, uma cosmologia ousada, ateísta, pois bane completamente qualquer sombra do Deus morto. Em *A gaia ciência*, Nietzsche escreveu: "Deus está morto; mas, tal como são os homens, durante séculos ainda haverá cavernas em que sua sombra será mostrada."[23] Como tenho afirmado,[24] mais uma sombra do Deus morto pode ser o *big bang*: uma sombra terrível. Removendo-o com um ricochete, livramo-nos de mais uma entre tantas...

17 Proposta para um grau de cientificidade e uma cosmologia sem o não científico big bang

Intuitivamente damo-nos conta de que existem ideias, teorias e conceitos mais científicos do que outros. Por exemplo, na cosmologia o fenômeno da radiação cósmica de fundo é mais bem estabelecido do que o fenômeno energia escura, ou seja, é mais científico. Com isso em mente, construí um grau de cientificidade num artigo.[25] Por enquanto, somente aplicado a cosmologias. Para ilustrá-lo sucintamente, divido aqui o artigo em duas partes: (1) A partir de um exame da problemática noção de *big bang*, usando o que é mais avançado dentro da teoria da relatividade geral, discuto a falta de um conceito para tal noção. Por que falta? Porque, com a ajuda de Kant, mostro que o *big bang* é um tipo daquilo que o filósofo alemão chamou de númeno. Para Kant, o númeno, num sentido negativo, é uma privação do conhecimento, um limite a partir do qual o intelecto e os nossos sentidos (a sensibilidade) não podem ir: "Chamo problemático a um conceito que não contenha contradição e que, como limitação de conceitos dados, se encadeia com outros conhecimentos, mas cuja realidade objetiva não pode ser de maneira alguma conhecida."[26] Como a ciência é construída a partir do fenômeno, o *big bang* como númeno está ausente da ciência, mostra-se como um conceito problemático e uma limitação à ciência, algo que não provê um claro conceito nem um dado observacional. Então, que

---

23   Nietzsche, F. *A gaia ciência*. São Paulo: Companhia das Letras, 2001, seção 108.
24   Neves, J. O eterno retorno hoje. *Cadernos Nietzsche* 32, 283-296, 2013.
25   Idem. Proposal for a degree of scientificity in cosmology. *Foundations of Science* 25 (3), 857-878, 2020.
26   Kant, I. *Crítica da razão pura*. Petrópolis: Editora Vozes; Bragança Paulista: Editora Universitária São Francisco, 2015, B 310.

não se fale que o *big bang* seja a descrição científica para a origem do mundo, pois o *big bang* nem científico o é. (2) Excluindo o *big bang* da narrativa científica, temos opções de cosmologias sem uma origem singular. Desenvolvo, então, um grau de cientificidade a partir da diferença entre pensar e conhecer, estabelecida pelo mesmo Kant:[27] "*Pensar* um objeto e *conhecer* um objeto não é pois uma e a mesma coisa." Então, aquilo que é conhecido é descrito como um conjunto *fuzzy*. Ou seja, a partir da matemática dos conjuntos *fuzzy*, podemos assumir que existem graus para aquilo que chamamos conhecimento. Logo, a suspeita que nos indica resultados mais ou menos científicos encontra uma definição formal a partir de uma cientificidade *fuzzy*. Aplicado a cosmologias, o grau de cientificidade mostra que modelos cosmológicos com fenômenos *pré-big bang* (fenômenos que teriam ocorrido na fase de contração anterior à atual fase de expansão cósmica) são potencialmente mais científicos, têm virtualmente um maior grau de cientificidade.

18 *A metafísica dos buracos negros*

Buracos negros estão entre os objetos mais curiosos e interessantes da teoria da relatividade geral de Einstein. Estão na teoria einsteiniana porque são soluções das equações do campo gravitacional, chamadas *equações de Einstein*. E não apenas buracos negros são soluções das equações de Einstein. O próprio espaço-tempo cosmológico é uma solução dessas equações. A partir de algumas exigências que dizem respeito à simetria do espaço-tempo e à matéria, as equações de Einstein fornecem soluções. Tudo *a priori*, antes de qualquer verificação empírica com um grande telescópio. E aqui entramos na *metafísica*. Que a região externa a um buraco negro, a sua vizinhança, possa ser observada e investigada, é algo que hoje temos notícia. Mas um buraco negro possui uma região interna. A divisão entre o interior e o exterior é feita pelo horizonte de eventos. A partir de dentro, não se pode atingir o que está fora. A não ser que essa escapada seja a uma velocidade acima à da luz. E algo que viaje acima da velocidade da luz no espaço interstelar ainda não foi observado. Sendo assim, dentro de um buraco negro há um *mundo* em que podemos apenas conjecturar a partir de equações matemáticas. Sem a possibilidade de uma observação direta e de um dado observacional para quem está fora, a região interna de um

---

27   Ibidem, B 146.

buraco negro torna-se objeto de discussão *metafísica*. Porque aquilo que foge à nossa observação ou intuição empírica (no sentido de Kant) é um objeto metafísico e não físico. Podemos até pensar sobre, mas não o conheceremos, pois pensar e conhecer não são a mesma coisa. *Talvez, boa parte do que há de fundamental na física de hoje seja... metafísica.*

19 *Singularidades*

Mas afinal, o que é afinal uma singularidade? Na física de hoje, o indizível ou número, uma insuficiência e *quase* inevitável consequência da teoria da relatividade geral e dos teoremas de singularidade. Na vida, uma singularidade também manifesta-se como indizível: um homem ou uma mulher que estão além do comum. Neste caso, a insuficiência das palavras é uma consequência do fracasso da gramática, pois esta lida com conceitos, com aquilo que se tornou comum. Na física, o fracasso é teórico.

20 *Violações*

Nós, físicos e cosmólogos, devemos praticar violações. Até mesmo sólidos teoremas podem ser violados. Somente assim teremos o novo velho mundo novamente, eternamente, infinitamente... E para isso, condições nada insignificantes serão violadas, pois o crime será grandioso.

21 *Resolvendo os problemas de Einstein*

O grande Einstein criou problemas na medida em que os resolveu. Quando nos entregou uma nova teoria da gravidade há mais de 100 anos, a teoria da relatividade geral, resolveu o problema do periélio de Mercúrio e proveu a melhor interpretação da observação posterior (em 1929, feita por Hubble) do afastamento das galáxias, a expansão do universo. A teoria da relatividade geral interpreta o afastamento das galáxias distantes como expansão do tecido espaçotemporal. Mas problemas surgiram com a nova ideia einsteiniana: o problema do *big bang*, a singularidade inicial ou a origem do universo, e as singularidades dentro de cada buraco negro. O chamado problema das singularidades tem alguma solução hoje? Sim. Buracos negros regulares são uma tentativa de resolver um desses problemas de Einstein. Ao invés de uma singularidade no interior do buraco negro, onde a teoria einsteiniana não funciona, podemos ter um espaço-tempo de Sitter[28] onde todas as quantidades físicas são bem-comportadas, ou seja, previsíveis. E um dos problemas de Einstein resolve-se com um truque matemático que evita e viola as consequências dos teoremas de singularidade. Porque toda essa conversa de singularidades é matemática. Nem tudo o que uma equação confessa é verdadeiro...

22 A ecpirose hoje

Na filosofia estoica ecpirose significa: a conflagração universal. De tempos em tempos, de eras em eras, tudo é fulminantemente aniquilado pelo fogo, tudo retorna ao ponto inicial. Em 1888, Nietzsche escreveu que sua doutrina do eterno retorno "(...) poderia afinal ter sido ensinada também por Heráclito. Ao menos encontram-se traços dela no estoicismo, que herdou de Heráclito quase todas as suas ideias fundamentais."[29] Em sua doutrina, tudo retorna. O retorno para Nietzsche é de tudo na mesma "sequência e ordem".[30] Em sua versão atual, a partir da física de hoje, a cosmologia ecpirótica utiliza-se de uma conflagração universal — um período em que o espaço-tempo teria se contraído lentamente, antes da *suposta* singularidade inicial ou *big bang*. Em sua forma mais ousada, a cosmologia ecpirótica atual desdobra-se numa cosmologia cíclica: o nosso universo expandiria e contrairia a si mesmo eternamente, em ciclos que poderiam durar trilhões de anos.[31] Como ficaria alegre Nietzsche se soubesse de tal ousadia! Pois sua ideia de retorno pressupõe a eternidade, ou seja, a negação de um início e de um fim para o tempo.

---

28 Um espaço-tempo de Sitter, construído por Willem de Sitter, é um espaço-tempo vazio (sem matéria) em expansão. A existência de um núcleo de Sitter evita o aparecimento de uma singularidade dentro de um buraco negro. Veja, Neves, J. C. S. & Saa, A. Regular rotating black holes and the weak energy condition. *Physics letters B* 734, 44, 2014.
29 Nietzsche, F. *Ecce Homo*. São Paulo: Companhia das Letras, 1995, O nascimento da tragédia, 3.
30 Idem. *A gaia ciência*. São Paulo: Companhia das Letras, 2001, seção 341.
31 Para um estudo sobre as cosmologias cíclicas a partir da teoria da relatividade, veja Kragh, H. *Higher speculations: grand theories and failed revolutions in physics and cosmology*. Oxford: Oxford University Press, 2011, cap. 8.

23 A ecpirose ainda é possível

Dentre as cosmologias atuais fora do padrão — aquelas que dispensam o *big bang* como o início do cosmo —, a cosmologia ecpirótica tem sido a mais estudada e desenvolvida. Surge no início deste século, com o trabalho de Khoury, Ovrut, Steinhardt e Turok,[32] tendo o intuito de eliminar o problema da singularidade inicial (o *big bang*) do horizonte da pesquisa cosmológica. A cosmologia ecpirótica descreve o *big bang* apenas como a transição entre uma fase de contração cósmica e uma fase de expansão (a atual fase). Seu nome vem da conflagração universal estoica. Na atual cosmologia ecpirótica, a lenta fase de contração, que antecedeu a atual fase expansão, resolve alguns problemas cosmológicos, como a homogeneidade, isotropia e a planaridade cósmicas, utilizando, por exemplo em suas últimas versões, dois campos quânticos escalares adicionais. Ou seja, a descrição do cosmo nessa fase, na ecpirose, é realizada totalmente pelo campo gravitacional e dois campos escalares. Outro grande feito dessa cosmologia científica atual é a capacidade de bem proporcionar uma descrição para a origem da formação de estruturas (como galáxias) por meio das chamadas perturbações cosmológicas. Atualmente, todo bem-sucedido modelo cosmológico deve descrever a origem das estruturas cósmicas. Assim como na cosmologia padrão (aquela em que o *big bang* é "inevitável"), na cosmologia ecpirótica o mecanismo de geração das perturbações cosmológicas pode adequar-se aos dados de recentes fontes como o telescópio Planck.[33] Ou seja, a cosmologia ecpirótica não está descartada, a ecpirose pode ainda estar em nosso horizonte.

24 Os estoicos ainda estão aqui

A escola de Zenão, fundada no século III a. C, ainda está presente em nós. Foucault[34] escreveu que os estoicos reapareceram no século XVI com o problema do governo de si, que conduziu ao problema do governo, da arte de

---

32 Khoury, J., Ovrut, B. A., Steinhardt, P. J., and Turok. N. The ekpyrotic universe: colliding branes and the origin of the hot big bang. *Physical Review D* 64, 123522, 2001.

33 Veja, por exemplo, Angelika Fertig, A., Lehners, J. L., and Mallwitz., E. Ekpyrotic perturbations with small non-Gaussian corrections. *Physical Review D* 89 (10), 103537, 2014.

34 Foucault, M. *Microfísica do poder*. São Paulo: Graal, 2012, p. 407.

governar. Adorno e Horkheimer[35] escreveram que a frieza burguesa é estoica. Como vimos, no século XXI ressurge a cosmologia estoica, os universos ecpiróticos com Khoury, Ovrut, Steinhardt e Turok. Na versão atual da cosmologia estoica, a ecpirose antecederia a atual fase de expansão cósmica. A conflagração universal, a ecpirose, retorna... Os estoicos ainda estão aqui.

25 *Uma provocação aos físicos*

Na condição de um físico — mas não somente — farei uma provocação aos meus amigos físicos. Desde cedo é aprendida a chamada visão de mundo da física, aquela na qual existem leis que governam os fenômenos naturais. Leis que para muitos são universais, eternas, imutáveis e ditam *necessariamente* os processos naturais (exemplos de algumas delas: lei da gravitação universal, leis da termodinâmica etc.). Será que tais leis existem, são fatos, ou são interpretações movidas por algo que é anterior à ciência? Uma possível resposta encontra-se no *Além do bem e do mal*, onde Nietzsche escreve: "(...) essa 'lei da natureza', da qual vós, físicos, falais tão orgulhosamente, (...) não é nenhum fato, nenhum 'texto', antes somente um arranjo ingênuo-humanitário e uma deturpação de sentido com que vindes à saciedade ao encontro dos instintos democráticos da alma moderna!"[36] Ou seja, para Nietzsche, na origem da ciência moderna, existem valores, isto é, uma forma de avaliar "o mundo" antropomórfica que nega hierarquias e privilégios. O físico moderno, segundo Nietzsche, um homem democrático, crê na "'igualdade perante a lei por toda a parte'", afirmando que "'nisso a natureza não é diferente e nem melhor do que nós'". Os ditos problemas de hierarquia[37] em física de partículas, por exemplo, problemas para os físicos dos séculos XX e XXI, não seriam um problema somente num mundo que vive tempos democráticos? Então, à interpretação da física moderna, Nietzsche, na mesma passagem em *Além do bem e do mal*, contrapõe a sua e diz que "(...) poderia vir alguém que, com intenção e arte de interpretação contrária, soubesse ler na mesma natureza e com vistas aos mesmos fenômenos precisamente a imposição tirânica impiedosa e implacável

---

35 Adorno, T. & Horkheimer, M. *Dialética do esclarecimento*. Rio de Janeiro: Zahar, 1985, p. 86.
36 Nietzsche, F. *Além do bem e do mal*. São Paulo: Companhia das Letras, 1992, seção 22.
37 Problemas de hierarquia dizem respeito, por exemplo, a grandes diferenças entre as interações físicas, como a gravitacional e a nuclear fraca.

de pretensões de poder". Nietzsche continua dizendo que tal "intérprete (...) concluiria afirmando acerca do mundo o mesmo que afirmais, a saber, que ele possui um decurso 'necessário' e 'calculável', mas não porque nele regem leis, senão porque absolutamente faltam as leis, e todo poder, a todo momento, extrai sua última consequência". Vemos, assim, que Nietzsche oferece uma alternativa — que está "fundamentada" na vontade de poder e na ausência de leis — à interpretação física. Por fim, para aquele que vai apontar o dedo para Nietzsche e dizer que isso o que ele diz também é uma interpretação, o filósofo continua: "Supondo que também isso seja uma interpretação — e sereis rápidos o bastante para objetar isso? —, então, tanto melhor". Ora, por que dar ouvidos ao alemão? Por que desfrutar de mais uma interpretação, além da física? Não seria aquele com mais rico?

26 *Uma teoria especial da regularidade natural*

O que é uma lei da natureza? Adoto aqui e acolá[38] a teoria da regularidade para responder essa pergunta. A teoria da regularidade é uma perspectiva filosófica que assume que as leis da natureza são apenas descrições ou interpretações dos "fatos", ou seja, as leis não governam o mundo como o *nous* demiúrgico nem são princípios metafísicos como o necessitarismo, que se opõe ao regularismo, afirma. Minha escolha à teoria da regularidade dá-se pela minha recusa em aceitar algo como uma necessidade nomológica, um "princípio" aceito pelo necessitarismo. Na teoria da regularidade, verdades universais de "fato" não se dividem em contingentes e necessárias. Leis naturais são verdades universais contingentes que dispensam a necessidade nomológica, algo que os próprios necessitaristas têm dificuldades em definir. Propus uma "versão especial" para a teoria, válida somente no universo observável, versão construída a partir do trabalho desenvolvido por Swartz.[39] Na versão de Swartz, leis naturais valem em todo tempo e lugar do universo. Como disse, limito agora as leis ao universo observável, que é um conceito derivado da teoria da relatividade. O universo observável é uma esfera em torno de nós, aqui na Terra como observadores, com raio de $4,4 \times 10^{26}$ metros. Na sua borda estão os eventos mais distantes, caso se conceba um universo com idade finita de 13,8 bilhões

---

38 Neves, J. C. S. Special theory of regularity. arXiv:2204.08413.
39 Swartz, N. *The concept of physical law*. Cambridge: Cambridge University Press, 1985.

de anos. Para além do universo observável deveríamos nos calar (*ou quase...*). Então, leis devem ser descrições no universo observável. Além da limitação ao universo observável, como nunca saberemos se conhecemos ou não todas as leis da natureza, qualquer tentativa de construir uma "teoria de tudo" (algo buscado por físicos famosos) está condenada ao fracasso. A teoria da regularidade defende um enorme número de leis da natureza, talvez infinitas, e novas leis que poderão ser instanciadas no futuro, em novos fenômenos. Logo, não se poderia reduzi-las a um conjunto pequeno de leis, como assumem os proponentes da teoria de tudo. Assim, uso a teoria da regularidade para falar de multiversos, a especulação com aparência de ciência (*só aparência*) em que é assumida a existência de muitos universos. A partir da teoria da regularidade especial proposta por mim e da noção de evento único (único do seu tipo, como correr 100 metros abaixo dos 9 segundos, algo impossível até agora no nosso mundo), podemos concluir que há mundos com a mesma sequência de eventos únicos do nosso mundo, logo com as mesmas leis que foram instanciadas na mesma sequência de eventos únicos; e há mundos com sequências de eventos únicos diferentes, logo com leis da natureza diferentes e sempre desconhecidas por nós. O primeiro tipo de multiverso pode ser lido como uma espécie de eterno retorno em paralelo, em universos paralelos num cenário de multiverso. Eventos únicos aqui e acolá se repetiriam eternamente. Ao invés de "tudo na mesma sequência e ordem", como disse Nietzsche,[40] seriam todos eventos únicos na mesma sequência e ordem *em paralelo*.

27 Quimera e realidade

O que é a teoria final? Para muitos físicos, será a teoria de *tudo*, aquela que irá descrever e bem prever todos os fenômenos físicos: do micro ao macrocosmo. O que é a teoria final para mim? Uma quimera enquanto teoria de *tudo* e uma realidade no dia da extinção humana... nem que no último dia tenhamos o que temos. Nesse dia, tudo terá a sua versão final — enfim!

---

40 Nietzsche, F. *A gaia ciência*. São Paulo: Companhia das Letras, 2001, seção 341.

28 Milagre

Como gostaria de ver um milagre: da regularidade do vir a ser, a irregularidade; das "leis da física", o delito. Mas não estaríamos *justamente injustamente* condenados a não vê-lo?

29 Multiverso

A ideia de multiverso é a especulação que afirma a existência de inúmeros universos além do nosso, sejam semelhantes ou não. Tal ideia é *quase* uma metafísica, já que concebe a existência de entidades para *além* do universo observável. É *quase* e não uma metafísica porque ainda tenta fornecer algum meio para verificá-la empiricamente. É provável que *nunca* conseguiremos uma resposta final sobre o tema. Dados observacionais que podem apontar para uma influência de "universos paralelos" sobre o nosso universo poderão ser *sempre* interpretados por outras ideias ou teorias que afirmam a existência somente deste único cosmo. Teríamos aqui a velha aporia *uno* x *múltiplo* já apresentada a nós no *Parmênides* de Platão?

30 O universo teve ou não uma origem?

Uma das grandes questões humanas, "o universo teve ou não uma origem?", ficará eternamente sem a resposta científica final. No século XVIII, Kant tratou essa questão no *Crítica da razão pura* e a chamou de primeira antinomia da razão pura. Uma antinomia é formada por uma tese e uma antítese. No caso da primeira antinomia da razão pura, a tese pode ser resumida como "o universo teve uma origem" e a antítese como "o universo não teve uma origem". Kant mostrou que a ciência e a filosofia (não dogmática) não têm como escolher a tese ou a antítese, ambas têm pontos a favor e contra, ou seja, cada uma pode destruir a outra, fazendo com que a resposta à grande questão da origem universal não seja possível. Por resposta científica e filosófica, Kant quis dizer uma resposta amparada numa intuição empírica, ou seja, uma resposta que tenha algum dado empírico para confirmá-la, pois um pensamento só é um conhecimento, segundo o filósofo, caso tenha um dado da experiência para embasá-lo. Por não possuirmos um dado empírico sobre a origem do universo ou a sua eternidade, a razão pura extrapola, passa por cima dos dados empíricos e das regras do entendimento e cria as fictícias antinomias da razão pura. A primeira antinomia, que trata da origem cósmica, pode ser atualizada com a teoria da relatividade geral e a mecânica quântica. No modelo padrão cosmológico, o *big bang* é supostamente considerado o estado inicial e a origem do universo, mas o que temos são dados de poucos minutos depois do suposto *big bang*, durante a nucleossíntese primordial, e jamais teremos um dado de algo singular e incondicionado como o suposto estado inicial cósmico. Por outro lado, caso aceitemos a eternidade cósmica a partir de cosmologias fora do modelo padrão, como eu prefiro, a eternidade passada ou a infinidade de ciclos cósmicos anteriores jamais propiciará um dado afirmando a infinitude temporal. Poderemos ter dados, como ondas gravitacionais de um ciclo anterior, porém jamais da infinidade de ciclos pois um dado empírico é algo condicionado e finito, jamais terá a marca da eternidade ou de uma infinitude temporal. Sendo assim, resta-nos explorar cosmologias fora do padrão, sem o *big bang*, com vistas não a uma resposta final sobre a não origem do universo (pois não teremos tal resposta em termos científicos). Além das questões teóricas, a construção de modelos cosmológicos eternos terá uma finalidade não teórica, terá fins práticos, ou seja, éticos. A experiência da eternidade, seja como possibilidade, poderá ter repercussões éticas. E isso já foi afirmado por Nietzsche num fragmento de 1881: "Embora a repetição cíclica seja somente uma probabilidade ou possibilidade, mesmo o pensamento de uma possibilidade poderá nos abalar e transformar não apenas sensações ou determinadas expectativas!"[41]

31 *Claro erro sobre a energia escura*

Sendo, de acordo com os mais recentes dados, aproximadamente 70% do conteúdo de matéria-energia do universo, a energia escura é a origem para a expansão acelerada do cosmo. Quase todos físicos hoje dizem que a energia escura é algo ainda "totalmente desconhecido". Ora, sendo pensada matematicamente ou dentro de uma teoria como a teoria da relatividade, a energia escura não pode ser tida como "totalmente desconhecida". No *Dialética do*

---

[41] Nietzsche, F. *Sämtliche Werke. Kritische Studienausgabe*. Berlin-New York: Walter de Gruyter, 1978, 11 [203]. Veja também, Neves, J. C. S. Cosmologias de antípodas: Platão e Nietzsche. *Veritas* 66 (1), e37956, 2021.

esclarecimento, Adorno e Horkheimer afirmam que "(...) no procedimento matemático, o desconhecido se torna a incógnita de uma equação, ele se vê caracterizado por isso mesmo como algo de há muito conhecido (...)"[42], possibilitando ao cientista "estar a salvo do retorno do mítico."[43] Ou seja, a energia escura já é caracterizada e interpretada como algo conhecido, como um termo das equações de Einstein, por exemplo, não podendo ser tida então como "totalmente desconhecida". Mas os físicos e cosmólogos afirmam que o "totalmente desconhecido" significa o não conhecimento de sua origem. Então, caros, se esse for o critério, tudo será desconhecido pois caso tudo seja proveniente de campos quânticos, podemos ainda perguntar: "Qual é a origem do campo quântico?" Não teremos uma resposta. Pior são aqueles que, a partir do que temos hoje, decretam a impossibilidade da expansão acelerada (cuja causa é a energia escura) terminar, sendo então impossíveis num futuro longínquo uma contração cósmica e a visão de um universo cíclico, com fases de expansão e contração sucessivas. Assegurar o impedimento de uma visão cíclica do universo afirmando, ao mesmo tempo, "desconhecer" a energia escura é, no mínimo, um claro erro.

32 *Mundos passados*

Buscar vidas passadas é hoje uma bobagem. Qualquer crença numa vida passada, em outras reencarnações, sustenta-se na crença de uma substância que permanece (a alma, o espírito, o eu). É a velha crença da metafísica e da teologia. É a crença de que algo verdadeiro existe, algo que não muda e permanece. No *A república*, Platão manifesta a sua crença metafísica naquilo "que sempre é e não sofre as vicissitudes da geração e corrupção."[44] Mas dentro da ciência existem uma busca e uma crença que valem a pena. Com a abertura neste século para as cosmologias eternas — as que eliminam o *big bang* como o início de tudo —, um nobelizado, o inglês Roger Penrose, apresentou sua cosmologia cíclica conforme.[45] Nesta, cada ciclo, cada era, deixa uma marca na era

---

42 Adorno, T. & Horkheimer, M. *Dialética do esclarecimento*. Rio de Janeiro: Zahar, 1985, p. 32.
43 Ibidem, p. 33.
44 Platão. *A república*. São Paulo: Martins Fontes, 2006, 485b.
45 Penrose, R. *Cycles of time: an extraordinary new view of the universe*. London: The Bodley Head, 2010.

seguinte. Tal marca mostra-se na radiação cósmica de fundo, como flutuações circulares concêntricas. No ciclo anterior a este que vivemos, segundo Penrose, tais flutuações foram geradas por colisões e formações de monstruosos buracos negros supermassivos. A previsão de Penrose pode até ser feita por outras cosmologias cíclicas, assumindo-se a formação desses gigantes objetos compactos. Caso observada, realmente, e Penrose acredita ter detectado tais flutuações na radiação cósmica de fundo, teremos uma "prova" a favor da existência de uma era anterior a esta, de um *mundo passado*.

33 Nem bang nem rip, muito menos big: a origem e o fim do universo como mitos cientificizados

Qual será o fim do mundo? Um apocalipse, um fim desordenado, uma grande ruptura? As duas grandes perguntas sobre o mundo dizem respeito à sua origem e ao seu fim. Muitas narrativas foram criadas ao longo da história com descrições e motivos para a existência do mundo e, em muitos casos, para o seu fim. O mito cristão é o mais conhecido no ocidente e narra a origem e um fim para o mundo num futuro desconhecido. O grande Platão narrou uma origem para o mundo, mas não um fim de tudo. No mito platônico no *Timeu*, o cosmo surge da ação do Demiurgo. E, de tempos em tempos, a ação do deus é necessária novamente para que a reordenação ou a reconstrução das coisas seja realizada. Portanto, em Platão é possível ler uma cosmologia cíclica. Na ciência de hoje é comum dizer que o universo teve uma origem, o *big bang*, mas não se fala de um fim com tanta segurança. Na verdade, para mim, não se deveria falar nem mesmo de uma origem com tanta segurança. Pois o *big bang* é apenas uma limitação ao conhecimento, não é algo que tenha tido uma realidade. Já sobre o fim do universo, como disse, tudo é nebuloso. Como é normal pensar num tempo linear, ou seja, com começo e fim, algo estabelecido pelos hebreus, segundo Eliade,[46] afastamo-nos de uma visão cíclica do cosmos nos últimos milênios. Numa visão cíclica, não há um começo e um fim para o mundo, há transformações sucessivas, cíclicas. Se o *big bang* possui alguma exclusividade na ciência de hoje (e isso é um equívoco!), a interpretação do fim cósmico está ainda sob uma maior disputa, ou seja, há diferentes propostas sobre o tema. Naquela que surge a partir da ciência do século XIX e do conceito de entropia,

---

46   Eliade, M. *Mito do eterno retorno*. São Paulo: Mercuryo, 1992.

o universo, como um sistema isolado, alcançaria um estado de máxima entropia ou de equilíbrio termodinâmica num futuro longínquo, onde todos processos físicos cessariam. É a chamada morte térmica do universo, especulada, pela primeira vez, por Lord Kelvin.[47] Já numa proposta do século XXI, a grande ruptura é a especulação feita por Caldwell e colaboradores[48] segundo a qual o universo se "desmancharia" num futuro longínquo. Estruturas, de galáxias a átomos e partículas, seriam fragmentadas pela ação da energia escura, que é a forma de energia que promove a atual expansão acelerada do universo. Com a densidade de energia escura atingindo um alto nível num futuro distante, seu efeito seria a fragmentação, afastamento de tudo que está ligado e próximo. Daí o nome "grande ruptura" (*big rip*) a um tal fim universal. Seja o *big bang* ou o *big rip* — tudo isso é muito grande e distante para o humano! Estão fora de qualquer teste experimental e observacional, possuem um grau de cientificidade nulo. E por serem grandes nulidades científicas, são, acima de tudo, mitos vazios. São mitos niilistas numa roupagem científica ou mitos cientificizados. Em relação àquilo que realmente pode nos afetar: "o mundo" vai acabar, sim, mas somente quando o último humano desaparecer. E, provavelmente, o último humano não se chamará Esperança — contrariando o ditado que diz que "a Esperança é a última que morre".

34 *O universo é morto*

A partir da possibilidade de pensar o universo como sendo cíclico, dentro da cosmologia einsteiniana, alguns tendem a considerá-lo como um ser vivo pulsante. No entanto, um universo que se expande e contrai-se eternamente não pode ser visto como um ser vivo. Um ser vivo vive num meio, tira desse meio o seu sustento. O universo seria tudo o que existe, sendo assim descartada a possibilidade de retirar de um meio o seu sustento. Mesmo na fértil imaginação de um multiverso, segundo a qual o nosso universo seria apenas um entre tantos mundos, a ausência de relação causal *proibiria* o contato entre tais mundos. Não haveria forma de acessá-los a partir do nosso. Mais uma vez, o nosso universo estaria "só". A visão de um cosmo vivo não é nova. Alguns

---

47 Kelvin, L. On the age of the Sun's heat. *Macmillan's Magazine* 5, 388-393, 1862.
48 Caldwell, R. R., Kamionkowski, M., Weinberg, N. N. Phantom Energy and Cosmic Doomsday. *Physical Review Letters* 91 (7), 071301, 2003.

apontam para a filosofia oriental, outros indicam até mesmo no velho Platão um cosmo vivo, formado pelo grande Demiurgo. Mas a modernidade tende a banir toda e qualquer ideia de fins ou toda e qualquer teleologia. Caso fosse um ser vivo com uma *alma*, teria alvos, metas e fins a perseguir. Desprovido de vida e inteligência, quando considerado como *uma totalidade*, o nosso universo é cego. *Caso enxergue, será pelos nossos olhos.*

35 *Demiurgo*

O Demiurgo de Platão é o deus que deu forma e ordenou *algo* para dar origem àquilo que chamamos de cosmo, palavra que em grego significa ordem. Da desordem, o Demiurgo fabricou o universo, a partir de formas geométricas, triângulos, que deram origem aos quatro elementos: terra, água, ar e fogo. São a cosmogonia e a cosmologia platônicas apresentadas de forma monumental no *Timeu*. Hoje quem olha para o cosmo e os seus limites, aquilo que chamamos de universo observável, com um raio de bilhões de anos-luz, são os cosmólogos e astrônomos equipados com telescópios terrestres e espaciais. Um turbilhão de dados experimentais é interpretado, ordenado de acordo com modelos preexistentes. São Demiurgos... O homem da ciência como um Demiurgo, trazendo-nos as fronteiras do observável, mostrando-nos o limite do cosmo, da ordem, impondo-a. E tudo aquilo que foi observado foi interpretado, ordenado, como o deus de Platão fez no início.[49]

36 *A coletividade da demiurgia*

A partir do *Timeu* de Platão, afirmo que a atividade científica é, acima de tudo, a construção coletiva de um mundo.[50] Grandes colaborações científicas internacionais mostram que, ainda mais hoje, os principais resultados da ciência são frutos do trabalho de muitos. Tal como o deus no mito platônico, o Demiurgo, cada cientista que cria faz do caos ordem. Só que, ao contrário do Demiurgo, a demiurgia científica é coletiva. Não é uma questão de descobrir "a verdade" ou retirar o véu de Maia, a atividade científica põe um mundo, uma

---

49 Veja, Neves, J. C. S. *Demiurgos: sobre a criação de mundos*. São Paulo: Editora Livraria da Física, 2021.
50 Ibidem.

realidade é imposta pelos afetos como a realidade dominante. Este planeta já testemunhou vários mundos, várias demiurgias, a científica moderna é a mais recente e a mais presunçosa. Funciona em diversas escalas, mas funcionar e dizer o que é são coisas diferentes. Na verdade, a demiurgia coletiva científica diz "o que é", diz apenas o que é "o mundo" da ciência. E o que está por trás do seu mundo é incontável, não qualificável, ou seja, indizível — como caos ou abismo nem mundo o é. A demiurgia científica diz respeito, acima tudo, à formação e sobrevivência de um tipo humano: o homem racional. É terra e alimento para tal tipo florescer, somente isso, como já disse.

37 *Demiurgia coletiva: a representação de um buraco negro*

Demiurgia coletiva é o trabalho de pôr um mundo. E tal trabalho, como o nome diz, é coletivo. No *Timeu*, Platão escreveu sobre a origem do mundo, um mundo em que o grande artesão (demiurgo em grego) colocou em ordem (cosmo em grego) algo desorganizado. O universo é ordem ou cosmo a partir de um caos, e o Demiurgo foi a sua causa eficiente, segundo Platão. Já a expressão "demiurgia coletiva" enfatiza que toda criação humana é coletiva, não individual, pois os *humanos só são humanos coletivamente*. Na ciência as demiurgias são inúmeras. A colaboração internacional Event Horizon Telescope (telescópio Horizonte de Eventos) divulgou a primeira imagem "real" de um buraco negro. O trabalho de centenas de pessoas da colaboração (físicos, astrônomos, técnicos) mostrou a imagem ou representação do buraco negro M87*, ou melhor, mostrou aquilo que o circunda, matéria a altas velocidades atraída pela gravidade do buraco negro e uma região central escura: a sombra. A imagem de um buraco negro é uma construção coletiva, surge a partir da radiação emitida pela matéria que o circunda, uma radiação que, tal como os raios X, não sensibiliza os nossos olhos. A representação de M87* surge então de uma enorme quantidade de dados e de modelos matemáticos e estatísticos interpretados pelos membros da colaboração. Já o grande Demiurgo de Platão construiu o mundo a partir de uma massa informe e de modelos eternos e incorruptíveis fornecidos pelo mundo das Ideias. Está aí o porquê de afirmar uma demiurgia coletiva para as nossas criações *humanas, demasiado humanas*.

38 *Criacionismos*

Um criacionismo pode não ser tão ingênuo ou indigno de estudo. Antes mesmo do cristianismo, Platão escreveu no *Timeu* sobre a criação do mundo pelo Demiurgo. Na filosofia de Platão, o Demiurgo é necessário porque o mundo sendo efêmero — com processos que se iniciam e se esgotam num movimento ininterrupto — precisa de uma origem. O famoso mundo das Ideias platônico, por outro lado, não precisa de uma origem, pois é eterno e imutável. O Demiurgo cria a partir de uma "pré-matéria", ou seja, ao contrário do mito judaico-cristão, o mito do Demiurgo platônico não age a partir do nada — usa uma "pré-forma" que foi moldada pelas Ideias eternas. O modelo de construção do cosmo (palavra que em grego significa ordem) veio do mundo das Ideias. O Demiurgo platônico conhece as Formas ou Ideais, logo cria um belo e bom cosmo.[51] Estudiosos de Platão têm defendido[52] que o Demiurgo, na obra do filósofo, é também um exemplo para o cidadão na pólis ou para o filósofo rei. O deus platônico seria um modelo para condutas éticas, ou seja, boas e belas. O *Timeu* é um dos mais belos livros de Platão. É uma descrição sobre a origem de tudo, algo que não pode ser menosprezado simplesmente por ser criacionista. Uma descrição criacionista pode, sim, estar numa filosofia ou numa religião. Mas ela não poderá estar numa teoria científica. Um criacionismo como o de Platão ou o judaico cristão é um criacionismo transcendente. Ou seja, o agente criador coloca-se além deste mundo que vivemos. A partir de um "lugar acima", transcendente, cria este mundo que podemos sentir pelos nossos sentidos. E como a ciência é um estudo a partir deste mundo, a ação do criador e a sua natureza estão fora do escopo científico. Logo, um criacionismo transcendente não é científico — jamais o será. Dentre as teses criacionistas estão: (1) a defesa, por muitos, da criação de todas as espécies por um deus e a negação de qualquer processo evolutivo; (2) a indicação de que há uma inteligência por trás das coisas do mundo ou da obra do deus. A primeira tese é incompatível com a ciência atual, seja porque as observações mostram a não fixidez das espécies, seja porque o ato divino de criação das espécies nunca será um fenômeno passível de observação. E mesmo que um criacionista defenda que o *big bang* é o ato de criação divina,

---

51 Platão. *Dialogos V: Timeu*. Bauru: Edipro, 2010, 33b.
52 Carone, G. R. *A cosmologia de Platao e suas dimensoes eticas*. São Paulo: Edições Loyola, 2008.

a noção de *big bang*, por outro lado, nem direito à cidadania científica merece, como já vimos. A segunda tese é o argumento teleológico, ou seja, todas as coisas teriam uma finalidade ou uma causa final no mundo. E uma causa final só poderia ser adicionada por um agente externo inteligente, algo que também Platão acreditava. Quando construímos uma casa, enxergamos a finalidade ou a sua causa final, que é oferecer abrigo. A partir de uma finalidade, buscamos a origem, a inteligência que a criou, e no exemplo da casa é o seu construtor. Mas será que as coisas do mundo têm uma finalidade e, então, apontam para uma inteligência criadora? E será a investigação sobre as causas finais uma investigação científica? Kant, no *Crítica da faculdade de julgar*, diz que afirmar uma finalidade é um exemplo do uso da faculdade de julgar. E todo juízo que aponta para uma finalidade parte daquela faculdade e é um juízo estético. A ciência, determinada por outra faculdade, o entendimento ou o intelecto, realiza-se a partir dos conceitos do entendimento e da observação do mundo. Logo, o julgamento das causas finais não seria um tópico da ciência propriamente dita. Nietzsche, por outro lado, radicaliza quando afirma que a noção de finalidade para as coisas do mundo é uma ficção, as noções de causas finais são "princípios teleológicos supérfluos".[53] E as temos pois está na gramática a sua origem. Para toda ação há sempre um sujeito, e, de acordo com Nietzsche, isso faz com que ainda acreditemos em deuses: "Receio que não nos livraremos de Deus, pois ainda cremos na gramatica."[54] Mas sejamos honestos: a noção de uma finalidade, tudo indica que clandestina na ciência de hoje, ainda permanece no discurso científico quando este afirma, por exemplo, que "a natureza procura o caminho com o menor gasto de energia!" É difícil, mesmo para um cientista, deixar de acreditar na gramática. A partir do que foi escrito, digo que todo e qualquer criacionismo transcendente não tem direto de passar pelo portal da ciência. E se Platão escreveu na entrada da sua escola, a Academia, algo como "Que ninguém, exceto os geômetras, entre aqui", na entrada de cada departamento ou instituto de ciências poderia ter a inscrição: "Entre somente sem fins". Se for possível...

---

53   Nietzsche. F. *Genealogia da moral*. São Paulo: Companhia das Letras, 1998, III, 26.
54   Idem, *Crepúsculo dos ídolos*. São Paulo: Companhia das Letras, 2006, A razão na filosofia, 5.

39 O big bang como algo ainda mais obscuro do que a criação divina, segundo cristãos

Tenho notado em inúmeros comentários na internet que muitos cristãos tendem a resistir à ideia de uma singularidade inicial ou um *big bang*. Ora, como podem? Sempre considerei que a ideia de uma singularidade inicial aponta na mesma direção de um suposto ato criador, de um instante incondicionado, no qual Deus fez tudo surgir. Considero que, ao contrário, a ideia defendida por mim de um universo eterno é que deveria causar resistências naqueles que defendem o *Gênesis*. A resposta para essa estranheza talvez tenha sido indicada por Kant no *Crítica da razão pura*, livro no qual o grande filósofo discute a tese (o universo teve uma origem) e a antítese (o universo não teve uma origem), a chamada antinomia da razão pura. Kant diz que o homem comum considera o ato de criação de Deus porque em tal ato há uma segurança e uma tranquilidade para o seu pensamento. Crentes que comentam na internet contra o *big bang* apenas mostram que não têm ideia alguma do que seja o *big bang* (cientistas também!). O ato de criação divina lhes parece ainda mais claro do que o conceito de singularidade. Por não terem uma mínima ideia do conceito científico, não fazem uma correspondência entre a singularidade cosmológica, o *big bang*, e a ação divina descrita na Bíblia. No final das contas sem álgebra alguma — pois esse tipo não faz contas! —, preferem a tranquilidade de uma resposta já dada e estabelecida há milênios, a quietude da criação ao invés da obscuridade de uma singularidade. No fundo, é uma questão de pavor e medo — pavor de um pensamento vazio e medo de uma eternidade vazia.

40 Sementes da vida e morte

Nós, os sem-Deus, não acreditamos no *Gênesis*. Para nós, é mais crível a eternidade imanente. Graças ao fogo de Heráclito, olhamos com mais claridade para o infinito. E em cada ciclo finito, flutuações quânticas. Sim, é no nível quântico que tudo vem a ser, segundo a cosmologia atual. O mundo como nós observamos — frutos de sementes quânticas! Uma terra que sempre dá!

41 *Deste tempo*

O que é atual? O que é viver hoje como alguém do século XXI? Não é viver como um astrólogo, já que a cosmologia einsteiniana diminui qualquer pretensão pueril da astrologia. Não é viver sob as sombras do Deus morto — quem é deste tempo já as viu e deve ter coragem para não temê-las ou respeitá--las. Toda noção de absoluto é uma sombra do deus morto. Livremo-nos.

42 *Não é uma troca de seis por meia dúzia*

Newton: O espaço e o tempo são absolutos. O espaço absoluto, em sua própria natureza, sem considerar qualquer coisa externa, permanece sempre idêntico e imóvel.

Einstein: O espaço e o tempo são relativos. Ou melhor, formam o espaço--tempo contínuo e quadridimensional. Acima de tudo, o espaço-tempo não é absoluto, nem idêntico a si mesmo nem imóvel, Sir Isaac Newton.

Newton: Então onde está o teu absoluto, Albert Einstein? Deve existir algum por mais que digas que a tua teoria seja a da relatividade.

Einstein: Deixa-me pensar... O meu absoluto é a velocidade da luz no vácuo. Sim, há um absoluto aqui.

Newton: Já que o teu espaço-tempo não é absoluto e a velocidade da luz, ao contrário, é absoluta, trocaste, em relação à minha teoria, seis por meia dúzia? Eu assumo o espaço e o tempo como absolutos, tu assumes a velocidade da luz, eu não considero a velocidade da luz um absoluto, já tu não consideras o teu espaço-tempo absoluto. É isso? O que há de novo então, Albert Einstein?

Einstein: Como permito que o espaço-tempo não fique "sempre idêntico e imóvel", um novo fenômeno temos então. A oscilação do espaço-tempo medida a partir de um absoluto que é a velocidade da luz no vácuo.

Newton: E como tu chamas a oscilação do teu célebre espaço-tempo.

Einstein: *Gravitationswellen*! Ou melhor, ondas gravitacionais. E não fala por aí que troquei seis por meia dúzia, Sir!

43 Newton: o doente celibatário

Tudo bem!, Newton criou uma fascinante visão de mundo. Sua mecânica, com os seus três postulados ou leis, mexeu com a cabeça de toda a intelectualidade europeia. Newton é o ápice de um movimento que se iniciou no fim dos tempos medievais. A encantadora máquina newtoniana, o universo de Newton, influenciou filósofos, artistas, políticos. Não é pouco o que aquele homem conseguiu — Kant construiu sua filosofia a partir de uma verdade: a mecânica de Newton funciona para o mundo dos fenômenos, para o mundo sensível. A razão ilustrada também colheu os frutos newtonianos. Mas Newton era um homem *doente*; foi desconfiado e de poucos amigos. Como um típico sacerdote cristão, praticou uma dura ascese — morreu virgem! No fim da vida, no leito de morte, disse que a sua teologia teria superado a sua física. O celibatário Newton não foi um homem leve. Deve ser por isso que, em geral, os físicos também não o são: existe toda uma ascendência que conduz até o doente celibatário.

44 O velho e doente Einstein

Tudo bem!, Einstein criou uma belíssima teoria da gravitação. Aqueles tensores e a bela forma final de suas equações do campo gravitacional — uma "simples" relação entre matéria e geometria — são encantadores! Mas o velho Einstein *adoeceu*, tornou-se um autêntico metafísico. Nessa fase, recusou a mecânica quântica como teoria final porque acreditava que esta era incompleta. Seu *ingênuo* realismo filosófico era a causa dessa rejeição. Einstein acreditava numa teoria final e completa que corresponderia à realidade! "A ordem e a conexão das ideias é a mesma que a ordem e a conexão das coisas",[55] como escreveu Spinoza, pode ter feito Einstein acreditar ainda mais naquela "ingenuidade" filosófica. Certa vez, o velho Einstein afirmou que somente acreditaria no Deus de Spinoza — mais uma indicação da *doença einsteiniana*.

---

55 Spinoza, B. Ética. Belo Horizonte: Autêntica, 2009, II, proposição 7.

45 *Einstein e o Deus de Spinoza*

É conhecido que Einstein teria dito que só acreditaria no Deus de Spinoza. Mas o que é o Deus de Spinoza? O próprio filósofo enuncia o seu Deus no Ética: "Deus, ou seja, uma substância que consta de infinitos atributos, cada um dos quais exprime uma essência eterna e infinita, existe necessariamente".[56] Tenho dúvidas sobre a profunda compreensão que Einstein teve sobre o Deus de Spinoza. A própria noção de substância é uma dificuldade na filosofia. De qualquer forma, Einstein deve ter pensado e aceito tal Deus porque tal "substância que consta de infinitos atributos" é cega, não visa a um fim, não quer algo e, acima de tudo, não pune alguém. O Deus de Spinoza, como única substância, é somente o primeiro sujeito, a partir do qual tudo é predicado. No *Crepúsculo dos ídolos*, Nietzsche escreveu: "Receio que não nos livraremos de Deus, pois ainda cremos na gramática".[57] Einstein não ouviu Zaratustra...

46 *Sacerdotes e cientistas*

Existe um parentesco entre sacerdotes e cientistas. É incrível como isso não seja percebido por todos! Tal como os sacerdotes, os cientistas são os homens da "verdade", mesmo que para muitos destes o conceito de verdade seja ligeiramente diferente do daqueles. O trabalho de ambos é puramente intelectual, toda uma ascese, um treinamento e entrega por um longo período, é necessária. Homens hipertrofiados, ambos deixam de lado o corpo e sua beleza para "aprimorar" a "alma", no caso dos sacerdotes, ou o intelecto, no caso dos cientistas. Sacerdotes e cientistas exigem honestidade — não querem enganar ninguém e muito menos enganar-se. A crença num mundo melhor — seja um além-mundo para os sacerdotes ou um mundo do progresso da técnica para os cientistas — é outra característica comum aos dois. Não é por acaso que a ciência moderna surge no ocidente cristão muito próxima (talvez, dentro) de um claustro.

---

56 Ibidem, I, proposição 11.
57 Nietzsche, F. *Crepúsculo dos ídolos*. São Paulo: Companhia das Letras, 2010, A "razão" na filosofia, 5.

47 A verdade do abade

Não foi sem surpresa e sorriso que li uma *verdade* dita por um abade. Um senhor chamado Ferdinando Galiani, um napolitano do século XVIII, teria dito que águias e filósofos não voam em bando.

48 Loucura e rigor

Que os físicos sejam loucos, contraditórios e "rasos". Depois, os matemáticos fundamentam e formalizam. O que seria dos primeiros físicos quânticos se o rigor fosse extremo? E o desespero de Planck — sem ele algo teria sido realizado? Sem ele não teríamos o mundo quântico.

49 Mecânica quântica?

Que a mecânica quântica seja uma das revoluções científicas do século XX, ao lado, por exemplo, da teoria da relatividade, é algo sabido e dito. Mas o que não é dito ou problematizado é o próprio caráter mecânico do mundo quântico. Sendo a mecânica, a partir de Descartes, o novo olhar para "o mundo", Hume então problematizou tal olhar a partir de uma crítica à lei da causalidade. Como bem sabemos, para o escocês, a causalidade não tem um fundamento racional, é, ao invés, fundada na crença, no costume. O olhar mecânico é um olhar causal. E se a mecânica quântica não obedecesse a causalidade como Hume a definiu? Para Hume, uma relação de causa e efeito surge de corpos contíguos no espaço e no tempo.[58] Ora, o emaranhamento quântico diz sobre a atuação não local em que partículas se afetam instantaneamente a qualquer distância. Então, no olhar humeano, não haveria uma relação causal entre partículas emaranhadas. Logo, não haveria uma mecânica...

50 Mecânicas quânticas

Não existe apenas uma mecânica quântica. E por quântica não me refiro aqui às bobagens divulgadas na internet com o sobrenome "quântico". Esqueçam o empreendedorismo quântico, a culinária quântica, o *coach* quântico

---

58 Hume, D. *Tratado da natureza humana*. São Paulo: Editora Unesp, 2009, p. 207.

e a cura quântica. Tudo isso não é quântico. Quando digo mecânicas quânticas refiro-me às diversas interpretações que um dos pilares da física moderna tem recebido de renomados físicos e filósofos desde a sua criação. A partir da afirmação de que o maquinário de calcular da mecânica quântica é bom, funciona muito bem, o problema das suas interpretações reside na realidade ou não daquilo que se chama fenômeno quântico. Ou seja, as interpretações diversas da mecânica quântica dizem respeito à realidade ou não dos fenômenos descritos por aquele maquinário funcional. Perguntas como "Os fenômenos quânticos percorrem trajetórias definidas?", "Existem incertezas?", "Onda ou partícula?", "O que havia antes da medição no laboratório?" são perguntas que têm respostas diferentes de acordo com a interpretação da mecânica quântica. A interpretação dominante, a de Bohr ou a de Copenhague, nega, por exemplo, as trajetórias e perguntas sobre o que havia antes da interação observador-observado. Muitos a chamam de uma interpretação idealista. Já Einstein era um realista, queria uma descrição completa dos fenômenos quânticos sem incertezas e com o conhecimento do fenômeno quântico independentemente da interação observador-observado. Einstein foi autor, ao lado de Podolsky e Rosen, de um dos trabalhos mais importantes sobre interpretação da mecânica quântica.[59] Trabalho que deu origem ao famoso paradoxo EPR. Paradoxo que colocava a mecânica quântica na versão de Bohr em risco pois concluía, a partir de premissas, que a mecânica quântica seria incompleta. Anos se passaram. Bell[60] propôs uma desigualdade, segundo a qual uma teoria como a de Einstein e seus seguidores realistas — uma de variáveis ocultas para eliminar incertezas — deveria seguir. Mas experimentos realizados nas últimas décadas têm violado a desigualdade de Bell ou desigualdades semelhantes.[61] Com isso, é a interpretações de Bohr, e não a de Einstein e os realistas, que tem sobrevivido. É curioso notar que a discussão sobre o idealismo e o realismo no mundo quântico parece ignorar (pelo menos uma das partes) o maior ou, no mínimo, um dos maiores filósofos modernos: Immanuel Kant. A grande contribuição de Kant para o conhecimento, reconhecida por seus críticos como

---

[59] Einstein, A., Podolsky, B., Rosen, N. Can quantum-mechanical description of physical reality be considered complete? *Physical Review* 47, 777, 1935.

[60] Bell, J. S. On the Einstein Podolsky Rosen paradox. *Physics* 1 (3), 195-200, 1964.

[61] Pessoa Junior, O. *Conceitos de física quântica*, vol. 2. São Paulo: Editora Livraria da Física, 2006.

Schopenhauer e Nietzsche, é a distinção entre fenômeno e coisa em si.[62] Sendo o mundo empírico o mundo dos fenômenos, ele sempre é uma representação, fundada na coisa em si, a partir das faculdades da mente humana e das formas da intuição (espaço e tempo). O realismo de Einstein parece ignorar a distinção entre fenômeno e coisa em si, parece fundi-los, quando assume a possibilidade de conhecer o fenômeno quântico independente do olhar humano. De qualquer forma, a interpretação dominante, a de Copenhague, carrega uma certa influência kantiana.[63] E o mundo quântico surge como uma representação em tal interpretação. Só não digo que seja uma representação a partir de uma coisa em si como no idealismo transcendental de Kant porque, como Nietzsche afirmou, uma coisa em si é um completo absurdo![64] E se o mundo como representação não está fundado numa coisa em si, estará onde então? Em nós, amigo, como uma coletividade interpretativa.

51 *Alemanha, física e filosofia*

A grandeza da Alemanha é relativa. Diante da *pobreza* da modernidade, o país de Leibniz, Kant, Hegel, Goethe, Schopenhauer, Nietzsche, Gauss, Planck e Einstein tornou-se a maior referência. A filosofia alemã só tem um grande rival na Grécia antiga. Já a física... A física alemã é grandiosa, mas na ilha Newton viveu. E do italiano Galileu não podemos esquecer. Mas aquilo que chamamos de física moderna, teoria da relatividade e mecânica quântica, é na Alemanha que encontramos um "começo". Einstein e Planck foram os ousados físicos que iniciaram uma mudança tremenda. O primeiro mudou concepções de espaço e tempo. Não mais desunidos, mas juntos num espaço-tempo. O segundo quantizou a energia. Foi o primeiro pontapé na direção da quantização "do mundo". Na mecânica quântica, problemas surgem na medida em que são resolvidos (como em todas áreas do conhecimento, pois o cobertor sempre é curto!). Dentre eles, a questão da realidade. Existe um *mundo em si*? Não, a mecânica quântica implode o ingênuo realismo, que

---

62 Kant, I. *Crítica da razão pura*. Petrópolis: Editora Vozes; Bragança Paulista: Editora Universitária São Francisco, 2015.
63 Veja, por exemplo, Kauark-Leite, P. *Teoria quântica e filosofia transcendental*. Belo Horizonte: Editora UFMG, 2022.
64 Nietzsche, F. *Fragmentos finais*. Brasília: Editora Universidade de Brasília, 2002, fragmento 10 [202].

já tinha sido desqualificado décadas antes por outro alemão: Nietzsche. Em sua interpretação dominante, a mecânica quântica conduz, para mim, àquilo que Nietzsche chamou de trágico. Num mundo cambiante, "observações não somente perturbam o que tem que ser medido, elas produzem-no",[65] afirmou Jordan, um famoso físico do seculo XX, mostrando, segundo o meu olhar, a *realidade* trágica-quântica e a sua incapacidade de trazer à luz um *mundo em si*, verdadeiro e imutável.

52 *Especulações sobre a natureza quântica da modernidade*

Estaríamos longe da "verdade" se enxergássemos uma direção, um sentido único em tudo que é pensado hoje? O democratismo e o seu cidadão, um *quantum* social. A física — por outro lado que é o mesmo lado — não quer somente os quanta de matéria-energia. Espaço e tempo devem ser também quantizados. O mundo das coisas como "o mundo" quantizado, algo mais fácil de ser pensado, calculado e dominado?

53 *Mecânica, teleologia e a noção de "todo"*

Os antigos tinham uma física, mas não tinham exclusivamente uma mecânica. A física dos antigos era também uma teleologia e não somente uma mecânica como Galileu, Descartes e Newton nos deixaram. Aristóteles não pensava o movimento dos corpos usando o conceito de uma causalidade somente a partir de forças e acelerações como Newton o fez. Ao invés, era a noção de lugar natural, para o grego, que indicava origens, destinos e uma explicação para o movimento dos corpos. Segundo Aristóteles, "cada corpo deve naturalmente mover-se para e permanecer em seu lugar natural".[66] Uma teleologia, ou uma causalidade segundo os fins, significa pensar os fenômenos a partir da noção de causa final. Tudo teria, para Aristóteles, um fim, tudo o que ocorre teria uma finalidade, seria concebido a partir de uma finalidade. Na mecânica, ao contrário, os fenômenos não são descritos como tendo uma finalidade. Há somente relações de causas e efeitos num mundo que se desenvolve

---

65 Citação retirada de Mermin, N. D. Is the moon there when nobody looks? Reality and the quantum theory. *Physics Today* 38 (4), 38-47, 1985.
66 Aristóteles. *Physics III and IV*. Oxford: Clarendon Press, 1983, 210b32.

cegamente. O mundo perdeu as suas causas finais na modernidade, e teleologias são vistas com suspeita desde então. Como escreveu Nietzsche: "cuidado com princípios teleológicos supérfluos".[67] No entanto, quando fiz a analogia entre a noção de lugar natural em Aristóteles e a noção de infinito conforme na teoria da relatividade geral,[68] trouxe de volta involuntariamente uma discussão teleológica na física. Infinitos conformes seriam origens e destinos no movimento dos corpos, isto é, seriam "lugares naturais". É curioso notar que uma teleologia possa surgir somente quando organismos vivos e o universo como um "todo" sejam considerados. Para o fenômeno vida, é comum um pensamento que assume a forma dos corpos para um determinado fim, ou seja, um pensamento teleológico no que diz respeito à morfologia é formulado mesmo que muitos biólogos o rejeitem. Na física, quando o "todo" é considerado — e para determinar os infinitos conformes pensa-se o universo como um "todo" —, os infintos "aparecem" como "lugares naturais". Mas a teleologia somente aparece, como disse, quando uma totalidade é concebida, seja ela um organismo ou o próprio universo. Talvez, um palpite, possamos eliminar teleologias se simplesmente eliminarmos a problemática noção de "todo". A totalidade universal é problemática pois não é dada numa única observação. Já considerar um organismo vivo como um "todo" é ignorá-lo como um processo de individuação que talvez não possua fronteiras tão claras com o seu meio.

54 Sem fim e sem-fim

A crença em causas finais saiu de moda. Hoje toda ciência que tenta ser "rigorosa" despe-se de causas finais. A teleologia, que é a "ciência" das causas finais, tornou-se assunto de livros de história. Um grande exemplo do abandono das causas finais encontramos na física. Como vimos, em Aristóteles todo acontecer tem um propósito. Toda natureza visa a um fim. Por outro lado, em Newton, as três leis da mecânica não assumem uma causa final. Ao movimento de partículas e corpos é assumida somente a causa eficiente. Na física de Newton, a causa eficiente do movimento dos corpos é a força, uma grandeza vetorial determinada pela massa e a aceleração dos corpos. Nietzsche, lançando um olhar a ideias modernas, criticou também a teleologia. Quando

---
67 Nietzsche, F. *Além do bem e do mal.* São Paulo: Companhia das Letras, 1992, seção 13.
68 Neves, J. C. S. Infinities as natural places. *Foundations of Science* 24 (1), 39-49, 2019.

criticou o darwinismo, Nietzsche teria encontrado indícios de teleologia na tese defendida por Darwin e darwinistas. É interessante notar que o abandono das causas finais manifesta-se também em outros campos. Não é incomum encontrar pessoas que não distinguem e não escolhem mais um motivo ou fim para agir. O porquê da vida foi perdido com a morte de Deus anunciada por Nietzsche. Na política, o anseio desesperado pela democracia, muitas vezes, é cego. Pois a democracia é uma forma de governo e não um fim. O fim da política, já dizia Aristóteles em *A política*, é a felicidade do cidadão: "É preciso, pois, que o melhor governo seja aquele que possua uma constituição tal que todo cidadão possa ser virtuoso e viver feliz".[69] Em instituições imersas na burocracia, seja uma universidade ou uma secretaria, nota-se a perda de sentido e fim para as ações humanas. Que se possa negar fins em si mesmos, ou seja, "o mundo" não busca nada, a natureza, no sentido entendido por muitos, é cega. Mas no mundo humano há espaço para um sem-fim de ficções. Dentre estas, a finalidade para o nosso agir. Ainda é possível fabular causas finais no mundo. Mas no mundo humano, que é *demasiado humano*.

55 *Trabalho mecânico*

"Trabalho mecânico", alguém diz. E, em geral, pensamos em algo sem sentido, sem graça, em algo sem vida. A partir de Galileu, Descartes e Newton, a física tornou-se mecânica, pois as antigas físicas — a de Platão e a de Aristóteles — eram teleologias. Ou seja, se para os antigos o mundo tinha fins, as coisas aconteciam com vistas a fins, para modernos, como Galileu, Descartes e Newton, o mundo material deveria ser estudado a partir apenas de forças e não de intenções. Descartes reduziu a matéria, o mundo material, à pura extensão (comprimento, área, volume), e Newton atribuiu apenas massa aos corpos. Assim, de acordo com a mecânica, não haveria princípios ocultos na matéria. O mundo material seria inanimado, sem alma, sem fins... sem graça. Assim como muitos trabalhos... mecânicos.

---

69   Aristóteles. *A política*. Bauru: Edipro, 2009, 1324a20.

56 De carona no cometa...

Como não sorrir diante de mais um triunfo das equações da mecânica? Uma sonda espacial que pousa num cometa, num pequeno corpo celeste, a centenas de milhões de quilômetros da Terra. E de carona, gigabytes na velocidade da luz, quando chegam a nós, colocam tantas questões quantas forem respondidas. Não apenas a origem do sistema solar, mas a origem da vida também aqui neste *pálido ponto azul*...

57 Constrangimento pela mecânica quântica

Vamos seguir o povo e acreditar, contra Spinoza, que o ser humano seja um império dentro de outro império, isto é, homem e natureza são coisas diferentes. Então, assumindo esse erro, o ser humano tem violentado a sua opositora, a "natureza", pois promove castigos e torturas tecnocientíficas. Já no século XIX, com o desenvolvimento industrial, gases são colocados a altas pressões, e a matéria é cozida a altas temperaturas — tudo para o ser humano obter resultados e respostas. A grandes "castigos" a "natureza" tem sido submetida para satisfazer a vontade humana. Nietzsche escreveu sobre essa postura moderna em relação ao mundo, a falta de medida ou limite, a moderna húbris: "Húbris é hoje a nossa atitude para com a natureza, nossa violação da natureza com a ajuda das máquinas (...)".[70] E todo o avanço científico moderno deve-se à nossa húbris. Mas com a mecânica quântica a coisa, em muitos casos, é diferente. Na mecânica quântica arranjos experimentais são criados para que a matéria-energia percorra caminhos, com o auxílio de lentes, espelhos, polarizadores, para que se possa dizer para onde foi e qual trajetória teve, por exemplo, um fóton, uma partícula de luz. Nesse caso, físicos tratam a "natureza" como um ratinho de laboratório, observando suas "escolhas" nos diferentes tipos de experimentos. Em alguns, a cara da "natureza" é corpuscular, ou seja, a matéria-energia tem o aspecto de partícula, em outros, ondulatório, e a matéria-energia mostra o seu aspecto de onda. Nada de altíssimas temperaturas e pressões ou outras brutalidades, em tais experimentos quânticos sutis, como a fenda dupla, Stern-Gerlach ou o interferômetro de Mach-Zehnder, tudo é calmo como num experimento com delicados ratinhos. E aqui a tal "natureza

---

70 Nietzsche, F. *Genealogia da moral*. São Paulo: Companhia das Letras, 1998, III, 9.

constrangida" prega-nos uma peça, zomba de nós e não se entrega. É "falsa", não mostra a sua "identidade", exibe duas caras (ora onda, ora partícula) e ri do experimentador-torturador dizendo: "Fui eu, a Natureza, quem te pegou!"

58 *Partículas de tédio*

A física de partículas tornou-se aborrecedora. A partir do elétron, nêutron e próton no início do século XX, mais o fóton ou a partícula da luz que teve o próprio Einstein como proponente, hoje, no no século XXI, a física de partículas reúne milhares de partículas em seu catálogo, sejam compostas ou "elementares". Qualquer espirro de pombo em aceleradores de partículas é interpretado como nova partícula! Brincadeiras à parte, para quem, de certa forma, tem interesse na unidade das formas, essa pluralidade é entediante. Parece coisa de biólogo quando cataloga espécies. Para essa gente, quanto mais espécies, melhor. Não para mim. Busco a "unidade", mesmo que esta seja uma ficção. É a substância que dá unidade à diversidade, e a substância hoje é o campo quantizado. Numa interpretação da física atual, partículas são somente excitações de campos quantizados. "O mundo" é excitações. O tédio acabou...

59 *Físico de partículas como caçador de borboletas*

Há dois movimentos da razão pura, segundo Kant. Um na direção da unidade e outro na direção da diversidade. O primeiro busca "o fundamento", a origem de tudo. O segundo busca as diferentes formas assumidas pelo "fundamento". Nesse sentido, físicos de partículas são como caçadores de borboletas. Nos seus catálogos, centenas de partículas conhecidas alegram aqueles que operam grandes aceleradores de partículas. É a mesma alegria do biólogo que opera uma armadilha para, na sua taxonomia, buscar novas espécies de borboletas.

60 *Ainda as mesmas*

De que é feito "o mundo"? Partículas, como o descontínuo, ou campos, como o contínuo? O que existem são partículas, e campos são ferramentas? Ou as partículas são apenas modos, excitações ou aparições dos campos? São questões atuais. Já para os antigos: átomos ou o ser contínuo? Ora — as mesmas questões!

61 *Oh, Zé Mané!*

"A ciência é um exercício técnico, tão afastado de uma reflexão sobre seus próprios fins como o são as outras formas de trabalho sob a pressão do sistema", escreveram Adorno e Horkheimer.[71] Concordo com os dois pensadores na maior parte dos casos. No entanto, existem exceções. Na física teórica há pensamentos e buscas de fins, como nas tentativas de unificar a mecânica quântica e a teoria da relatividade geral. Nesse caso, busca-se o que alguns chamam de teoria final. Seria a redenção pela razão, uma forma do platônico Bem em si. A teoria final seria a "solução" de todos os problemas, seria a transcrição do "pensamento de Deus", como já ouvi dizer. Ora, nem o tacanho trabalhador científico nem o sonhador racionalista me agradam. Ao tacanho digo: "Abra os olhos, Zé Mané, há mais do que pensa!". Ao sonhador digo: "Acorde, Zé Mané, há menos do que sonha!"

62 *"O mundo"*

Pergunto-lhe: A Lua, quando você não a observa, fica lá onde ela está? Esta não é uma pergunta de doido. Foi e é feita por grandes filósofos e físicos. Um dos seus biógrafos escreveu que Einstein teria feito uma pergunta semelhante apontando para a Lua.[72] No tempo do grande físico, era a inquietação causada pela nova mecânica quântica aquilo que o motivava a fazer tal pergunta. Einstein, é bom enfatizar, no fundo, não colocava em dúvida a existência da Lua quando não a observamos. Tal posição filosófica chama-se realismo, ou seja, o mundo existe como o observamos segundo tal posição. Se a espécie humana desaparecer, para os realistas e o senso comum, o mundo (e a Lua) continuará onde está. Claro que essa discussão que os físicos do século XX levantaram não era nova. Na filosofia, mais de um século antes, filósofos já colocavam em dúvida o mundo como o vemos. Kant, por exemplo, disse que o mundo como o vemos é aquilo que ele chamou de fenômeno. O fenômeno

---

71 Adorno, T & Horkheimer, M. *Dialética do esclarecimento*. Rio de Janeiro: Zahar, 1985, p. 74.
72 Pais, A. *Sutil é o Senhor*. Rio de Janeiro: Editora Nova Fronteira, 1995.

é construído a partir do espaço e do tempo, que não são coisas do mundo para Kant. Espaço e tempo são, para o filósofo, formas da nossa intuição.[73] Ou seja, quando olhamos para qualquer coisa, esta coisa carrega o espaço e o tempo como formas que a espécie humana põe nas coisas para que a observação (de qualquer coisa) seja possível. Portanto, espaço e tempo não são coisas em si, não são independentes dos seres humanos. Kant é convincente no seu posicionamento, conhecido como idealismo transcendental. Tenho estado ao seu lado, mas não totalmente. Nietzsche, de certa forma, também esteve ao lado de Kant nesse ponto quando escreveu a seguinte equação:[74] natureza = mundo como representação. Seja em Kant ou em Nietzsche, o mundo sempre é uma representação a partir da nossa condição humana. Em Kant, tal condição está fundada no transcendente, já em Nietzsche, na imanência. Para Nietzsche encontram-se no corpo humano as faculdades da mente como o intelecto e a razão. Algo que para Kant encontra, como disse, uma justificação no transcendente. Seguindo Nietzsche contra o realismo ingênuo de Einstein e o idealismo de Kant com a sua necessidade do absoluto e do transcendente,[75] digo que o mundo carrega sempre algo humano na sua interpretação, depende do olhar humano na sua descrição, algo que está em acordo com a interpretação ortodoxa da mecânica quântica. Na interpretação ortodoxa da mecânica quântica, o ato de observar determina o resultado daquilo que é medido, observado. Em Nietzsche, o corpo humano com o seu contínuo ato de interpretar dá forma e sentido ao mundo, fazendo-o aparecer como representação. Nesse sentido, a Lua não existe quando não a observamos (e mesmo quando a observamos!), porque "a Lua" é produto de interpretações e atribuições de sentido, não é uma coisa em si. "O mundo" é sempre uma perspectiva a partir de nós, sempre carrega os nossos sentidos e antropomorfismos. Sem nós, "o mundo" não teria existido. E quando desaparecermos, o que ficará será indizível. O pronome nós deve ser destacado nesse processo de construção. Somos nós, enquanto uma coletividade, que fazemos com que "o mundo" venha a ser com sentidos diversos, a partir de linguagens. Nós não colocamos "o mundo"

---

73 Kant, I. *Crítica da Razão Pura*. Petrópolis: Editora Vozes; Bragança Paulista: Editora Universitária São Francisco, 2015.

74 Nietzsche, F. *Humano, Demasiado Humano*. São Paulo: Companhia das Letras, 2005, seção 19.

75 Para uma discussão sobre o realismo e o idealismo em Nietzsche, veja Itaparica, A. *Idealismo e Realismo na Filosofia de Nietzsche*. São Paulo: Editora Unifesp, 2019.

enquanto indivíduos mas enquanto processos de individuação imersos em processos de individuação.[76]

63 O fim da física

Depois de um árduo trabalho, os físicos obtiveram a grande unificação, a teoria final, a teoria que relaciona, por meio de belas equações matemáticas, todos fenômenos naturais e interações. Todos ficaram excitados — a razão, enfim, triunfou! "Mas e agora — perguntou um curioso —, o que vocês farão?" Um dos autores da façanha respondeu: "Renderemos culto ao maior produto da razão humana, 'o pensamento de Deus'!" Depois dessa frase, acordei. Foi só um pesadelo. Sei que isso jamais ocorrerá. Falo da teoria final, uma vez que em relação ao culto...

64 O progresso da ciência e o ... do homem

Uma das maiores ilusões de hoje é olhar o progresso científico como um progresso total. Acreditar que a ciência hoje é mais do que ontem (e isso é razoável) e, por isso, acreditar que o homem hoje é mais do que ontem é uma ilusão. Mas como o critério "progresso da ciência" é o único para muitos, a origem dessa ilusão está esclarecida.

65 A necessidade de um consolo

"A ciência está acima de tudo!" — um homem da ciência me disse. Tentou convencer-me desse contrassenso. Não se deu conta do alcance, da origem e da necessidade dessa afirmação. O homem da ciência ainda necessita de algo acima, um porto seguro, tal como o homem antigo, que colocava o mito acima, ou o homem de fé, que coloca Deus acima de tudo. Como disse o sábio: "O homem tem horror ao nada!" O homem, seja qual for, ainda precisa de algo para se consolar. Precisa de um "remédio" para suportar o nada, o vir a ser, o perecer, a morte. Somente um homem-deus, um demiurgo, não precisa de um porto seguro, um acima, um além, um Ser eterno e imutável. Para tal homem,

---

[76] Para uma visão do indivíduo como um processo de individuação, veja Neves, J. C. S. A fuzzy Process of Individuation. *The Journal of Mathematical Sociology* 44 (2), 90-98, 2020.

expressão máxima da coragem, a ciência não está acima — está abaixo de si mesmo, pois ele se reconhece como criador.

66 Apenas humanos

"Somos especiais", diz o olhar religioso. "Somos insignificantes", diz o olhar científico. Mas quem disse que um julgamento no qual o juiz, o promotor e o réu são a mesma pessoa pode ser justo? Nem especiais, nem insignificantes... apenas *humanos, demasiado humanos*.

67 Cometendo injustiças

Tenho presenciado homens cometerem atos *terrivelmente* injustos. Estes ocorrem quando um físico, por exemplo, difama ou deprecia a filosofia. Tal cientista desconhece que, quando pensa sobre a natureza do espaço ou do tempo ou sobre a lei da causalidade, em geral, filosofa. Desconhece que um grande físico do século XX, pioneiro na mecânica quântica, Max Born, teria dito que física teórica é filosofia. Desconhece também que Nietzsche, no século XIX, considerava a ciência natural "o mais novo dos métodos filosóficos".[77] Podemos até corrigir Nietzsche e dizer que as ciências naturais são os mais *novos* métodos filosóficos. De qualquer forma, tal difamador desconhece o significado do seu fazer.

68 O devoto da ciência e os crentes

O devoto da ciência, alguém ainda crente, costuma prezar e menosprezar os crentes. Menospreza o homem religioso comum, mas os inovadores e grandes criadores da ciência — também homens de muita fé — são prezados. Newton, por exemplo, foi um homem de fé, um asceta — morreu virgem —; teria dito no leito de morte que sua teologia superou sua física (Newton estava delirando!). Einstein, no fim da vida, disse que teria fé somente num Deus como o de Spinoza. Einstein, igualmente um homem de fé, depositava sua crença e sua esperança numa das mais refinadas criações da metafísica. O Deus de Spinoza é um "ente absolutamente infinito, uma substância que consiste de

---

77   Nietzsche, F. *Humano, demasiado humano*. São Paulo: Companhia das Letras, 2005, I, seção 1.

infinitos atributos, cada um dos quais exprime uma essência eterna e infinita".[78] Tal Deus em nada supera o Deus judaico-cristão — no fundo, um desenvolvimento deste. E agora, devotos da ciência e da lógica, como lidar com tamanha contradição?

69 O ateísmo dos que ainda são devotos

Excluindo os retardatários, ainda muitos, e aqueles que falsificam o deus cristão, tornando-o uma espécie consultor financeiro ou banco, ainda restam crentes. Na ciência prega-se. Os ateístas devotos da ciência até agora não foram ao fundo — daquilo que não tem fundo! — da chamada morte de Deus. Substituem a devoção aos apóstolos pela devoção aos postulados.

70 Bilhões em cima de milhões

O que se vê é a manifestação da perda de sentido. O "profano" transforma-se em "sagrado". Nesse caso, o homem torna-se *ainda* mais vazio e débil. É o que promovem as novas igrejas. Espertalhões prometem o conforto rápido, resumem a vida à questão financeira. Fruto da estreita visão burguesa, uma minoria lucra bilhões em cima de milhões.

71 Cinco olhares para a verdade científica a partir do meu olhar... porque todo olhar é "a partir de"

(I-Platônico): Há uma realidade extrassensorial onde as verdades científicas estão. Um intelecto preparado consegue acessar essa realidade com as suas verdades eternas e imutáveis. (II-Positivista): As verdades científicas são construídas pela observação do mundo. Leis naturais são construídas pela indução: a partir de um conjunto de observações similares constrói-se uma lei universal. (III-Convencionalista tradicional): As verdades científicas são convenções, dependem do contexto histórico e das escolhas dos cientistas envolvidos. Podem ser verificadas em experimentos. (IV-Falseabilidade): As verdades científicas nunca podem ser obtidas positivamente. Ou seja, nunca se verificam ou se comprovam teorias mas se falseiam enunciados. Teorias que

---

78   Spinoza, B. Ética. São Paulo: Autêntica, 2009, I, definição 6.

resistem ao falseamento dos seus enunciados são estabelecidas como verdadeiras. (V-Convencionalista radical): As verdades científicas são convenções, dependem do contexto histórico e das "escolhas" dos cientistas envolvidos, mas tais "escolhas" e contextos são "consequências" de um mundo irracional ou de uma profundeza quase sempre inacessível à razão.

72 A verdade mumificada

Uma das origens do ocidente, do modo como pensamos "o mundo", está nos versos do *Sobre a Natureza*, poema escrito por Parmênides há aproximadamente 2500 anos. Escreve o filósofo:[79]

> Pois bem, eu te direi, e tu recebe a palavra que ouviste,
> os únicos caminhos de inquérito que são a pensar:
> o primeiro, que é [o ser] e portanto que não é não ser,
> de Persuasão é o caminho (pois à verdade acompanha);
> o outro, que não é e portanto que é preciso não ser,
> este então, eu te digo, é atalho de todo incrível;
> pois nem conhecerias o que não é (pois não é exequível),
> nem o dirias...

No trecho citado, é dito que aquilo que podemos conhecer sempre é, já aquilo que não é conduz ao "atalho de todo incrível". Ou seja, aquilo que é (o ser) pode ser conhecido, é verdeiro, já aquilo que não é (o não ser) é falso e fantasioso, algo que não pode ser conhecido e nem mesmo dito. O ser como algo cognoscível é estável e não muda (indicado em outra passagem do poema). Está aí uma origem para um sentido da palavra verdade. A palavra verdade até hoje carrega um sentido não histórico e não contextual. Como aquilo que é, nesse sentido, a verdade é sempre a mesma em qualquer situação. A argumentação de Parmênides conduziu a Platão, Aristóteles e à metafísica. Desde então, a verdade tem sido uma múmia, algo preservado e sem vida. Somente a partir do século 19, sentidos outros para a verdade surgem, sentidos que envolvem a história, o contexto e a vida. Em Nietzsche, por exemplo, a verdade "é *um tipo de erro* sem o qual determinado ente vivo não poderia viver. O valor para a

---

[79] Parmênides. Fragmentos. In: *Os Pré-Socráticos*. São Paulo: Editora Nova Cultural, 2005, Fragmento 2 da edição de Diels-Kranz.

vida decide em última instância".⁸⁰ A verdade passa, então, de algo incorruptível (aquilo que levará Platão a construir o mundo das Ideias imutáveis) a algo construído por humanos com vistas à sobrevivência e à ampliação dos seus domínios.

73 Discordando

Não ter a concordância de alguém não significa necessariamente que esse alguém desconhece. É comum, diante de uma posição diferente, a desqualificação do oponente: "você é um ignorante!", afirma aquele que acredita ser o conhecedor da "única verdade". Para tal crente, todos os posicionamentos diferentes são marcas da ignorância porque com o conhecimento só pode existir um único caminho: o da "única verdade". Mas, para nós, a "única verdade" fragmentou-se. E posicionamentos diferentes não são marcas da ignorância — mas da diferença, de verdades que promovem ou são frutos do movimento no mundo do vir a ser.

74 Além do bom e do mau

É comum tratar o homem como algo já feito e pronto, como algo estável no vir a ser. Quando pensam em mudanças, estas têm o intuito de transformar os maus em bons. Entretanto, os bons já estão aí, já estão prontos. Mas nós queremos mais! Queremos ir *além* do bom e do mau. Para isso, usaremos tudo o que temos (artes, ciências e filosofias) como meios e não como fins. Com isso, agiremos diferente, pois o comum é tratar meios como fins em si mesmos. Mas já não estaríamos indo *além* somente com isso?

75 Relatividade e igualdade

Não apenas a teoria da relatividade einsteiniana tem suas versões restrita e geral. A igualdade também tem. Na versão restrita, criada na antiga democracia de Atenas, somente homens atenienses eram considerados os iguais. Na versão generalizada, o cristianismo, séculos depois, impôs a igualdade a todos.

---

80 Nietzsche, F. *Fragmentos do Espolio: Primavera de 1884 a Outono de 1855*. Brasília: Editora Universidade de Brasília, 2008, fragmento 34 [253].

Pois todos são filhos de Deus. Aí está a origem ou o erro da moderna democracia: as leis são *covariantes* ou têm a mesma forma para todos cidadãos, e o ser humano é um *invariante*, algo que não muda.

76 Filisteu ou aquele de mau gosto

Filisteu e filisteu da cultura foram expressões usadas por dois dos maiores críticos modernos. Schopenhauer usou a primeira, e Nietzsche, a segunda: "reivindico a paternidade da expressão 'filisteu da cultura'", escreve Nietzsche.[81] Em ambos os filósofos, significam aquele que tem mau gosto. Homens e mulheres incapazes de reconhecer aquilo que é nobre e superior, pois, exaustos pelo trabalho, pela necessidade de sempre se anteciparem, gastam quase todas as suas energias para *apenas* sobreviver. A partir disso, não é difícil concluir que o tipo filisteu é e faz o comum: "jogar, beber e coisas semelhantes são atividades que devem ser deixadas aos filisteus", escreveu Schopenhauer.[82] Entre um *imortal* e um jornal, preferem ler aquilo que só serve para o instante (quando muito, para alguns metros à frente). Pois ao contrário do jornal, o *imortal* necessita de uma profunda formação, algo impossível para quem não tem tempo, pois "pensam com o relógio na mão, enquanto almoçam, tendo os olhos voltados para os boletins da bolsa — vivem como alguém que a todo instante poderia 'perder algo'", escreveu Nietzsche.[83] É somente com uma formação ou uma *Bildung*[84] que se supera o filisteísmo. Uma formação que não se conseguirá somente numa sala de aula universitária, pois a *Bildung* é, em boa parte, solitária.

77 E a luz se apagou

Depois de séculos fortalecendo e enfraquecendo os homens, a ciência tornou-se infecunda. Foram séculos de criações. Mas agora nada é criado ou inventado. Desde então, os homens do saber estão perplexos. Nenhuma ideia surgiu depois que a luz se apagou. Diante disso, o Estado e o Mercado desistiram da ciência — como investir em algo que não produz e não gera riquezas?

---

81   Idem. *Humano, demasiado humano II*. São Paulo: Companhia das Letras, 2008, Prólogo, 1.
82   Schopenhauer, A. *Metafísica do belo*. São Paulo: Editora Unesp, 2003, p . 241.
83   Nietzsche, F. *A gaia ciência*. São Paulo: Companhia das Letras, 2001, seção 329.
84   *Bildung*, em alemão, significa uma formação mais ampla do que a profissional.

Todos os cientistas tornaram-se desempregados. A razão científica, infecunda agora, é tratada como algo de nenhum valor. Perceberam os ingênuos que todo o investimento em ciência buscava *somente* a criação do novo *para* o Estado e *para* o Mercado. O capitalismo tornou-se um monstro *quase* indestrutível com a ciência e agora sem ela agoniza. "O que aconteceu com a razão científica?" — perguntam os atônitos homens do saber. "A luz se apagou, não sabemos aonde ir" — dizem eles.

78 *Filósofos de segunda linha*

Dois tipos de filósofos de segunda linha. O estoquista da ciência trabalha nos bastidores. Sua filosofia miserável é *apenas* dirigida à facilitação do trabalho do cientista (quando o cientista dá alguma importância a ele!), catalogando, organizando conceitos, *limpando-os*. Filosofia para esse tipo é *somente* filosofia da ciência. Ou seria filosofia *para* a ciência? Já o filósofo de jornal é aquele que comenta aquilo que o jornalista escreve. Banalidades e fofocas merecem a sua atenção. É o filósofo de tabloide, outro tipo da miséria, outro tipo de filósofo de segunda linha.

79 *Ciência como degrau*

No palco da cultura, a ciência é apenas um degrau.

80 *Homem x Natureza*

E se aquilo que chamamos de humano não se distinguisse da natureza, ou seja, tudo aquilo que chamamos de humano, para colocar-nos "acima" da natureza, fosse também natureza? E se aquilo que chamamos de natureza (instintos) fosse o que nos propicia criar aquilo que chamamos de humano ou racional? Então, falar de homens em harmonia ou desarmonia com a natureza seria algo sem sentido porque separaria homens de um lado e natureza do outro. A negação ao discurso comum, assumindo então a indistinguibilidade entre humano e natureza, conduziria à vacuidade das consequências dessa separação tão comuns há séculos. Tal negação é nítida, por exemplo, em Nietzsche: "Quando se fala em humanidade, a noção fundamental é a de algo que *separa* e distingue o homem da natureza. Mas tal separação não existe na realidade: as qualidades 'naturais' e as propriamente chamadas 'humanas' cresceram conjuntamente. O ser humano, em suas mais elevadas e nobres capacidades, é totalmente natureza, carregando consigo seu inquietante duplo caráter. As capacidades terríveis do homem, consideradas desumanas, talvez constituam o solo frutífero de onde pode brotar toda humanidade, em ímpetos, feitos e obras".[85] Ora, essa passagem na obra nietzschiana é mais uma inversão àquilo que se chama racionalidade ocidental, que atribui à razão as grandes obras humanas e coloca-a como aquilo que distingue o homem da natureza — talvez o nosso maior erro!

81 *Império num império*

Estamos *também* com Spinoza. O homem não é um "império num império."[86] Para nós, homem e natureza não são conjuntos diferentes. Homem é um subconjunto do conjunto natureza. Ora, com essa *verdade* em mãos e na cabeça, como olhar a chamada "destruição da natureza"? É natureza contra natureza, autodestruição, segundo nossa *verdade*. E a chamada "mãe natureza", tratada como uma senhora bondosa? Pode até ser "bondosa", "serena", "tranquila", mas tem outras faces. Tem sua face "terrível" e "destruidora" também. Mas ao invés de *Deus sive natura* (Deus ou natureza) ou Deus como natureza em Spinoza, *Chaos sive natura* (caos ou natureza): nem Bem nem Mal ou nem positiva nem negativa. Para nós, a totalidade é nula.

82 *Chaos sive natura*

Chaos sive natura — a natureza é caos, uma abertura, um abismo sem forma e sem leis, um vir a ser que se consome e se cria, uma total ausência de fins. Está aberta a demiurgias.

---

85 Nietzsche, F. *Cinco prefácios para cinco livros não escritos*. Rio de janeiro: 7 letras, 2007, A disputa de Homero.
86 Spinoza, B. *Ética*. São Paulo: Autêntica, 2009, III, Prefácio.

83 Um pequeno passo para o abismo

O abismo... A ausência de *fundamento (des)caracteriza-o*. Nem ser, nem átomo ou corda. Que o ser seja vir a ser, que o átomo fique nos livros de história, e a corda enforque! O abismo...

84 Socratismo e ocidente

A interessantíssima crítica ao ocidente feita por Nietzsche, já no seu primeiro livro, *O nascimento da tragédia*, diz respeito àquilo que o alemão chamou de socratismo. Este, que tem no filósofo grego Sócrates o seu maior representante, baseia-se na crença de que a vida deve submeter-se à razão. O socratismo triunfou no ocidente — suas obras são, segundo Nietzsche, a metafísica, a ciência moderna, a ópera e o Iluminismo. Ou seja, quase tudo que é tido como valioso no ocidente tem raiz no impulso socrático, que tende a sobrevalorizar a razão impondo a equação Razão = Verdade = Bem = Felicidade. A crítica nietzschiana busca frear a razão, sem abandoná-la. Sua pertinência é patente num mundo (socrático) onde a ciência é insaciável e a política é indicada somente a técnicos. *Quase* todos creem que a razão seja a cura: seja numa política repleta de técnicos qualificados, seja numa ciência que busca corrigir os desconfortos. Mas o século XX deu razão ao alemão, pois a razão converte-se em desrazão quando em excesso.

85 Valores

Todo aquele que quer mudança e não se deu conta do problema dos valores quer uma mudança *pequena*. Pois a mais profunda investigação depara-se com o problema dos valores. Até a mais "objetiva" das ciências não escapa. Uma definição comum de ciência, com o uso da *palavrinha mágica* reprodutibilidade, toca no problema dos valores. Se ciência for aquilo passível de reprodução, será para que o experimento seja reproduzido por qualquer um e incapaz de enganar. Ou seja, o cientista não quer enganar seus pares. Isto é um problema moral, como disse Nietzsche.

86 Crepúsculo dos mitos

O mito cristão ainda sobrevive. Mas até quando? Criado neste mundo, o único mundo, terá um fim, como todo mito e criação humana. Muitos deuses já passaram por aqui... O que substituirá o cristianismo? Já temos indícios: a fé na racionalidade científica, em muitos casos, substitui a fé cristã. O homem da ciência como substituto do sacerdote, a lei natural como substituta da lei divina, a razão científica como sucessora da figura divina. A modernidade prossegue, a ciência moderna globalmente ganha espaço. Localmente há retrocessos. Mas se a demiurgia científica pode substituir a cristã, ou seja, se a narrativa científica sobre a origem e constituição do mundo pode substituir o texto bíblico, a ciência prática dos cientistas, a sua ética, ainda é cristã na maior parte dos casos. A ciência moderna precisa de uma ajuda "externa" para criar valores. Sem novos valores, teremos apenas a troca dos atores: o roteiro ainda será o mesmo. Nietzsche escreveu que a ciência moderna será uma condição para criar valores. A ajuda externa viria da filosofia, do filósofo. As ciências participariam na tarefa do filósofo em estabelecer valores.

87 A mais importante de todas as tarefas

"*Todas* as ciências devem doravante preparar o caminho para a tarefa futura do filósofo, sendo esta tarefa assim compreendida: o filósofo deve resolver o *problema do valor*, deve determinar a *hierarquia dos valores*", escreveu Nietzsche numa de suas obras mais explosivas.[87] Nesse trecho fica claro que a tarefa da instituição de valores, a hierarquização de avaliações, não deverá ser feita pelo homem da ciência. Tal tarefa, peremptória, que visa à superação do homem atual e o seu niilismo, deverá ser realizada pelo filósofo do futuro — aquele que conjugará antagonismos, aquele que irá parir centauros. Pois tal homem centáurico será o antípoda do homem de hoje, o especialista. Esse homem do futuro conjugará os saberes em demiurgias, mostrando, então, sua natureza híbrida.

---

87 Nietzsche, F. *Genealogia da moral*. São Paulo: Companhia das Letras, 1998, I, seção 17.

88 O cientista e o artista hoje como criaturas do meio

Em tempos *formais*, é o meio o mais importante. A técnica, o método, o caminho e o meio para realizar cálculos ganham mais importância do que o *mundo* descrito por equações. É assim, em muitos casos, na física e em outras *ciências duras*, que se utilizam de uma matemática para além da aritmética. Na arte também o mesmo assombro: o meio e a técnica valem mais do que o *mundo* — quando ainda há um.

89 Crise ética ou daqueles que não têm mais uma morada

Uma olhadela na palavra *ethos*, do grego, que significava morada para Homero. Ética tem sua origem em *ethos*. Um homem sem ética, nesse sentido, é um homem sem morada. Ora, vivemos em tempos sem morada! A própria cosmologia padrão nos diz isso com o princípio cosmológico, a homogeneidade e a isotropia cósmicas. O universo é igual para qualquer observador, em qualquer região e direção, num dado instante. Não há um observador privilegiado, todos os lugares ou moradas são indistinguíveis. Nada tão moderno e democrático! Bem diferente dos céus de Dante ou de Aristóteles, onde o homem tinha uma morada muito bem determinada. Não é à toa que vivemos uma crise ética, pois o homem não tem mais uma morada. Mas cosmologias fora do padrão são diferentes... Nestas, a homogeneidade e a isotropia cósmicas podem estar ausentes, e a eternidade, presente. Sinais de mudanças?

90 Einstein e Heráclito: mais do que físicas diferentes

"Sutil é o Senhor, mas não malicioso", disse certa vez Einstein.[88] "*A maior parte das (coisas) divinas* (...) *por desconfiança esquiva-se de modo a não se conhecer*", afirmou Heráclito milênios antes.[89] Vemos que a diferença não é apenas entre a física geometrizada einsteiniana e a física do fogo heraclitiana. Einstein foi herdeiro do platonismo ou otimismo socrático, alguém que rejeitou o não dito da mecânica quântica. O alemão queria o conhecimento

---

[88] Pais, A. *Sutil é o Senhor. A ciência e a vida de Albert Einstein*. Rio de Janeiro: Nova Fronteira, 2005, p. vi.
[89] Heráclito. Fragmentos. In: *Os pré-socráticos*. São Paulo: Editora Nova Cultural, 2005, fragmento 86.

completo, *os pensamentos de Deus*. Heráclito, por outro lado, foi um pensador trágico. O cobertor era sempre curto para o grego...

91 *A expulsão de Deus do "paraíso"*

Aquele que diz Sim, ou seja, aquele que vive para esta única vida e para este único *mundo*, inverte o comum e realiza um grande ato: a expulsão de Deus do "paraíso". Pois para aquele que diz Sim — alguém que aprova totalmente a vida com os seus sofrimentos, dores, prazeres e alegrias —, o "paraíso" é este único *mundo*. Ao invés de uma singularidade inicial (um rastro, uma sombra do Deus morto), enxerga ciclos. Ao invés de um tempo finito no passado, que pressupõe o Criador, enxerga uma eternidade imanente. Somente assim, uma cosmologia está de acordo com aquele que diz Sim e o seu jardim.

92 *O GPS e o mito de Theuth*

No *Fedro*,[90] Platão escreve sobre o mito egípcio do deus Theuth, criador da escrita, geometria e outras artes. Diante de Thamus, rei do Egito, Theuth apresentou sua criação, a escrita, para que fosse dada ao povo. "Isto, ó rei, uma vez aprendido tornará os egípcios mais sábios e aprimorará suas memórias", disse o deus diante do rei. Este, por sua vez, afirmou: "Sumamente engenhoso Theuth, uma pessoa é capaz de conceber as artes, mas a capacidade de julgar sua utilidade ou nocividade aos que farão uso delas cabe a uma outra pessoa. E tu, agora, pai das letras, foste levado pelo afeto a elas a conferir-lhes um poder que corresponde ao oposto do poder que elas realmente possuem." O rei previa que o uso da escrita iria, ao contrário do que o deus pensava, causar o enfraquecimento da memória, pois "essa invenção irá gerar esquecimento nas mentes dos que farão o seu aprendizado, visto que deixarão de praticar com sua memória. A confiança que passarão a depositar na escrita, produzida por esses caracteres externos que não fazem parte deles próprios, os desestimulará quanto ao uso de sua própria memória, que lhes é interior." A dualidade interior e exterior, memória e escrita, é clara no texto. A escrita é algo exterior, que pode ou não ser incorporada. O texto de Platão utiliza-se desse mito para criticar o saber não incorporado, não vivido: *o dizer isso e fazer aquilo*. Algo

---

90 Platão. *Diálogos III: Fedro*. Bauru: Edipro, 2008, 274c.

ainda útil para criticar nossos eruditos! Mas esse belo mito pode ainda ser atual em outro exemplo. Falo do equipamento de GPS. Conheço pessoas que o utilizam, apoiam-se totalmente na memória dos *bytes* deixando de lado suas próprias memórias. São pessoas que atualizam a preocupação do rei Thamus. Sem o GPS, são *quase* incapazes de encontrar o caminho de volta para casa.

93 *Uma beleza e uma felicidade*

"A beleza é só a *promessa* de felicidade", assim escreveu Stendhal em *Do amor*.[91] Na física e na matemática, a definição stendhaliana cabe muitíssimo bem. Seja num belo teorema ou numa bela teoria, como o de Emmy Noether ou a de Albert Einstein, a felicidade viria com o sentimento de preenchimento. O teorema é belo pois tudo se encaixa: definições, hipóteses e a sua demonstração. Na teoria, a beleza de equações resolvíveis que trazem o previsível. *Mundos* tidos como belos porque têm sentido, são pensáveis e calculáveis. Prometem uma felicidade que apazígua, preenche e conforta. *Mas é só uma promessa.*

94 *Verdade, beleza e felicidade*

E a verdade promete a felicidade? É o que parece para muitos. E para o pensamento socrático, segundo Nietzsche, a promessa sempre é cumprida. Ou seja, em Sócrates a equação Verdade = Felicidade é sempre válida. Nossos eruditos perseguem a verdade, buscam a felicidade prometida ou identificada a ela. Mas há uma saída? Uma outra opção? Porque nós evitamos os eruditos corcundas. Então, contra o feio, o belo, a beleza como uma *promessa* de felicidade.

95 *Criança*

Picasso teria dito que precisou de uma vida inteira para aprender a desenhar como as crianças. Hölderlin, em seu *Hipérion*, escreve que "a simplicidade e a inocência dos primeiros tempos morrem para reaparecerem na formação cultural plena (...)".[92] Em *Assim falou Zaratustra*, Nietzsche afirma que a

---

91 Stendhal. *Do amor*. Porto Alegre: L&PM, 2011, p. 36.
92 Hölderlin, F. *Hipérion ou o eremita na Grécia*. Rio de Janeiro: Forense, 2012, p. 19.

criança é o estágio superior, aquele em que o homem se transforma em criador inocente: "Inocência é a criança, e esquecimento; um novo começo, um jogo, uma roda a girar por si mesma, um primeiro movimento, um sagrado dizer-sim."[93] O retorno ao início será a mais bela e criativa das vidas? Uma vida que retorna num mundo que *eternamente* retorna...

96 Sentidos

Como não se impressionar com os sentidos? Direções que fazem a vida *ainda* ser vivida. Até mesmo o consumo é uma direção, um sentido. As pessoas *ainda* levantam cedo, trabalham e planejam. Até quando? Sentidos como campos vetoriais que apontam, num dado ponto ou sujeito, em várias direções. Há direções que dominam, vetores com normas maiores do que de outros. Tais campos não são estacionários, dependem do tempo, mudam, transformam-se. Vetores se somam, subtraem-se... e aí surgem novos sentidos.

97 *Álgebra linear dos afetos*

No *Ética*, de Spinoza, lemos a seguinte proposição: "Se alguém começar a odiar a coisa amada, de maneira tal que o amor seja completamente aniquilado, terá por ela, em razão desse mesmo amor, um ódio maior do que aquele que teria se nunca a tivesse amado, o qual será tanto maior quanto maior tiver sido o amor anterior."[94] Ou seja, o argumento de Spinoza é uma soma de vetores ou uma álgebra linear das paixões ou afetos. Pois se indicarmos o afeto *ódio que surge de uma pessoa amada* por O e o afeto *ódio que surge de um desconhecido* por O', ambas quantidades negativas, logo $O - O' < 0$ de acordo com a proposição acima.

98 *Lei de conservação das paixões*

O retorno arrebatador como o inverso de tudo aquilo que foi desejado, de forma arrebatadora. A fé intensa transforma-se em pregação ateísta e

---

93 Nietzsche, F. *Assim falou Zaratustra*. São Paulo: Companhia das Letras, 2011, I, Das três metamorfoses.
94 Spinoza, B. *Ética*. São Paulo: Autêntica, 2009, III, proposição 38.

vice-versa. O sexo a todo custo, em castidade e vice-versa. O ódio, em amor e vice-versa. Mas na soma total, não somente momento, carga e energia são conservados. Paixões também são.

99 Spinoza e o câncer

No primeiro postulado do livro II do *Ética*, Spinoza diz que o corpo humano é composto "de muitos indivíduos (de natureza diferente), cada um dos quais é também altamente composto."[95] A seguir, no livro III da mesma obra, o filósofo, na proposição quatro, afirma que "nenhuma coisa pode ser destruída senão por uma causa exterior." Será que o câncer *refuta* o filosofo? Será que a metástase não nega a álgebra linear spinozista (mesmo usando os *Elementos* de Euclides como referência para sua obra, há em Spinoza uma álgebra linear dos afetos)? Se pensarmos como Spinoza, e além dele, podemos afirmar, como fez Nietzsche, o corpo como inúmeros indivíduos em guerra ou disputa. Logo, para nós, o câncer é uma *sabotagem* de uma das partes, que quer pôr tudo a perder. Ou seja, uma coisa pode ser destruída por uma causa não exterior. (C. Q. D, meu caro filósofo!)

100 *Liberdade de expressão*

A liberdade de expressão tem o intuito de não impedir o desabrochar do novo ou o propagar do velho. Naquele que cria, tal liberdade *pode* auxiliar na erupção do novo. No estéril, estimula a propagação do já conhecido. Mas a propagação e o desabrochar são fenômenos *naturais* passíveis de interrupção ou favorecimento. Ou seja, *a crença na total liberdade de expressão não é natural.*

101 *Afastados da "natureza"*

Um estudo que relaciona os efeitos de atividades sísmicas e o comportamento animal ilustra, para mim, a "desnaturalização" humana. Segundo os pesquisadores,[96] antes de grandes terremotos, uma quantidade detectável de

---

95 Ibidem.
96 Grant, R. A., Raulin, J. P., Freund, F. T.Changes in animal activity prior to a major (M=7) earthquake in the Peruvian Andes. *Physics and Chemistry of the Earth, Parts A/B/C* 85–86, 69-77, 2015.

íons é lançada na atmosfera. Tais íons provocam, ainda segundo os pesquisadores, alterações nos níveis de hormônios em inúmeras espécies observadas (mamíferos, aves etc.). É essa alteração hormonal que faz com que os animais se afastem das áreas afetadas pelo terremotos. Tal alteração também ocorre nos humanos, pois ainda somos animais (e, segundo Spinoza, é um erro tratar o homem como um "império num império"). No entanto, seus efeitos são ignorados ou fracos no homem domesticado. Ora, estamos assim tão afastados da "natureza"? Não estaria correto, então, Diógenes quando pediu um retorno à "natureza"?

102 *Séries...*

É nas matemáticas que Platão via um caminho para ordenar a alma, pensar e viver harmoniosamente para atingir o Bem. Dizem que teria escrito na entrada de sua Academia: "Que ninguém, exceto os geômetras, entre aqui". No entanto, para nós, o Bem é uma ficção. Mas concordamos com o gênio grego quanto às matemáticas. É uma condição necessária mas não suficiente. Pois conhecemos hábeis matemáticos que vivem tortos. Será que não vivem tortos por que seus corpos estão tortos? Que não se esqueça que ao lado da matemática, Platão defendia a ginástica. Corpo e alma saudáveis para atingir o Bem, segundo o grego. Então, ao lado de séries convergentes e divergentes, nossos tortos matemáticos precisam de séries abdominais, por exemplo, para serem mais agradáveis para si mesmos e para nós.

103 *Imperativo matemático*

Acreditar que todas as soluções matemáticas sejam viáveis, realizáveis e obrigatórias... Estamos diante de uma espécie de imperativo matemático. Ou seja, para quem segue o imperativo, a matemática não apenas diz como o mundo *deve ser*. Também diz sobre a realidade de outros mundos. Na física especulativa de hoje, a ideia de multiverso surge a partir da postura de quem crê na matemática e *todos os seus possíveis* resultados. Seja no modelo inflacionário ou na pitagórica teoria de cordas, outros possíveis mundos com características diferentes são tomados como realidades. Um exagero, não é? A matemática já guiou o nosso olhar (como no caso da existência de Netuno e até no caso dos buracos negros). Mas outras tantas pistas ou possibilidades podem ser equívocos. Nem tanto pela matemática e suas regras, mas pelas equivocadas hipóteses subjacentes.

104 *O vir a ser calculado*

O vir a ser é inegável — a mudança é incontestável! Mas como falar ou pensar sobre? Ora, com o cálculo diferencial e integral! A ciência moderna lida *muito bem* com o mundo sensível (o único), o mundo do vir a ser, porque tem o cálculo diferencial e integral — a melhor ferramenta para lidar com o vir a ser. E nem mais um épsilon!

105 *Cálculo das variações*

Por ser físico, tenho um olhar que valoriza a matemática. No entanto, não sou um pitagórico, ou seja, não acredito que a mais profunda "verdade" sobre o mundo seja matemática. Não sou como Galileu, que afirmou que o mundo foi escrito matematicamente. Mas o otimismo moderno, como o de Galileu, tem a sua razão. Dentre as obras da modernidade, o cálculo diferencial e integral, desenvolvido por Newton e Leibniz, reforçou a ideia de uma natureza matematizada. Pois, acima de tudo, o cálculo lida com variações. O sucesso dos modernos foi o desenvolvimento da mais potente ferramenta para pensar e interpretar a mudança. O cálculo diferencial e integral foi a ferramenta que "faltou" a Heráclito: a mudança na modernidade teve a sua mais produtiva descrição. O progresso científico moderno, dentre suas várias causas, foi possível pelo cálculo. Num mundo onde tudo muda, ou "tudo flui", como teria dito Heráclito, nós modernos *capturamos a physis* (natureza em grego), ou uma parte dela, com as derivadas e integrais.

106 *O assombro de Heráclito*

Heráclito assombrou a antiguidade com a sua verdade: "Tudo flui". A partir daí, os mais inteligentes tentaram resolver o problema do conhecimento. "Como será possível o conhecimento daquilo que não permanece?", perguntaram. Platão resolveu esse problema criando o mundo das Ideias, o mundo daquilo que permanece, não muda e, acima de tudo, é a origem daquilo que não permanece. Na modernidade, no entanto, o mundo daquilo que não muda tornou-se duvidoso. E com o cálculo diferencial e integral, dos grandes Newton e Leibniz, a modernidade pensou e criou um conhecimento sem a necessidade do eterno e imutável. Uma ferramenta que atua diretamente no mundo que não permanece, o mundo dos sentidos. A mais poderosa ferramenta foi criada para lidar com a impermanência.

107 *Platão e Aristóteles*

Platão é mais artista. Aristóteles é mais cientista. Quem lê Aristóteles encontra o estilo usado na ciência. Ou seja, Aristóteles é mais influência do que Platão na ciência moderna. Aristóteles define cuidadosamente. Platão sugere.

108 *Einstein contra Aristóteles*

O pai da teoria da relatividade contra o mestre do Liceu? Aristóteles contra os pitagóricos e a relatividade geral? Num artigo,[97] discuto uma pequena passagem da obra de Aristóteles sobre cosmologia e astronomia, *Do Céu*, que trata da música celeste. De acordo com Aristóteles, os pitagóricos erram em acreditar num som produzido por estrelas e planetas: "a teoria segundo a qual é o movimento deles [astros] que produz harmonia, isto é, que os sons por eles produzidos são harmoniosos, a despeito de ter sido formulada engenhosa e singularmente, não é verdadeira".[98] Aristóteles nega não somente a harmonia. Rejeita também o som dos astros. No trabalho citado, mostro que as recentes ondas gravitacionais detectadas, que possuem uma frequência audível quando transformadas em som, colocam Einstein contra Aristóteles porque agora, num certo sentido, podemos ouvir o cosmo.

---

97 Neves, J. C. S. Einstein contra Aristotle: the sound from the heavens. *Physics Essays* 30 (3), 279, 2017.
98 Aristóteles. *Do Céu*. São Paulo: Edipro, 2014, (290b12)

109 A potência de Platão

A potência de Platão pode ser medida a partir de várias perspectivas. Há uma, em especial, que indica a sua tremenda força: o grande Aristóteles não perdia a oportunidade de criticar a filosofia do seu velho mestre. O Estagirita não desperdiçava o seu tempo com ordinários.

110 Nietzsche esquecido

Sendo uma referência importante em filosofia, Nietzsche foi levado à arte, à psicologia, à história e a outras tantas áreas. Mas e nas ciências naturais? E na física? Parece-me que os físicos ignoram Nietzsche. Mas este não ignorou os físicos. Para construir seus principais conceitos como vontade de potência e eterno retorno, Nietzsche se inspirou no conceito de força e no princípio de conservação de energia, respectivamente. Se Nietzsche olhou *um pouco* para a física, olho, como físico, para Nietzsche. E olho para a física com o olhar nietzschiano, o olhar perspectivístico. Porque uma filosofia da ciência e da física é possível com a companhia de Nietzsche. O perspectivismo nega o olhar único... e "a natureza" também não se mostra da mesma forma. Onda, partícula...[99]

111 Fuleiragem

Ora, os analíticos e devotos da Verdade desconfiam de um pensamento que desconfia da Verdade. Mas colocar a Verdade e o conhecimento sólido sob suspeita pode ser um passo além do analítico... Porque se os analíticos criticam pensamentos fuleiros, a filosofia da suspeita não apenas está de olho nos fuleiros, mas também naqueles que criticam os fuleiros. Então, a partir daí, o conhecimento sólido parece fluído... e a fuleiragem, mole.

112 Calorias

Em termos morais, uma vida virtuosa para Aristóteles era dada pela mediania. Sem exageros ou carências atinge-se o ponto médio, aquilo que hoje

---

99 Veja Neves, J. C. S. Nietzsche for physicists. *Philosophia Scientiæ* 23 (1), 185-201, 2019.

muitos chamam de equilíbrio. A mediania é a virtude, e o excesso e a falta são vícios para o grego. A gula é um vício, assim como a anorexia. Mas a virtude para Aristóteles, no caso da alimentação, era algo individual, pois a mediania ou o ponto médio "não é exatamente o mesmo para todos os seres humanos".[100] O filósofo grego não anuncia uma tabela para definir a virtude quando o assunto é a alimentação. Hoje, diferentemente, existem as famosas tabelas calóricas — mais uma manifestação do *homem igual*, alguém sem alguma singularidade e incapaz de autogovernar-se.

113 *Matemática formadora*

Que não se deixe de lado a matemática na formação e desenvolvimento do pensamento grego. Por exemplo: Aristóteles, como vimos, para definir a virtude moral, usará o ponto médio, a mediania. Platão, para construir a sua *physis* ou natureza, usará triângulos. Quanta inquietação devem ter sentido os pitagóricos com a "descoberta" dos números irracionais. No entanto, a literatura secundária, a dos comentadores, pode deixar de lado tudo isso. Porque, na maioria dos casos, sabem menos matemática do que os antigos.

114 *Einstein vigiado ou invejado?*

Historiadores da ciência dizem que muitas vezes são relatados apenas os êxitos, e os erros e as tentativas frustradas são deixados de lado. Já ouvi de um historiador que falar sobre os erros pode ser humanizador para jovens que igualmente erram. Sabendo que os grandes já cometeram erros, a ideia de um gênio perfeito ou não humano seria afastada. Eu mesmo não conheço muitos erros ou equívocos de Heisenberg, Schrödinger ou Dirac. Mas conheço vários de Einstein: (i) a constante cosmológica, (ii) suas dúvidas sobre a *realidade* das ondas gravitacionais, inventadas por ele mesmo, (iii) suas tentativas frustradas em unificar a relatividade geral e o eletromagnetismo e, até mesmo, (iv) um modelo cosmológico de universo eterno com criação de matéria no vácuo, modelo que teve em sua criação um erro matemático. Estes são alguns erros de Einstein, sem contar as suas tentativas frustradas de refutar a interpretação dominante da mecânica quântica, a de Copenhague. A mais popular figura na

---

100 Aristóteles. *Ética a Nicômaco*. Bauru: Edipro, 2013, 1106a30.

ciência tem tido não apenas os seus êxitos destacados, tem tido também os seus erros enfatizados. Tudo indica que os maiores nomes ou figuras atraem a atenção não apenas para os seus acertos. No caso de Einstein, há um esforço para que a sua imagem como não humano seja rechaçada... Ou seria apenas inveja?

115 *Einstein ainda odiado*

Que Einstein tenha sido, em vida, contestado por ter ascendência judaica, é algo bem conhecido. Muitos dizem que a teoria da relatividade foi negada não pela sua correção mas pela origem do seu autor. Concordo com isso. Mas não houve ou há apenas a questão étnica. Podemos ver também a ignorância e a inveja por trás de críticas que envolvem Einstein ainda hoje. Ignorância que torna inviável saborear as suas criações e inveja diante de alguém que deixou o seu nome presente como poucos.

116 *Máquinas do tempo*

Máquinas do tempo ou viagens no tempo atraem multidões. A possibilidade de viajar no tempo — quem sabe até retornar ao próprio passado — é tema não apenas na ficção científica. A física do século XX, com a teoria da relatividade geral de Einstein, permite matematicamente viagens no tempo. Na teoria einsteiniana, máquinas do tempo têm o nome técnico de *curvas fechadas do tipo tempo*. Tipo tempo porque observadores ou seres humanos percorrem trajetórias do tipo tempo no espaço-tempo quadridimensional de Einstein. Curvas ou trajetórias fechadas porque indicam a possibilidade de retornar ao próprio passado. Há argumentos contra máquinas do tempo na física e na filosofia que tentam evitar, por exemplo, o paradoxo do avô, segundo o qual um viajante retornaria para matar o seu próprio avô. Mas se retornasse e cometesse o crime, como nasceria? Em geral, argumentos contra máquinas do tempo são parciais, como a "proteção cronológica" de Hawking.[101] Assumem ingredientes, especificam as suas validades. Mas há, talvez, um argumento que possa ser geral para evitar viagens ao passado e os seus paradoxos. Em Heráclito, a metáfora do rio e a afirmação do *vir a ser* com a negação do *ser* como algo

---

101 Hawking, S. W. Chronology protection conjecture. *Physical Review D* 46 (2), 603-611, 1992.

estático podem servir de argumento contra viagens no tempo.[102] É por crer no *ser* ou num viajante "isolado" ou "descolado" do *vir a ser* e do seu contexto — gerado por um suposto e completo processo de individuação — que a viagem ao passado é impossível na *realidade*. A argumentação ontológica contra viagens ao passado leva em consideração a noção de processo de individuação. Sendo cada ser um processo de individuação, algo que sempre surge a partir de um contexto, máquinas do tempo ignoram a contextualidade. Viajantes do tempo são vistos como *partículas livres* que poderiam passear por épocas ou contextos diferentes. Com a noção de processo de individuação, que encontro em Simondon,[103] fica evidente que teóricos de máquinas do tempo são frutos da modernidade, pois esta enfatiza a atomização social, faz com que o homem se esqueça que é parte de um contexto ou de um *milieu*. Sendo parte do hoje, não poderemos ser do ontem e nem mesmo do amanhã, pois amanhã não mais seremos o que somos hoje. A impermanência de todo processo de individuação pode ser lida a partir de Heráclito: "Nos mesmos rios entramos e não entramos, somos e não somos".[104] Viagens ao passado serão possíveis somente na ficção científica e nada mais.

117 *Ressentimento e viagens no tempo*

Que não se ignore o diagnóstico de nossa época. Para bons observadores da *alma* humana, o nosso tempo, ainda moderno, tem como marca o ressentimento. O ressentimento é fruto da impotência. É um sofrimento que permanece, que não é digerido por um corpo fraco, doente. O ressentido sempre pensa na possibilidade de que "tudo poderia ser diferente". A não aceitação de sua própria condição é uma marca do ressentimento. E não por acaso, a modernidade inventou a fábula da máquina do tempo. Um dispositivo que poderia permitir a mudança da história, a "correção" do sentido dos eventos. O viajante do tempo quer não apenas testemunhar eventos passados, pensa, acima de tudo, em corrigi-los. O ressentimento nada mais é do que a não aceitação, é o querer para trás, com intuito de corrigir a história. Nietzsche apresentou um

---

102 Veja, Neves, J. C. S. A philosophical argument against time machines. *The Agonist* 12 (2), 28-41, 2019.
103 Simondon, G. *A individuação à luz das noções de forma e informação*. São Paulo: Editora 34, 2020.
104 Heráclito. Fragmentos. In: *Os pré-socráticos*. São Paulo: Editora Nova Cultural, 2005, fragmento 49a.

antídoto para o ressentimento, e eu diria que também pode ser considerado um antídoto às máquinas do tempo. Tal antídoto foi chamado pelo filósofo alemão de *amor fati*: "Minha fórmula para a grandeza no homem é *amor fati*: nada querer diferente, seja para trás, seja para a frente, seja em toda a eternidade. Não apenas suportar o necessário, menos ainda ocultá-lo — todo idealismo é mendacidade ante o necessário — mas amá-lo...".[105] Mesmo que a teoria da relatividade assuma a relatividade do tempo, permitindo-nos falar em tempos, ritmos distintos para observadores diferentes, o retorno ao passado — mesmo contido na teoria no conceito de *curvas fechadas do tipo tempo* — é apenas uma previsão que não encontra "correspondência" na *physis* (natureza). A viagem ao passado será sempre uma ilusão — criada pelo moderno ressentimento.

118 *Condenados pelo tempo*

Todos estamos condenados pelo tempo. O homem comum, em sua vida ordinária, foi condenado à prisão perpétua pelo seu tempo. Já o gênio, igualmente condenado pelo seu tempo, tem a sua pena aliviada de tempos em tempos — são os seus olhares *além* do seu tempo.

119 *O mundo nem como vontade, nem como simulação*

O grande filósofo Arthur Schopenhauer dizia que a essência do mundo era a Vontade, a unidade a partir da qual a multiplicidade do nosso mundo surgiria. A Vontade estaria além do espaço e do tempo, e a música seria o único acesso a Ela (a Vontade) sem intermediários. Hoje é comum a crença segundo a qual o mundo seria uma simulação computacional. Não apenas em filmes como *Matrix* fabula-se sobre a "verdadeira" realidade do mundo. A filosofia antecedeu o sucesso de bilheterias. Recentemente, em artigos científicos e filosóficos, autores têm argumentado a favor da noção de "mundo como simulação". Nick Bostrom, num importante artigo,[106] talvez tenha sido o primeiro a colocar a ideia em termos mais "robustos". Diferente de *Matrix* em que o corpo físico daqueles que estão na matrix existe, para Bostrom nós poderíamos

---

105   Nietzsche, F. *Ecce homo*. São Paulo: Companhia das Letras. 1995, Por que sou tão sábio, 10.
106   Bostrom, N. Are we living in a computer simulation? *The Philosophical Quarterly* 53, 243-255, 2003.

ser produtos de uma grande simulação computacional de uma civilização já extinta. A ideia é que a consciência poderia surgir mesmo independente de um corpo biológico, e nós poderíamos ser seres inteligentes e conscientes numa simulação computacional de uma civilização pós-humana. Bostrom chega a especular sobre as várias "camadas" de simulação, ou seja, poderiam existir simulações dentro de simulações, mundos simulados dentro de mundos simulados, de tal forma que o primeiro programador (ou a primeira civilização a criar uma simulação da realidade), aquele que criou a simulação original, poderia ser indistinguível. É curioso notar que grandes nomes da tecnologia atual levam a sério tal ideia. Elon Musk chega a afirmar uma probabilidade que nos diria a chance de estarmos agora num mundo simulado. Pequena, claro. O curioso é que tais grandes nomes afirmam "o mundo como simulação" justamente porque o computador é um objeto de grande valor a nós hoje. Numa tribo indígena, por outro lado, não é difícil encontrar a representação do mundo como uma canoa, um objeto de grande valor aos seus moradores. Mesmo Schopenhauer parte de um conceito supostamente conhecido por nós e de alto valor, a nossa vontade, para designar o mundo. A vontade do europeu do século XIX, que se tornou vontade de potência em outro filósofo, Friedrich Nietzsche, tornou-se metáfora para o mundo, assim como os computadores ou uma simulação computacional é hoje. Acima de tudo, antropomorfismos! E nunca sairemos de um — e não da suposta simulação.

120 *Triplicação "do mundo"*

Se Nietzsche criticou Platão por duplicar "o mundo", afirmando que "dividir o mundo em um 'verdadeiro' e um 'aparente' (...) é apenas uma sugestão da *décadence*",[107] o que diria o alemão ao espiritismo que triplica o mundo (mundo material + mundo dos perispíritos + mundo dos espíritos)? Nietzsche não diria, mas disse numa carta a um amigo, o seu editor Peter Gast: "O espiritismo é uma fraude lamentável, que depois da primeira meia hora entedia."[108]

---

107 Nietzsche, F. *Crepúsculo dos ídolos*. São Paulo: Companhia das Letras, 2010, A razão na filosofia, 6.
108 Idem, *SämtlicheWerke. Kritische Studienausgabe*. Berlin-New York: Walter de Gruyter, 1978, III, 1, p. 269

121 O que é a mudança?

Dentre os tipos de mudança discutidos por Aristóteles em *Da geração e corrupção*, encontram-se a geração e a alteração. Para o mestre do Liceu, a alteração dá-se quando uma substância muda, apresentando novos predicados ou características. Mas o substrato, ou a substância *em si*, permanece o mesmo. Já a geração dá-se pela união de substâncias — que quando reunidas geram um novo gênero, uma nova substância. Para uma visão de mundo onde há somente uma substância, há somente alteração. Já para uma visão que sustenta múltiplas substâncias, pode existir geração também. Na física de hoje, podemos ler as duas posições. Quando partículas juntam-se formando novas entidades com propriedades distintas das partículas iniciais, teríamos geração. Num nível nem tão elementar, o hidrogênio é mais do que a soma de um próton e um elétron. Por outro lado, num nível mais *profundo*, a teoria quântica de campos interpreta o mundo físico como manifestação de campos quantizados. Um fóton (ou partícula de luz), nessa perspectiva, é uma alteração do campo eletromagnético ou, de acordo com o termo usado pelos físicos, um fóton é um modo de vibração do campo eletromagnético quantizado. O campo quantizado, nessa segunda opção, seria a "substância incorruptível", e as partículas seriam suas alterações. No entanto, nessa visão moderna, não há somente uma substância ou campo. Há vários. Nesse caso, a interpretação de Aristóteles não funcionaria, pois, com já disse, só há alteração quando existe somente uma substância. Mas nas física ainda mais especulativa, todos os campos estariam unificados num passado quente e denso do universo. Haveria, então, apenas um campo quântico. Nesse caso, teríamos somente uma substância, e a recomendação aristotélica seria seguida. Então vemos que os dois tipos de mudança (a geração e a alteração), segundo Aristóteles, poderiam estar presentes na física de hoje. Teríamos uma ou outra dependendo da escala. Mas isso não significa... *dependendo da perspectiva?*

122 Terraplanistas não têm profundidade... são planos

O gênio de Estagira, Aristóteles, não foi apenas aluno e seguidor de Platão. Também criou, também foi singular. Dentre as suas inúmeras invenções filosóficas, gosto de sua divisão do conhecimento. Divisão apenas para fins didáticos. Pois naquele tempo, todos os saberes estavam integrados e tinham um objetivo ou uma causa final (conceito de Aristóteles): a vida humana boa e feliz. Aristóteles dividiu a ciência (*episteme*) ou as ciências em três grupos: aplicadas, práticas e teóricas. As ciências aplicadas buscam algo que vai além do ato de praticá-las. Elas produzem algo, como a marcenaria e a música. Nas ciências práticas estariam a ética e a política. Tal como nas ciências aplicadas, também buscam algo que vai além da própria ação que caracteriza o fazer científico: no caso das ciências práticas, buscam o agir justo e ético. Por fim, nas ciências teóricas não há uma procura por algo que está além da própria ciência ou do fazer científico. Nas ciências teóricas, a busca é pelo conhecimento puro, *fundamental*. Não há uma aplicação ou uso exterior ao ato de fazer a ciência pura. O interesse está nas causas, na origem da mudança na natureza e no conhecimento dos princípios: física, matemática e metafísica estariam nesse último grupo. Terraplanistas são, muitas vezes, conhecedores de apenas um tipo de ciência. São técnicos que apenas as ciências aplicadas conhecem. No linguajar de hoje, são conhecedores de tecnologias e desconhecedores de ciências básicas. Porque a negação da esfericidade da Terra mostra apenas quão superficiais são em questões profundas.

123 *As planas cavernas dos terraplanistas*

Quem em Terra plana hoje acredita será sempre cretino. E não é só uma questão de ignorância científica ou burrice. É também uma questão de vaidade, uma presunção de zeros à esquerda, algo que não contribui na soma dos afetos do conhecimento. A afirmação de que a Terra é plana pode ser investigada a partir de três pontos de vista: científico, filosófico e psicológico. (1) Do ponto de vista científico, temos toda uma ciência e uma tecnologia construídas a partir da esfericidade do nosso planeta: da lei da gravitação universal, que terraplanistas curiosamente a negam, até o desvio gravitacional para o vermelho, que é um fenômeno previsto pela teoria da relatividade geral de Einstein e que, só por causa desse fenômeno, faz o GPS funcionar adequadamente, apontando a posição do usuário com boas precisão e acurácia. E o GPS é usado por entregadores de comida que, provavelmente, já entregaram em cavernas de terraplanistas! Se negar a ciência básica construída a partir de uma Terra redonda, como a gravitação universal, é tolice, negar a esfericidade do nosso planeta, usando e aproveitando-se da tecnologia atual, é ignorância e/ou desfaçatez. (2) Do ponto de vista filosófico, terraplanistas dizem que somente acreditam ou consideram científico aquilo que veem. Como veem uma Terra localmente plana, dizem que assim o planeta deve ser em sua totalidade. Negam os depoimentos a favor da esfericidade da Terra, de Yuri Gagarin, Neil Armstrong e outros, dizem que têm o intuito de enganar as massas. Mas acreditar num conhecimento que somente pode ser testemunhado pelos olhos é um *tomenismo*[109] ingênuo. Boa parte da ciência e tecnologia atuais fogem do testemunho dos nossos sentidos — partículas elementares, ondas gravitacionais e efeitos quânticos não são afirmados a partir de estímulos nos olhos, mas a partir de sensíveis sensores e boas doses de física, matemática e estatística. Tudo muito distante de uma simples olhadela, algo que somente satisfaria um distante São Tomé. Com tal posicionamento sobre o conhecimento, terraplanistas contradizem-se quando assumem a realidade do eletromagnetismo e negam a gravitação. Sem bem conhecer os fenômenos eletromagnéticos, terraplanistas ignoram que a noção de campo, fundamental na teoria eletromagnética, não é algo observado diretamente. Se a gravitação é rejeitada por essa gente rasa e plana, então o eletromagnetismo, com a metafísica noção de campo, deveria igualmente ser. Aceitar ou negar enunciados, hipóteses e teorias científicas apenas pelo testemunho dos sentidos está muito afastado da ciência e da tecnologia atuais. Para assumir o testemunho dos próprios sentidos como único critério, deve-se não apenas abandonar a esfericidade terráquea, deve-se abandonar a civilização. De volta às cavernas, terraplanistas, e sem entregadores de comida com GPS! (3) Por fim, do ponto de vista psicológico, um terraplanista é alguém vaidoso, sem autocrítica, ou seja, um presunçoso. Negando inúmeros relatos e considerando-se alguém à parte das massas "ignorantes e ludibriadas", terraplanistas assumem-se como portadores da "verdade", como aqueles poucos que podem bem ver e discernir a verdadeira forma da Terra. Depois de inúmeros fracassos na vida, como um típico zero à esquerda, terraplanistas tornam-se números imaginários em suas esquizofrenias coletivas, fugindo daquilo que é real! O mundo da platitude agora lhes é algo interessante. Em suas planas cavernas defendem uma postura indefensável e, mesmo assim, vangloriam-se, como todo presunçoso, de suas profundas misérias.

---

109 Atitude de um seguidor de São Tomé.

124 *Quatro razões para um caba ser terraplanista*

Indico aqui quatro motivos que fazem alguém ser terraplanista, isto é, quatro razões que fazem uns *cabas* por aí adotarem esse anacronismo tolo que é o terraplanismo em pleno século XXI. Apenas um dos motivos envolve uma falha moral, que é a vaidade como a origem do terraplanismo. Os outros três envolvem falhas da mente no processo do conhecimento. Comecemos pela falha moral. Um terraplanista vaidoso acredita fazer parte de uma elite, ou seja, dos poucos que conhecem "a verdade" sobre a forma do mundo. O restante da população, segundo ele, é enganado por governos e corporações que, por algum motivo, escondem "a verdadeira" forma da Terra. No fundo, um vaidoso desse tipo recorre desesperadamente à tolice do terraplanismo para se sentir à parte como uma pessoa especial. É pura fantasia de um fracassado que precisa de algo para que a vida deixe de ser tediosa. Os três motivos que restam não conduzem a um julgamento de uma falha moral. São razões que envolvem o intelecto, a imaginação e o julgamento. O motivo que diz respeito ao intelecto ou entendimento é o da ignorância. E tal deve-se a uma formação precária. Um *caba* terraplanista, a partir desse motivo, apenas não tem em mente conceitos e conhecimentos que asseguram a esfericidade da Terra, como a ignorância de leis como a de inércia, a do inverso do quadrado da distância na gravitação e (nesse caso algo sofisticado demais e até compreensível que desconheça) o motivo do bom funcionamento do GPS, que envolve a teoria da relatividade geral e a forma esférica da Terra. O terceiro motivo diz respeito à unidade das percepções. Quando nos deparamos com algo, há uma síntese das sensações para a construção da representação do objeto em que estamos diante. Algo diante de nós emite e reflete várias faixas no espectro eletromagnético, emite sons e cheiros e proporciona que a nossa mente reúna tudo aquilo que esse objeto dirige em nossa direção numa só representação, que é a própria representação que temos do objeto. Kant chamou essa reunião de síntese do diverso da intuição empírica. Síntese feita pela mente, a partir de uma de suas faculdades, a imaginação. Um terraplanista pode ter um problema nesse ponto. A sua síntese, a da sua imaginação, pode ser algo bem diferente da nossa, e a representação daquilo que tem diante dele é completamente diferente da representação que temos diante de nós. Pode então o terraplanismo ser um problema de uma imaginação *defeituosa*, pode apenas ser um problema mental.

O último motivo está relacionado à burrice de terraplanistas. Suponhamos que a síntese do diverso ou a imaginação daquele *caba* esteja bem, funcionando adequadamente, eliminando assim o terceiro motivo. A partir da mesma representação que temos nós os "saudáveis", o terraplanista pensa o objeto representado, que em nossa discussão é a Terra. O intelecto ou entendimento é o responsável por fornecer conceitos para o pensar. Vamos assumir que aquele *caba* tenha um intelecto "saudável", eliminando assim o segundo motivo. O ato de julgar a representação da Terra a partir de um conceito do entendimento, como os conceitos de superfície plana ou superfície esférica, é uma capacidade ou faculdade da mente, chamada faculdade de julgar. Se aquele *caba*, a partir da "saudável" imagem ou representação do planeta Terra, afirmar "A Terra é plana!", isso poderá ocorrer pela sua incapacidade de bem julgar. A partir da mesma representação, a da Terra, julga-a plana, e nós a julgamos esférica. É outro problema mental, um problema agora na faculdade de julgar. E julgar mal é burrice, segundo o próprio Kant. Como vimos, na origem da tolice terraplanista, em tempos de viagens espaciais, podemos encontrar uma vaidade, uma ignorância, uma imaginação problemática e uma burrice. Cabe ao *caba* identificar o seu problema. Claro, se for possível.

125 *A Terra não é plana, mas o universo...*

Daremos um passo além da tola e ultrapassada discussão sobre a forma do nosso planeta e, com um passo muito além, discutiremos sobre a "forma" do universo, algo que realmente é atual. Na cosmologia de hoje, cada seção espacial em 3 dimensões, ou cada fatia do nosso universo quadridimensional (3 dimensões espaciais + 1 temporal), pode assumir 3 tipos de geometria ou curvatura: ou plana, ou positiva, ou negativa. É aceita na cosmologia, pela maioria dos pesquisadores, que a geometria em 3 dimensões do universo seja plana e que a sua curvatura correspondente seja nula, isto é, se você traçar um triângulo entre três objetos celestes a soma dos ângulos internos será 180 graus, como na geometria plana de Euclides, aquela que aprendemos na escola. Se a curvatura fosse positiva, o universo teria a geometria de uma esfera para cada seção espacial, e a soma dos ângulos daquele triângulo teria mais de 180 graus; caso fosse negativa a sua curvatura, a geometria para cada seção espacial seria a de uma sela de cavalo, e a soma dos ângulos daquele triângulo teria menos de 180 graus. Geometrias não-euclidianas são um marco e uma grande novidade na matemática do século XIX. A criação de geometrias para além da de Euclides permitiu que Albert Einstein criasse a sua teoria da relatividade geral. De volta à cosmologia. Como disse, os dados observacionais atuais apontam, de acordo com a maioria dos pesquisadores, para um universo espacialmente plano. Mas surgem dissidentes hoje. A partir de novas análises estatísticas — porque todas as discussões que envolvem dados observacionais dizem respeito à análise estatística de dados obtidos em observações e experimentos —, um grupo de pesquisadores[110] defende que, a partir dos dados do telescópio Planck, teríamos não um universo espacialmente plano, mas um com curvatura positiva e a geometria de uma esfera para cada seção espacial. Tal grupo desafia a maioria e coloca em debate a "forma" do universo. De qualquer forma, seja qual forma for, é uma discussão atual, que poderá ter consequências além da geometria do cosmo. Uma das consequências de um universo com curvatura positiva é a possibilidade de assumirmos um universo cíclico. A partir da aceitação de que o universo expande-se aceleradamente por causa da energia escura, uma geometria para cada seção espacial que seria capaz de promover um universo cíclico, com fases de contração e expansão sucessivas, é a geometria de uma esfera. Esse tem sido um dos obstáculos para uma cosmologia cíclica na teoria da relatividade geral. Caso o universo seja espacialmente plano e a energia escura esteja presente, teremos a total (ou quase) proibição de um cosmo cíclico. Mas esse não é o caso com uma curvatura positiva, mesmo com a presença da energia escura para acelerar a expansão do cosmo. Porém, mesmo a energia escura tem sido alvo de debate a partir de novas interpretações e definições estatísticas.[111] Ou seja, talvez nem a "existência" de uma energia escura devesse ser defendida com muito afinco. Sem uma energia escura, fica ainda mais fácil defender um cosmo cíclico. É claro, defender sem dogmatismo, pois a interpretação dos dados cosmológicos está em debate, não está estabelecida como a forma esférica do nosso planeta. Isto, sim, está fora de debate! De qualquer forma, seja qual forma for, a "forma" do universo é ainda uma incógnita.

---

110 Di Valentino, E., Melchiorri, A. & Silk, J. Planck evidence for a closed Universe and a possible crisis for cosmology. *Nature Astronomy* 4, 196–203, 2020.
111 Yijung Kang, Y. et al. Early-type Host Galaxies of Type Ia Supernovae. II. Evidence for Luminosity Evolution in Supernova Cosmology. *The Astrophysical Journal* 889, 8, 2020.

126 *Infinitos como lugares naturais*

Num artigo, tentei um diálogo.[112] É com Aristóteles e Einstein que tentei conversar. Para o grego, as "partículas elementares" do mundo, os cinco elementos (terra, água, ar, fogo e éter), tinham os seus lugares naturais e os "procuravam" mesmo sem uma força aplicada. Esse era o chamado movimento natural, sem a necessidade de uma força como causa eficiente. Já em Einstein, na teoria da relatividade geral, os corpos também realizam "movimentos naturais", sem forças aplicadas. Tais são os movimentos geodésicos: a queda de um corpo, para Einstein, não é um movimento forçado, causado pela força da gravidade. Um corpo move-se em queda livre devido à curvatura do espaço-tempo, gerada pela massa da Terra, segundo a teoria da relatividade geral. Além disso, os corpos, de acordo com as suas massas, movem-se "naturalmente", ou sem a atuação de uma força, para três tipos de infinitos nos diagramas espaçotemporais, os diagramas de Carter-Penrose. Um diagrama de Carter-Penrose representa um espaço-tempo infinito numa região finita como uma folha de papel. Os infinitos nos diagramas de Carter-Penrose têm nomes: infinitos conformes, que são indicados por pontos e retas. Seriam os infinitos conformes "lugares naturais" para corpos e partículas na teoria de Einstein? É isso que sugeri. Mas como toda analogia, tem limitações. Para Aristóteles, nos seus lugares naturais os elementos permanecem em repouso. Por outro lado, na cosmologia einsteiniana, repouso num universo em expansão parece improvável. Mas seja na física de Aristóteles ou na física de Einstein, o movimento natural depende das propriedades dos corpos. No caso do grego, a natureza dos elementos fazia com que fossem atualizados nos seus lugares naturais. Fora dos lugares naturais, os elementos apresentam suas propriedades somente em potência e não em ato. Na relatividade geral, é a massa do corpo que determina para qual infinito irá esse corpo. E a massa é uma propriedade do corpo desde Newton.

127 *A individuação sua e nossa*

Talvez, na filosofia, o pensador que mais me aproximo não seja, no final das contas, o alemão Friedrich Nietzsche. Embora haja muito Nietzsche em

---

112 Neves, J. C. S. Infinities as natural places. *Foundations of Science* 24 (1), 39-49, 2019.

meus artigos e no meu *Demiurgos*,[113] é no francês Gilbert Simondon que encontro um filósofo que desceu nas maiores *profundezas* guiado também pela ciência. Em Simondon, o principal problema é a ontogênese, é a formação dos indivíduos (sejam partículas subatômicas ou seres humanos), é a individuação que importa em sua obra. E o francês investigou tal tema com a ajuda de conceitos da física, como energia potencial e metaestabilidade. Que se faça justiça — Nietzsche também teve inspirações na física. O seu conceito de vontade de potência tem a influência do conceito de força da física.[114] Mas Nietzsche não teve uma formação científica como Simondon mostrou ter. Nietzsche planejou estudar física e matemática durante uma década para poder fundamentar o seu conceito de eterno retorno.[115] Mas antes disso, sofreu um colapso em Turim, que o tornou incapaz até o fim da vida. Simondon, por outro lado, teve uma formação científica. Como disse, o francês desceu até as maiores profundezas para pensar e escrever sobre a individuação, seja a física, a vital e a social. Desmontando o hilemorfismo de Aristóteles — doutrina que afirma que para cada indivíduo ou coisa vir a ser são necessárias uma matéria e uma forma —, Simondon mostrou que o esquema hilemórfico deixa uma enorme lacuna, uma zona obscura.[116] Então, ao invés de usar a conjunção da matéria e da forma para falar sobre o surgimento de indivíduos (sejam partículas elementares ou seres humanos, como disse), Simondon vai dizer que a individuação parte de um estado pré-individual, um estado por nós inacessível pois ainda não é individuado, uma espécie de *ápeiron* da filosofia de Anaximandro. A partir do pré-individual, o indivíduo então surge, munido de potenciais para resolver problemas, individuando-se continuamente. Como seres vivos, a individuação em nós é uma contínua resolução de problemas, uma atualização de potenciais. Também a vida social, a formação de grupos, dá-se pela individuação. Cada ser humano, segundo Simondon, seria não apenas um indivíduo. Seria também um sujeito, pois é um indivíduo que ainda carrega o pré-individual consigo. E é o pré-individual em nós, uma espécie de ilimitado ou *ápeiron*, que nos faz nos reunir em grupos e em sociedades. Quando estamos juntos, a individuação continua, só que agora na esfera do coletivo. Grupos humanos só

---

113 Idem. *Demiurgos: sobre a criação de mundos*. São Paulo: Editora Livraria da Física, 2021.
114 Idem. O eterno retorno hoje. *Cadernos Nietzsche*, 32, 283-296, 2013.
115 Ibidem.
116 Simondon, G. *A individuação à luz das noções de forma e informação*. São Paulo: Editora 34, 2020.

permanecem enquanto há potenciais, metaestabilidade, pois somente aí a individuação continua, mantendo o grupo coeso. A *ficção* do indivíduo destacado de todos, autossuficiente, é facilmente criticada a partir de Simondon. Pois cada um carrega algo que todos carregam: o pré-individual.

128 *Um processo de individuação não binário*

Certa vez, tentei uma "experimentação". Não que eu seja da física experimental. É uma tentativa que experimenta ir além. Tenta matematizar uma das facetas da individuação. O que é um indivíduo? Na tentativa,[117] seguindo os passos de Nietzsche e Simondon, trato o indivíduo como um processo. E ao invés de adotar a histórica dicotomia "indivíduo x não indivíduo", tento superá-la usando os conjuntos *fuzzy*. Na matemática do século XX, os conjuntos *fuzzy* surgem como uma revolução que tem influenciado a ciência e a tecnologia. Ao invés de respostas binárias, como "sim ou não", ou "0 ou 1", os conjuntos *fuzzy* permitem um intervalo contínuo de respostas entre 0 e 1. Ou seja, a resposta sobre um processo de individuação pode ser dada em graus ou níveis usando um conjunto *fuzzy*: quanto mais próximo de 0, menor o grau de individuação; quanto mais próximo de 1, maior o grau de individuação. Com isso, tentei estudar grupos, espécies e os seus indivíduos com os seus sentidos de pertencimento. Quanto maior o sentido de pertencimento a um grupo, menor o grau de individuação. Assim descrevi o individualismo, por exemplo, como baixo sentido de pertencimento. No trabalho, usei um conjunto *fuzzy* para descrever o processo de individuação psicossocial em humanos. Sugeri que o grau de pertencimento médio a uma estrutura e o grau de individualidade médio podem indicar tipos de sociedades. A abordagem *fuzzy* pode mudar discussões. Por exemplo, a China é um problema quando se usa a lógica binária, a lógica clássica. A lógica *fuzzy*, que surge dos conjuntos *fuzzy*, pode responder a pergunta "O que é a China, socialista ou capitalista?". Dentro da matemática *fuzzy*, a China tem graus de pertencimento ao capitalismo e ao socialismo. Será o fim do pensamento binário?

---

117 Neves, J. C. S. A fuzzy process of individuation. *The Journal of Mathematical Sociology* 44 (2), 90-98, 2020.

129 *De volta à comunidade*

Talvez aquilo de mais importante que temos perdido na modernidade seja o sentimento comunitário, o sentimento de pertencimento a uma comunidade, a uma polis, como os gregos antigos tinham. A fragmentação social moderna é a crença num indivíduo descontextualizado que não se reconhece como um fruto de um ambiente, de um *milieu*. Na perspectiva em que um indivíduo é um processo de individuação, seguindo Simondon, nós, como processos de individuação, surgimos junto com o nosso contexto, o nosso meio, pois determinamos e somos determinados pelo *milieu*, pelo meio. Pensar o aparecimento do indivíduo nesses termos poderá colocá-lo de volta na comunidade: ao invés de consumidores e empreendedores, cidadãos e amigos. É o retorno da *philia*, o amor entre cidadãos amigos, que poderá modificar a guerra hobbesiana de "todos contra todos" testemunhada hoje.

130 *O individualismo é sinônimo de burrice*

Faz séculos que o individualismo tem sido promovido e incentivado. Sociedades modernas fomentam o individualismo. Em cidades modernas foi criada uma das ficções mais convincentes hoje: o cidadão como átomo social. E o sentimento de pertencimento a uma comunidade, tão comum em outros tempos e em outros povos, ficou enfraquecido a partir daí. "Tenha o seu!", é dito, tenha o seu próprio meio de transporte, o seu próprio espaço de convívio para, curiosamente, viver sozinho e outros exemplos que amplificam o individualismo. "Busque o melhor para si", também é pregado, mesmo que o individualista nunca olhe para dentro de "si" para investigar se o "eu" existe mesmo. O individualista ainda não colocou o "eu" em dúvida... Um grande nome da filosofia, Immanuel Kant, chamava de burro aquele que tinha dificuldades em bem julgar. Não é um problema do entendimento ou intelecto repleto de conceitos e conhecimentos, é um problema no julgamento — é por isso que doutores burros são tantos quanto burros ignorantes! O julgar é uma capacidade da mente humana, que o filósofo chamou de faculdade de julgar. No âmbito do conhecimento, é esta a faculdade que permite, por exemplo, que tenhamos a ideia de um mundo coeso. A natureza como sistema — não como algo que é um amontoado de coisas distintas somente colocadas lado a lado —, algo que tem espécies, gêneros, famílias e reinos é possível pela faculdade de julgar. É a faculdade de julgar que subsome o particular no universal, possibilitando, a partir do indivíduo, o encontro da espécie, do gênero e assim por diante. Então, o individualismo é um problema de uma faculdade de julgar que não enxerga entre os seres humanos algum tipo de comunhão ou algum tipo de origem comum. E por não enxergá-lo faz do individualista burro.

131 *A ficção do indivíduo isolado*

A noção de indivíduo pode causar problemas. Não escrevo aqui sobre o individualismo, que do ponto de vista da vida em comunidade é altamente nocivo. Vejamos na ciência, na física, o que a crença em indivíduos plenos ou em observadores isolados causa em dois mundos distintos: (1) no mundo microscópico, descrito pela mecânica quântica, a ideia de um observador isolado, que não deveria afetar o seu experimento, é refutada. Na interpretação mais adotada da mecânica quântica, a ortodoxa, o observador tem um papel importante no experimento. Para muitos, o resultado de uma medição dependerá do ato de medir do observador. Na mecânica quântica, de acordo com a posição ortodoxa, não há um experimentador (ou um indivíduo) ou um processo de medição que não altere o resultado do experimento. A moderna crença no indivíduo pleno, ou num observador que se distingue e se separa claramente do seu objeto de pesquisa, produziu e ainda produz resistências equivocadas à interpretação ortodoxa da mecânica quântica. (2) No mundo macroscópico, descrito pela relatividade geral, a ideia de um observador isolado conduz à fantasiosa noção de máquinas do tempo. Alguém sem um contexto poderia viajar por inúmeros contextos por meio de curvas fechadas no espaço-tempo, indo e voltando ao seu bel-prazer. Sendo a noção de indivíduo descontextualizado fictícia, máquinas do tempo são apenas consequências matemáticas da teoria da relatividade, algo sem um conteúdo de *realidade*. Afirmar tal irrealidade é reafirmar a velha crença no indivíduo, no átomo social isolado. Os físicos sabem que um átomo isolado é uma ficção, mas parecem esquecê-la de vez em quando.

132 *Balelas*

No tempo atual, a modernidade tardia e não uma pós-modernidade, ficções "supostamente" arrazoadas podem convencer. Na física, os modernos criaram o conceito de partícula livre ou partícula que não interage — uma simplificação para estudar problemas e efetuar cálculos mais fáceis. Tal ficção seria impensável na física antiga, como a de Aristóteles, que tinha uma bela visão de um cosmo integrado. Na mesma modernidade, a ficção do indivíduo político livre, em muitos casos concebido como demiurgo de si mesmo, aponta para mesma direção da ficcional ideia da física. Novamente, a visão de uma *totalidade* integrada é deixada de lado. E o homem moderno tenta contar a mesma *balela* em diversos contextos.

133 *Práticos que não sabem o que é uma teoria*

De acordo com o contexto, uma palavra pode apresentar significados diferentes. A poesia só é possível pela polissemia. A palavra teoria, para muitos, indica uma suposição ou especulação. "Eu tenho uma teoria" significa, para muitos, somente "eu tenho um palpite". É um uso aceitável no dia a dia pois na etimologia de teoria, em grego, há um sentido de especulação. Mas hoje no contexto científico, o sentido de teoria é outro. Uma teoria é um conjunto de postulados, resultados e previsões (testadas ou ainda não) que descreve, ou *molda*, em algum nível e grau aquilo que chamamos de "realidade". Dizer, como leigos, que a teoria da relatividade "é só uma teoria" é tratá-la pejorativamente como um palpite de Einstein. No entanto, a relatividade é uma bem testada e validada teoria que *dá forma* ao mundo em largas escalas hoje. Aplicada no contexto científico, a palavra teoria usada no dia a dia vira ofensa daqueles que se dizem práticos àqueles que vivem da contemplação, que é outro sentido original da palavra em questão.

134 *Uma teoria nem sempre é um palpite*

As palavras são como ferramentas. Você pode usar um martelo em diversos contextos, seja para pregar ou arrebentar. Mas nunca se esqueça em qual contexto você o usa. Com as palavras temos a mesma coisa. Como disse, a palavra teoria cria confusões e mal-entendidos devido à ignorância do contexto em que é usada. Na linguagem do dia a dia, teoria significa palpite, suposição. Já na linguagem científica ou no contexto científico, uma teoria é um conjunto de enunciados sobre um tipo ou uma classe de fenômenos. E fenômeno, no contexto científico, não é uma celebridade ou alguém com capacidades acima da média, um fenômeno científico é apenas aquilo que acontece, aquilo que — de alguma forma, com ou sem o auxílio de um equipamento amplificador como um microscópio ou um telescópio — pode estimular pelo menos um dos nossos cinco sentidos. A teoria da relatividade e a teoria quântica não são palpites. São teorias científicas e, de acordo com Karl Popper,[118] reúnem enunciados que podem ou não ser falseados num experimento e enunciados que podem ou não ser universais. Há enunciados que se colocam fora de qualquer forma de teste num experimento (são os não falseáveis), por isso são até chamados de metafísicos. Para Popper, um enunciado jamais pode ser verificado ou provado e considerado verdadeiro em definitivo. Um enunciado não metafísico pode ser apenas colocado sob o teste de um experimento para que se possa saber se ele (o enunciado) resiste ou não àquele teste, se é ou não falseado. Caso resista, continua como algo que faz parte do conhecimento científico, caso não resista e seja falseado, deve ser retirado. No entanto, a filosofia popperiana é alvo de críticas. E nem sempre um enunciado falseado é excluído imediatamente de uma teoria. As hipóteses *ad hoc* podem ser artimanhas para salvar teorias e enunciados falseados.[119] Como disse, há também os enunciados universais, ou seja, aqueles que valem para todos objetos e processos para os quais dizem respeito. Leis naturais são enunciados universais. A chamada lei da conservação da energia, que afirma que a energia sempre é conservada, é um enunciado universal, ou seja, vale para todos os fenômenos e estudos que envolvam uma noção de energia. Não há exceção a uma lei. *As leis científicas devem sempre ser obedecidas*! E na confusão da internet, a noção de lei é mais valiosa do que a de teoria. Para muitos que ignoram os contextos, uma teoria no seu sentido vulgar, que é um palpite, e usada no contexto científico deve valer menos do que uma lei, que sempre é obrigatória (pelo menos essa gente tem um sentido da obrigatoriedade da lei!). Mas no contexto científico, teorias e leis são constituintes do conhecimento científico. E se pudéssemos atribuir valor, a noção

---

118 Popper, K. *A lógica da pesquisa científica*. São Paulo: Cultrix, 2013.
119 Veja, para um exemplo na cosmologia, Merritt, D. Cosmology and convention. *Studies in History and Philosophy of Modern Physics 57*, 41-52, 2017.

de teoria científica teria até mais valor do que a noção de lei, pois uma teoria científica reúne mais enunciados e promove um conhecimento mais amplo dos fenômenos. Ao comentarista de internet, que ignora contextos e inverte os valores, cabe uma inversão que é, no fundo, uma correção. E que diante de um prego, apenas martele!

135 *Teoria como cobertor*

Toda teoria é um cobertor. Aquece, conforta, protege e esconde... Mas para quem é grande, todo cobertor é curto.

136 *Brincadeira natural*

Hoje, em nossos mais avançados experimentos, cientistas submetem a matéria a altíssimas temperaturas e pressões, baixíssimas temperaturas e velocidades próximas à da luz. Tudo para podermos construir *verdades* científicas. O grande Kant disse no século XVIII que as ciências naturais deveriam "torturar" a natureza para obter respostas. De certa forma, a recomendação de Kant foi aceita. Mas antes de Kant, o grande Spinoza afirmou que é um erro considerar o homem um "império dentro de um império". Ou seja, homem e natureza não são antagônicos, um par numa dicotomia. E se concordarmos com Spinoza — e concordo —, então não haverá "tortura". Nem mesmo uma crise climática gerada por um homem "contrário" à natureza. O que há é *natureza brincando consigo mesma... sempre.*

137 *Reciclagem*

Partimos do seguinte: não existem homem e natureza, apenas natureza. Aquilo que chamamos de homem é um *pedaço* da natureza. A chamada *destruição da natureza* (claro, neste caso, algo restrito a este pequeno pedaço de rocha na periferia de uma galáxia comum) é autodestruição. Mas como o mundo não veio do nada e não retornará a ele, não haverá uma destruição final. Há apenas *reciclagem*. No turbilhão heraclitiano, tudo muda, nada permanece idêntico a si mesmo. Não existe nem mesmo o equilíbrio. Todo equilíbrio, no fundo, é *ilusório*.

138 *O futurista*

O futurista, aquele que quer enxergar o futuro e ignora boa parte do passado, ama as ciências e acredita que o objeto do seu amor foi criado recentemente. Fala em revolução científica feita por Copérnico, Galileu, Kepler e Newton sem saber que muitos elementos da *revolução* moderna já se apresentavam no mundo antigo. O futurista fala da necessidade do experimento para o estabelecimento de verdades científicas como algo recente. Ou seja, o dado empírico seria o promotor no tribunal da moderna ciência (e a razão teria o papel de juiz). Mas o mundo sensível, o da representação empírica, já fornecia subsídios para concordar ou não com ideias na antiguidade. Aristóteles negou a música cósmica defendida pelos pitagóricos a partir de um dado empírico: "nós não ouvimos nada".[120]

139 *Por que o conhecimento é possível? Kant e Nietzsche no meio-campo do conhecimento*

Em geral, cientistas não se perguntam sobre a possibilidade do conhecimento. Para muitos, a pergunta acima nunca foi posta, pois, sem um exame crítico, assumem que o conhecimento é possível. Já nas grandes filosofias, a pergunta sobre a possibilidade de conhecer algo é primordial. Em geral, na modernidade, dividem-se em dois grandes grupos as respostas à pergunta acima. Os racionalistas, como Descartes, tendem a assumir ideias inatas com conteúdos verdadeiros. O pensar correto ou o conhecimento verdadeiro diz respeito ao acesso a tais ideias. Por outro lado, os empiristas afirmam que todo conhecimento vem da experiência. Para esses, não há ideias inatas. A própria causalidade, segundo Hume, teria origem na observação do mundo. Mas entre os dois grupos, racionalistas e empiristas, surgiu alguém que foi buscar um pouco do que cada um tem *de bom* para construir um monumento à razão. Kant assumiu formas *a priori*, ou seja, sem conteúdos da experiência, e a própria experiência para tornar possível o conhecimento. Misturou um pouco das posições racionalistas e empiristas e deu um salto em relação às duas posições então dominantes. Kant seria um grande meio campista criador numa analogia futebolística. Comunicou-se com dois setores do campo e criou a partir daí.

---

120 Aristóteles. *Do céu*. São Paulo: Edipro, 2014, 290b30.

Só que o belo jogo kantiano sofreu uma dura marcação. Nietzsche, como um volante bruto, arrebentou a tática kantiana. As imutáveis formas *a priori*, para Nietzsche, não passam de ficções. A coisa em si — que nós não temos acesso com a razão pura, segundo Kant — para a filosofia nietzschiana é um contrassenso. Só que na metáfora futebolística, Nietzsche é um volante que sabe jogar, tem boa saída de bola, e na sua visão dionisíaca de mundo também criou. Para Nietzsche, o conhecimento é perspectivístico, há na construção do saber uma semelhança com o fazer artístico. Tal como Kant, o conhecimento em Nietzsche depende daquilo que é humano. Só que para o volante, Nietzsche, o conhecimento tem na linguagem a sua dependência. Com linguagens diferentes, constrói-se saberes e verdades diferentes. E a linguagem, em Nietzsche, é produto do corpo. No fim do jogo, é o corpo que constrói saberes. Nossas verdades e nossos conhecimentos, para Nietzsche, são construídos por corpos, formados por linguagens e, acima de tudo, são *humanos, demasiado humanos*.

140 *5 erros de gigantes para você se sentir melhor*

(1) Platão: errou quando assumiu o mundo das Ideias como o mundo verdadeiro. Hoje, tais Ideias são descartadas por quase toda filosofia. (2) Aristóteles: errou quando assumiu uma cosmologia geocêntrica. Hoje, a cosmologia moderna proíbe o geocentrismo. Não estamos no centro, e nem mesmo um centro existe! (3) Newton: errou quando disse que a sua teologia teria mais valor do que a sua física. Alguém conhece uma tese teológica newtoniana? Já na física, quase todos ouviram falar das leis de Newton. (4) Nietzsche: errou quando afirmou que a ideia de um eterno retorno não poderia ser colocada em termos da mecânica. Poincaré pouco depois demonstrou o teorema do eterno retorno em bases mecânicas. (5) Einstein: errou quando adicionou a constante cosmológica em suas equações para obter um cosmo estático. Logo depois, com a *detecção* da expansão do cosmo, feita por Hubble e sua equipe, a constante foi descartada por Einstein. Einstein errou de novo quando a descartou. Pois, a partir de 1998, a constante cosmológica voltou como energia escura na cosmologia.

141 *Divulgação científica e sua importância desde Platão*

Já no *Filebo* Platão afirma a existência de dois tipos de artes: um para muitos e outro para poucos. Existiria uma matemática para poucos, os conhecedores, e outra para muitos realizarem os cálculos do dia a dia. Os muitos deveriam ter algum conhecimento ou um conhecimento mínimo para que a vida social na pólis grega pudesse ser melhor. De certa forma, Platão defendeu um saber exotérico e um esotérico. O exotérico seria para muitos, e o esotérico deveria ser praticado apenas por seus seguidores na sua escola, a Academia. Hoje há uma divisão entre a ciência de muitos e a de poucos. A ciência de poucos é a de especialistas em universidades e centros de pesquisas, é avançada e quase inacessível a quem não a pratica. Já a ciência de muitos é uma simplificação e, em muitos casos, omissão em relação àquela praticada pelos especialistas. O conselho platônico é atual, pois, ainda mais hoje, a ciência para muitos é indispensável à vida numa sociedade científica. Logo, a divulgação científica é uma questão social, ou seja, é ética e política também. Evitaríamos muitas estupidezes com mais ciência de muitos a mais pessoas.

142 *Matemática e a sua origem terrestre*

Qual é a origem da ciência das formas, das relações entre as formas e das quantidades? A matemática é deste mundo ou de outro mundo? Existem várias respostas para essa pergunta. Comecemos com Platão, que considerou a origem da matemática numa realidade suprassensível. Para o grego, a matemática não seria deste mundo que muda — mundo oferecido aos nossos sentidos. Assim, o acesso à matemática seria pelo pensamento puro, que também daria acesso ao mundo das formas, que seria, para o filósofo, o mundo daquilo que é verdadeiro e imutável, como "supostamente" a matemática parece ser. Aristóteles chega a afirmar que os objetos da matemática, na filosofia de Platão, na verdade, estariam numa realidade intermediária entre o mundo sensível, captado pelos nossos sentidos, e o mundo inteligível, o das ideias. Durante séculos, a ideia de que a matemática não teria uma origem neste mundo predominou. Até mesmo Kant afirmou que os objetos da matemática teriam uma origem a priori, ou seja, seriam anteriores ao mundo dos sentidos, seriam formas puras do entendimento. Mas na construção de um objeto matemático qualquer, como um círculo, a partir de sua definição a priori, é necessário o mundo sensível quando o desenhamos numa folha de papel. Décadas depois de Kant, Nietzsche surge com posições polêmicas. No caso da matemática, coloca-a como uma linguagem *humana, demasiado humana*. Para Nietzsche, a matemática tem origem na ação de igualar aquilo que é desigual. Sendo assim, a matemática não ocuparia uma realidade suprassensível e imutável, não teria uma origem divina como a alma humana, seria somente uma poderosa ferramenta criada por humanos para relacionar coisas, que são sempre desiguais. Que a matemática seja *quase* unânime não existem dúvidas. E por unânime quero dizer universal. Mas não nos esqueçamos do advérbio *quase*, pois há uma tribo em que a ausência de números foi constatada. Os Pirahã, neste magnífico Brasil, são um povo que tem desafiado interpretações universalistas, inclusive as que dizem respeito à linguagem e supostas características universais de todas as línguas.[121] Os Pirahã indicam, confirmando Nietzsche, que também a matemática é uma interpretação ou uma construção. Na própria história da matemática também surgem desconfianças em relação às supostas verdades imutáveis da matemática. Grandes verdades da matemática antiga de Euclides, como "duas retas paralelas jamais se encontram" — uma verdade que, segundo Kant, seria apodítica, ou seja, não poderia ser de outra forma —, foram derrubadas ao longo do século XIX pelas geometrias não euclidianas. Em espaços curvos, paralelas podem encontrar-se. Então, acreditar num encontro com extraterrestres intermediado pela matemática, porque supostamente seria uma linguagem universal, parece-me apenas uma quimera de uma razão que quer se afirmar universal.

143 *Mais sobre a origem da matemática*

Para quem é adepto da tese que afirma que a matemática não é uma criação humana, pergunto: quem então a criou? Se não foi criada, é eterna? Faz parte de algum "mundo" que não é este mundo que vivemos? Ou faz parte deste mundo? O grande problema em acreditar que ela faz parte deste mundo e é eterna e imutável: como conciliar o vir a ser com a imutabilidade? Agora, acreditar que a "descobrimos" num além-mundo — lugar onde o vir a ser é negado e a imutabilidade é afirmada — é resgatar o pensamento platônico. Acreditar

---

[121] Veja Frank, M. C., *et al*. Number as a cognitive technology: evidence from Pirahã language and cognition. *Cognition* 108, 819-824, 2008.

que a matemática é eterna e imutável, que suas formas são encontradas num além-mundo, é retornar a crença de Platão num mundo das formas ou ideias separado deste mundo que vivemos — onde nada é idêntico a si mesmo ou imutável. Aquele que assim pensa, tem que admitir, então, a possibilidade da existência de Deus, pois, sendo a matemática eterna, absoluta e imutável, Ele e a eternidade, Ele e o absoluto, Ele e a imutabilidade identificam-se na teologia escolástica. A situação é curiosa quando um ateu afirma a não origem humana da matemática (algo curioso, sem dúvida, mas, devido à falta de sentido histórico entre os cientistas ateus, tal curiosidade é entendida). O problema da origem da matemática é um daqueles problemas onde a criação de uma coisa está tão distante no tempo que adquire o status de não criada.

144 *Língua e mundo*

A hipótese de Sapir-Whorf na linguística é a ideia segundo a qual a língua é determinante na visão de mundo. Ou seja, se pensamos o mundo assim e não assado, isso deve-se à língua. Para o povo Pirahã, na Amazônia, o mundo deve ser bem diferente de um ocidental com alguma formação científica. Pois esses encantadores índios brasileiros nem a noção de número têm em sua língua. Caso aprendam, precisam do nosso português para "ver" números no mundo. Robert Pula, num artigo,[122] tenta, de forma sucinta, defender a tese de que a hipótese Sapir-Whorf deve ser estendida para Nietzsche-Korzybski-Sapir-Whorf. Para Pula, o polonês Alfred Korzybski também deve ser incluído como alguém que, independentemente, pensou em algo similar. E antes de Korzybski, Nietzsche também apontou para a dependência que "o mundo" dos falantes de uma língua carrega da sua própria língua. Em *Além do bem e do mal*, devido à similaridade entre filosofias em países diferentes, Nietzsche escreveu: "O curioso ar de família de todo o filosofar indiano, grego e alemão tem uma explicação simples. Onde há parentesco linguístico é inevitável que, graças à comum filosofia da gramática — quero dizer, graças ao domínio e direção inconsciente das mesmas funções gramaticais —, tudo esteja predisposto para uma evolução e uma sequência similares dos sistemas filosóficos (…)".[123] Aqui

---

[122] Pula, R. the Nietzsche-Korzybski-Sapir-Whorf hypothesis. *A Review of General Semantics* 49 (1), 50-57, 1992.
[123] Nietzsche, F. *Além do bem e do mal*. São Paulo: Companhia das Letras, 1992, seção 20.

Nietzsche deixa clara a potência da gramática para construir "o mundo". Em outro texto, a crença em Deus é relacionada também à gramática: "Receio que não nos livraremos de Deus, pois ainda cremos na gramática".[124] Novamente é nítida a influência da língua na visão de mundo pois Deus, nesse sentido, é apenas um resultado da crença no sujeito gramatical. Como para toda ação há um sujeito ou para todo efeito há uma causa, Deus então seria o primeiro sujeito ou, como Aristóteles chamou, "o primeiro motor imóvel"[125] ou a primeira causa para o movimento de tudo aquilo que existe.

145 *Sob o reino de um ideal*

Estamos num tempo ideal. E por ideal não me refiro ao que seja o melhor hoje. Tempo ideal indica que hoje, para muitos, o concreto perde espaço para a ideia, para o conceito. Não é difícil encontrar radicais que se colocam sob uma ideia, ou um ideal, e negam até mesmo "a realidade" para não abandonarem a ideia. Assumem um posicionamento exclusivo à esquerda, à direita, acima ou abaixo e se esquecem que o mundo concreto nunca é exclusivamente isso ou aquilo. Talvez estejamos diante de um sintoma do futurismo, de um pensamento que se volta sempre ao futuro, tentando moldar um inexistente futuro a partir de inexistentes realidades, as ideias. Por outro lado, existem aqueles que preferem o concreto, que é sempre atual, ou seja, existe no presente. Fernando Pessoa, numa de suas facetas, deixa clara a sua inclinação para o concreto e a sua rejeição a ideias:

> Falaram-me em homens, em humanidade,
> Mas eu nunca vi homens nem vi humanidade.
> Vi vários homens assombrosamente diferentes entre si,
> Cada um separado do outro por um espaço sem homens.[126]

---

124 Idem. *Crepúsculo dos ídolos*. São Paulo: Companhia das Letras, 2010, A "razão" na filosofia, 5
125 Aristóteles. *Metafísica*. São Paulo: Edipro, 2012, 1072b.
126 Pessoa, F. *Poesia completa de Alberto Caeiro*. São Paulo: Companhia das Letras, 2005, Poemas inconjuntos, p. 150.

146 *Mar de ficções*

As ficções estão diante de nós... mas não apenas à frente. À esquerda, a sociedade igualitária. À direita, a liberdade de mercado. A esquerda com a sua igualdade e a direita com a sua liberdade navegam em seus fundamentos. Mas todo fundamento afunda-se num mar de ficções...

147 *Apropriações para fins de sobrevivência*

Nietzsche escreveu, no *A gaia ciência*, que "Deus está morto". Será? Conceitos, noções, ideias e enunciados podem ser modificados ao longo do tempo. No vir a ser da linguagem, até mesmo Deus poderia ter se *adaptado*, como um *organismo* descrito pelo darwinismo. Sobreviveria, então, como dizem, numa realidade além do espaço-tempo, além das curvas do tipo tempo e luz, ou seja, além da causalidade dos fenômenos, ou como energia que eternamente se atualiza. A noção de Deus então se adaptaria ao conhecimento de hoje. É nesse sentido que a astrologia também não estaria morta. Tal como a ideia de Deus, incorporou noções científicas para melhor *lutar pela sobrevivência*. Hoje astrólogos falam sobre corpos celestes, como planetas e cometas, descrevendo suas órbitas e caudas a partir do conhecimento científico atual. Em relação ao Oumuamua — primeiro corpo celeste de outro sistema estelar recentemente detectado no nosso sistema solar — há astrólogos que o interpretam como uma espécie de mensageiro de outra estrela. O estrangeiro interstelar, observado a partir de uma avançada ciência, é então apropriado por astrólogos, dando fôlego à velha crença astrológica.

148 *A astrologia é "menos" pior*

Acreditar em astrologia não é como acreditar na Terra plana. Negar a esfericidade da Terra é pior. Vem de um tipo muito pequeno, estúpido. Na astrologia, por outro lado, mentes nobres e inteligentes trabalharam. Podemos até pensar que a grandiosidade arquitetônica de um império como o egípcio teve na astrologia a sua motivação. Acreditar que o destino humano é intrinsecamente relacionado ao cosmo e que o astrólogo é capaz de decifrá-lo, no fundo, é uma ideia profunda. No entanto, hoje a astrologia mostra-se como algo superado. Não que o cósmico não esteja relacionado ao humano. Uma grande explosão estelar poderia acabar com tudo aqui na Terra. O problema na cosmovisão atual — em que o universo observável tem bilhões de anos-luz de diâmetro, um número infindável de galáxias, estrelas e buracos negros e é descrito por uma geometria curva — é que mesmo que tal conexão cósmica exista, um cosmólogo não poderia determiná-la, quanto menos um astrólogo munido apenas de uma geometria plana aprendida na escola.

149 O conservador não conservará a sua alegria eternamente

Não acredito que estejamos numa "era do obscurantismo". Por pior que sejam os integrantes de um governo, por maior que seja a influência de cristãos conservadores em decisões nacionais e internacionais, o nosso tempo, a modernidade, é o tempo do retorno à episteme (ciência) grega, mesmo que muitos cientistas de hoje nem saibam disso. Depois do domínio na idade média, quando disputou com o paganismo, o cristianismo, na modernidade, com a sua a ética e a sua cosmovisão tem perdido espaço no ocidente. Espaço hoje ocupado pela ciência, quando esta diz sobre a constituição do mundo. O pensamento científico moderno não é inteiramente moderno, tem a sua raiz grega. O chamado "método científico" não é uma inteira novidade dos modernos. Aristóteles, por exemplo, não negou a observação do mundo como um elemento do tal "método" para a construção da sua física (embora observação para os modernos seja algo mais sistemático). Entretanto, se a construção de uma visão de mundo — a interpretação dos fenômenos naturais, sejam "externos" ou "internos" ao corpo humano — é hoje uma tarefa predominantemente da ciência, questões éticas ainda têm um domínio cristão. Sejamos justos com os padres e pastores: aquilo que é considerado ético no ocidente é, na maior parte dos casos, cristão. Claro, o cristianismo bebeu na fonte grega, e por isso Nietzsche disse que "o cristianismo é platonismo para o 'povo'".[127] Até mesmo ateus podem ser semelhantes a cristãos éticos. Mas é claro, boa parte da ética cristã também se apresenta em outras religiões, é como se um fundo de valores fosse compartilhado por diversas culturas — um fundo que, para mim (desculpe-me, Kant), não é a priori. O conservador cristão com o seu anacronismo geocêntrico e terraplanista pode entregar as armas no que diz respeito à cosmovisão. Essa disputa está perdida para essa gente plana e superficial. E

---

127 Nietzsche, F. *Além do bem e do mal*. São Paulo: Companhia das Letras, 1992, Prefácio.

quanto à ética, por outro lado, o conservador cristão ainda pode alegrar-se em muitos casos porque a massa age frequentemente de acordo com a lei moral. E isso é impressionante! Em outros casos, aquilo que tem sido aceito pelos conservadores tem sido contestado. O conservador pode até resistir — porém num mundo heraclitiano, sempre em mutação, até aquele fundo de valores irá mudar ou cessar um dia. Estamos vendo apenas a disputa, também heraclitiana, e os aparentes retrocessos e obscurantismos são apenas locais... fenômenos de resistência a algo que "quer" o domínio. Esse algo é uma episteme que poderá fundar uma nova ética.

150 *Gramática quântica e relativística*

A gramática é "relativística" pois está de acordo com a teoria da relatividade! Ou seria o contrário? Espaço e tempo, na gramática da língua portuguesa, são tratados em pé de igualdade como na teoria da relatividade. Explico-me. Na teoria da relatividade, espaço e tempo são relativos e, até mesmo, intercambiáveis, unem-se numa estrutura chamada espaço-tempo contínuo e quadridimensional. Na gramática, quando tratamos de um tempo passado ou de uma distância percorrida, podemos usar o mesmo verbo para indicar tempo e espaço, o verbo haver: "Há uma hora que ficou há um quilômetro de distância". Já para distâncias a percorrer ou tempos futuros, usamos a preposição "a" para tempo e espaço indiscriminadamente: "Daqui a uma hora ainda estará a um metro de distância". Seja no passado ou no futuro, tempo e espaço são tratados de forma equivalente em nossa gramática, daí a expressão gramática *relativística*. E temos não apenas uma gramática *relativística*. Em certos casos curiosos, a gramática pode ser *quântica* também. Tem um sujeito famoso que disse, num certo momento, algo como "Caixa dois é corrupção" e, num outro momento, "Caixa dois não é corrupção". Ora, esse sujeito mostrou a *dualidade quântica* do caixa dois.

151 *Dieta fantasma*

Dentre as *especulações mais especulativas* neste imenso universo observável quase inobservável, há a matéria ou energia fantasma. Um fluido fantasma (*phantom fluid*) é um hipotético fluido que poderia explicar a expansão acelerada do universo. Se isso já não basta para a curiosidade universal, um fluido fantasma engolido por um buraco negro faz com que este — o buraco negro — perca massa. Conforme o buraco negro alimenta-se de fluido fantasma, tem a sua massa diminuída. É a dieta dos sonhos para muitos: quanto mais se come mais se emagrece! "Ora, então quem a adota pode desaparecer?", alguém pode perguntar. Digo que para não sumir ou virar um fantasma, até a dieta fantasma requer moderação.

152 Os quanta "quiseram" a Lua

Já faz mais de 50 anos da chegada da primeira tripulação à Lua, levada pela Apolo 11. Pela primeira vez, humanos saíram do "buraco" no qual vivemos — a Terra com o seu campo gravitacional — para pousar noutro corpo celeste. Em breve, Marte será o destino. Percebe-se, então, uma vontade de ir além, um desejo de ampliar o nosso mundo. A espécie humana saiu da África, o nosso berço, ocupou boa parte do mundo e, desde o século XX, quer ocupar outros mundos. Por quê? Porque "este mundo é a vontade de potência", assim falou Nietzsche.[128] A vontade de potência também pode ser lida no plural, ou seja, somos vontades de potência, todo o mundo pode ser dito como vontades de potência em disputa. Nessa visão, a vontade de potência é um limite a partir do qual não podemos ir, é o último "fato" sobre este mundo. Nossos movimentos como espécie humana para além da África podem ser lidos como manifestações de vontades de potência, como uma forte inclinação humana para demarcar e dominar maiores territórios. Nessa interpretação, a Apolo 11 também foi o resultado de vontades de potência, e a futura ida para Marte será o resultado de ainda mais dominantes vontades de potência, já que o grau de dificuldade será maior numa viagem ao planeta vermelho, e a intensidade de um quantum de vontade de potência é evidenciada pela capacidade de "violar e defender a si mesmo contra violação".[129] A saída humana do sistema solar demandará ainda mais potência, se isso for possível... Poderá acontecer de as vontades de potência do mundo subjugarem as humanas, terminando a aventura humana neste

---

128 Idem. *Obras incompletas*. São Paulo: Editora 34, 2014, fragmento 38 [12].
129 Idem. *Sämtliche Werke. Kritische Studienausgabe*. Berlin-New York: Walter de Gruyter, 1978, fragmento 14 [79].

mundo. Que isso acontecerá não há dúvidas. Mas chegaremos, no mínimo, em Marte antes disso?

153 *A cossós*

Depois que a ciência afirmou a imensidão cósmica, a partir do século XX, com o auxílio de enormes telescópios terrestres e espaciais, não foram poucos os que afirmaram a existência de outros mundos e outros seres inteligentes espalhados na imensidão. Mas hoje, depois de décadas de buscas e da ausência de contatos, surgem os desconfiados, aqueles que duvidam da existência de outros seres inteligentes, porque a vida sofisticada, segundo eles, é difícil surgir e prosseguir, muitos eventos devem ocorrer ao mesmo tempo para que as condições se ajustem para o desenvolvimento da vida em formas elevadas. A dúvida e a aceitação de outros seres cósmicos são pontos igualmente defensáveis hoje na ciência. Mas saiamos da ciência, coloquemos os nossos pés na filosofia para flutuarmos no abismo que se tornou cosmo. Se "o mundo" for obra de uma demiurgia coletiva e humana, como tenho defendido, poderemos dizer que estamos a sós em nosso mundo, pois "o mundo" ou o nosso mundo com planetas, buracos negros e galáxias diz respeito à nossa linguagem e ao nosso aparato sensorial. Os outros talvez nem vejam ou digam aquilo que vemos e dizemos sobre "o mundo", porque "o mundo" é somente nosso. Sim, estamos sozinhos em nosso mundo e assim permaneceremos. Temos só a nós, estamos a sós, ou melhor, estamos *a cossós*, que é a nossa condição de "juntos e a sós", condição dos únicos demiurgos do nosso mundo. Os outros, se existirem, estarão em outros mundos, provavelmente inacessíveis a nós, separados por um abismo que talvez nunca se torne cosmo.

154 *Abismo entre nós*

Existem duas direções na ciência sobre a comunicação entre a espécie humana e outras espécies. Na direção que aponta para dentro, biólogos trabalham duro para "decodificar" a linguagem de espécies altamente sofisticadas, como grandes primatas e golfinhos. Na direção que aponta para fora, físicos e astrofísicos buscam arduamente algum indício de comunicação extraterrestre com o auxílio de radiotelescópios. Tudo indica que se detectarmos um sinal extraterrestre, tal será tão obscuro quanto a linguagem de baleias. Pois, seja considerando uma espécie terrestre ou uma extraterrestre, sempre haverá um abismo entre nós e "os outros". Na corrida para comunicar-se com o diferente, biólogos saíram na frente. Físicos e astrofísicos estão à espera. Mas, caros observadores do espaço, não esperem muito por números de Fibonacci e outras regras matemáticas conhecidas por nós em sinais eletromagnéticos enviados por inteligências extraterrestres. A comunicação extraterrestre poderá ser obscena...

155 *Outros mundos*

"Os outros", por enquanto, somos nós. Não há uma única meta mundial porque não há uma única perspectiva. O aquecimento global, por exemplo, não é uma luta de todos pois nem todos o aceitam. Então, seja qual for o tema, há sempre os outros — sejam perspectivas ou olhares diferentes. *Talvez* um dia isso possa mudar. Uma invasão alienígena produziria uma união de metas, e não mais nos olharíamos como "os outros". Então, seriam os de fora, os de outro mundo, "os outros". Só assim haveria um único inimigo comum a todos. Mas é claro, eu disse *talvez* — pois existe sempre a possibilidade de corruptos que se venderiam para os colonizadores. Já vimos essa história.

156 *Vestindo a camisa de Vênus*

Na mitologia romana, Vênus é a deusa do amor, da fertilidade. Logo, está ligada ao surgimento da vida. E uma forma de vida *quase* foi indiretamente detectada no planeta Vênus, segundo uma muito comentada notícia. Caso tivesse sido confirmada que fosfina foi produzida por um tipo de micro--organismo que "flutua" nas nuvens de Vênus, o segundo planeta do sistema solar levaria uma vantagem sobre o quarto, Marte, o planeta vermelho, que tem sido o preferido em pesquisas planetárias. Será que os pesquisadores vestiriam outra camisa, a camisa de Vênus, e iriam dedicar-se mais ao planeta Vênus do que ao planeta vermelho no que diz respeito à astrobiologia? Sem dúvidas, amigos, caso a tal fosfina tivesse sido confirmada como um produto da vida venusiana, seria um furo! E sabemos muito bem que furo, vida e Vênus combinam demais...

157 Nossa Terra

Fui ao zoológico. Mas não vi um leão, um chimpanzé, um elefante ou uma águia. Vi algo que lembra um leão na sua força, vi algo que lembra um chimpanzé na sua esperteza, vi algo que lembra um elefante na sua persistência e vi algo que lembra uma águia mas não voa. Esse algo para ser um leão, um chimpanzé, um elefante ou uma águia precisa do seu meio, da sua terra. No zoológico, são só algo. Iremos a Marte, haverá uma colônia por lá. Mas com o tempo, não será de humanos. Será de algo parecido a humanos. Pois só se é humano na Terra.

158 A Chegada, um filme metafísico

O bom filme *A Chegada* coloca a questão da linguagem e da realidade. Seres tecnologicamente mais desenvolvidos chegam em nossa Terra. Uma equipe formada por um físico teórico e uma linguista deve aprender a linguagem dos extraterrestres. Tarefa bem executada pela linguista pois, no início, o físico teórico mostra a sua ignorância sobre questões linguísticas. Tal ignorância é comum nas ciências naturais. Nestas é comum pensar as leis naturais e os objetos da matemática como *coisas em si*. O mais interessante ponto do filme trata da construção da realidade pela linguagem. Negando uma realidade em si, o filme aponta para a linguagem como formadora do "mundo". E diferentes linguagens criam diferentes mundos, sendo até mesmo a experiência temporal dependente da linguagem, segundo o filme. A lembrança da filosofia de Nietzsche esteve presente durante a sessão. Como filólogo, o alemão reconheceu a importância da linguagem na construção daquilo que chamamos de "mundo". Em Nietzsche, o homem está condenado a ser artista, um criador de mundos. Retornemos ao *A Chegada*: os extraterrestres partem misteriosamente, sem qualquer trajetória. Misteriosamente pois toda e qualquer trajetória está em nosso "mundo". O filme não recorre à metafísica quando aponta para um "além mundo", além da nossa realidade, além de qualquer lugar e trajetória? Sim, não apenas o filme. Nós sempre recorremos àquela senhora.

159 *Ciência das mudanças climáticas*

"Ciência das mudanças climáticas", uma ciência da moda hoje, tem um nome curioso. É quase como "Trigonometria de triângulos de três lados". Sendo uma ciência do mundo sensível, da realidade física, o seu objeto de estudo muda... inexoravelmente. Sendo o clima um fenômeno deste mundo, varia... inevitavelmente.

160 *Futurismo*

Que o futuro será melhor do que o presente é só uma crença... Em geral, quem ignora histórias e filosofias é muito otimista em relação ao futuro. Só há uma filosofia que não duvida de um futuro melhor, está ligada ao desenvolvimento científico, é o positivismo filosófico e a sua crença no progresso da ciência e da razão. Não sou positivista, não sou dessa escória,[130] mas acredito no progresso da ciência, ou melhor, no seu desenvolvimento com o passar do tempo. E isso não significa que possamos responder hoje, melhor do que os antigos, aquelas perguntas fundamentais, como "Qual é a origem do mundo?" O otimista ao dizer que o futuro será melhor do que o passado compara coisas que talvez sejam incomparáveis porque são de natureza diferente: quando faz a comparação hoje, compara a realidade do presente com a imaginação de um futuro, e quando o fizer no futuro, irá comparar uma realidade futura (presente para ele) com a lembrança de um passado. Imaginação e lembrança não coincidem. A ameaça que vem de uma ciência com nome redundante, a das mudanças climáticas, pode até parecer uma dose de pessimismo quando olhamos para um futuro com maiores temperaturas médias globais e as suas consequências. Mas não se esqueçam: por trás há o otimismo do positivista que acredita que pela ciência ainda é possível reverter o aquecimento global. Há uma boa dose de "o futuro ainda poderá ser melhor do que o presente" nessa posição. De qualquer forma, quando comparamos períodos históricos usamos uma métrica, ou seja, valores para dizer isso ou aquilo sobre o passado, o presente e o futuro. Não há uma métrica absoluta, não há uma posição absoluta sobre os períodos. A esperança do otimista nunca será uma certeza

---

130 Adorno e Horkheimer chamam o positivismo de "a escória do esclarecimento". Cf. Adorno, T. & Horkheimer, M. *Dialética do esclarecimento*. Rio de Janeiro: Zahar, 1985, p. 78.

sobre o futuro na sua "totalidade". Em alguns aspectos poderá acertar, mas em inúmeros, errará.

161 *O estatístico pervertido e o cientista que só tem dado*

Quando o grande Kant disse que o mundo que vemos, escutamos, tocamos, cheiramos e degustamos é o mundo dos fenômenos — um mundo em que o dado sensorial é plasmado por algo em nós, e esse algo é o espaço, o tempo e o entendimento — e o mundo da coisa em si está além do mundo dos fenômenos, o filósofo alemão apontava para dois caminhos: o caminho para investigar o mundo dos fenômenos pela ciência e a inutilidade desta mesma ciência para falar sobre a coisa em si. Mesmo assim, a coisa em si não deveria ser ignorada pela investigação humana, caso fosse assumida como algo "real". Sendo o mundo dos fenômenos o mundo do dado sensorial, a ciência é um trabalho sobre o dado ou os dados. Aí entram a estatística, o cientista de dados e todo um ferramental para analisar os dados e concluir se isso ou aquilo tem significância estatística. É o caminho da atual ciência para afirmar um novo fenômeno, como a existência de uma nova partícula subatômica, e muitos cientistas nem sequer fazem a pergunta "qual é a origem do dado?". Porque param e permanecem fixos com a cabeça de um estatístico estreito que pergunta de forma obscena "você tem dado?". Claro, talvez esse estatístico não seja tão estreito, e os cientistas que têm muito dado querem apenas algum prazer.

162 *Ter dado não é tudo*

Você tem dado ou dados? Então não se esqueça da origem deles. Pois dado não dá tudo, danado! Observar galáxias distantes dá-nos suas velocidades de afastamento. O dado aqui é o desvio para o vermelho da radiação emitida. Mas qual origem dos dados? O espaço-tempo em expansão. O dado não deu tudo!

163 Quando a tirânica razão matemática degenera-se em razão probabilística: ou quando não conhecemos bem as causas

Vivemos em tempos de uma tirania matemática. O pensamento matemático, a forma de interpretar "o mundo" com a matemática, tem sido uma força dominante na modernidade. Nesse sentido, a razão matemática é tirânica porque é imposta a outras razões. Caso queira dar credibilidade a qualquer bobagem, diga que tal bobagem tem uma relação matemática ou x ou y por cento de probabilidade, x ou y por cento de certeza. A equação ou o número então destacam-se e criam alguma confiança no discurso. Newton, quando propôs a lei da gravitação universal, foi criticado por sugerir uma força que atua em qualquer distância, ou seja, dois corpos atraem-se pela lei da gravitação universal, não importa quão separados e distantes estejam um do outro, "algo" atua nos corpos e os faz moverem-se um em direção ao outro. Esse algo Newton não conhecia. Mas a formulação matemática da lei da gravitação foi tão convincente que, com o passar dos anos, deixamos de lado a estranha ação a distância sugerida pela lei de Newton e hoje, em cursos de graduação em física, resolvemos as equações da gravitação sem problematizar a origem de tal força. Mesmo sem uma origem, fenômenos gravitacionais são pensados causalmente, corpos movem-se e afetam-se, seus movimentos são causais e previstos por equações de movimento. Atualmente alguns físicos e cosmólogos defendem o multiverso. Ao invés de universo, haveria um multiverso, inúmeros mundos parecidos ou não com o nosso. A hipótese do multiverso evita um início de tudo a partir do nada, dispensa um ajuste fino nas condições iniciais do universo, algo que o modelo do *big bang* precisa assumir. Um modelo como o do *big bang* exige condições iniciais precisas para que possa gerar, depois de bilhões de anos de expansão, um universo como o nosso é observado atualmente. Já o multiverso trabalha com probabilidades, isto é, com um número grande de mundos haveria alguma probabilidade de existir um mundo "perfeito" como o nosso, um mundo com, por exemplo, a força gravitacional como aquela que Newton descreveu. Assim, como disse, um multiverso dispensa ajustes nas condições iniciais, logo evita um demiurgo como criador, causa ou origem e adequa-se a algo muito comum hoje: a tirânica *razão matemática* que se degenerou em *razão probabilística*. Hoje, diferente do tempo de Newton, a *razão probabilística* guia-nos até em coisas simples como tomar ou não uma vacina. As pessoas querem a eficácia de uma vacina, algo que seja dado, preferencialmente, num alto número seguido das palavras por cento. Seguindo Hume, afirmo que a *razão probabilística* surge da dificuldade de, em fenômenos complexos para o entendimento humano, estabelecermos causas e efeitos bem definidos ou uma relação causal única e precisa que conduza de um fenômeno *A* (causa) a um fenômeno *B* (efeito). A lei de Newton pode ser pensada a partir de uma causalidade bem definida (mesmo ignorando a origem da gravitação), mas em fenômenos em que isso não é possível a *razão probabilística* é imposta. Mecânica estatística e mecânica quântica são exemplos de áreas em que a *razão probabilística* é necessária pois não temos acesso a todas relações causais envolvidas em fenômenos que dizem respeito a inúmeras "partículas". Ou melhor, talvez nem a noção de causalidade seja inteiramente válida nesses casos. Na cosmologia, o modelo cosmológico que corresponde à *razão probabilística* é o multiverso, por isso é tão atraente a muitos pesquisadores atualmente. Hoje, como disse, vivemos a tirania da *razão probabilística* que na cosmologia chama-se multiverso. Nunca houve uma origem para a lei da gravitação de Newton e nunca tivemos um indício qualquer da existência de outros mundos previstos no modelo do multiverso. Em ambos os casos, o apelo é, acima de tudo, matemático. É claro que, além da matemática, a lei de Newton faz previsões adequadas a muitos fenômenos; já o multiverso faz previsões, mas ainda sem amparo algum em dados observacionais. Na hipótese do multiverso e em outras áreas, como disse, a *razão matemática* degenera-se em *razão probabilística*, aquela em que a expressão matemática é obrigatória, como no caso da gravitação de Newton, mas uma causalidade bem definida é abandonada a favor de correlações e probabilidades bem calculadas. A origem na hipótese do multiverso, como na gravitação de Newton, é deixada de lado. Na verdade, num multiverso, a origem perde qualquer sentido, e aquilo que tem algum sentido é enunciado não a partir de relações causais bem definidas, mas a partir de probabilidades.

164 3 perspectivas sobre a lei da causalidade

"O hábito faz o monge", dizem. Mas não apenas o monge. O hábito também faz a causalidade, segundo Hume. O grande pensador escocês defendeu que só temos uma noção de causalidade, ou uma ideia de causalidade como se referia, pelo hábito ou costume.[131] É por nós sempre observarmos um pintinho saindo do ovo que julgamos o ovo como a causa do pintinho. Ou seja, o ovo, a causa, geraria um pintinho, um efeito, segundo a opinião comum. Mas Hume dizia que na ideia de um objeto (supostamente tido como uma causa) não há a ideia do seu efeito ou de uma causalidade. A ideia de causalidade surgiria, segundo Hume, da observação de inúmeros eventos semelhantes, ou inúmeros pintinhos saindo de inúmeros ovos. A repetição de inúmeros casos passados seria a origem da inferência que daria origem à lei da causalidade. Hume foi um empirista, ou seja, segundo ele todo conhecimento surgiria da observação, e toda ideia seria então precedida de uma impressão ou observação. Daí o motivo para afirmar que a causalidade teria origem no hábito ou no costume de observar inúmeros casos semelhantes. A causalidade não estaria nos objetos, segundo Hume, mas na mente humana a partir de inúmeras observações semelhantes. Kant tentou salvar a justificação científica da influência cética de Hume. Para Kant, a causalidade seria uma categoria do entendimento e estaria justificada no transcendente.[132] De certa forma, concordando com Hume, o conhecimento surgiria, segundo Kant, da observação dos objetos ou fenômenos. Mas não apenas. Kant coloca também formas e categorias que não vêm da observação para a construção e justificação do conhecimento. Categorias como a causalidade e formas como o espaço e o tempo seriam a priori, segundo Kant, ou seja, seriam anteriores à observação. Por fim, Nietzsche. O filósofo que disse "Deus está morto" também foi ousado em relação à causalidade. Para Nietzsche, um filólogo por formação, a lei da causalidade surgiria da nossa crença na gramática. Isto é, por a estrutura linguística ser estabelecida a partir de um sujeito que age, que *causa* algo, com os milênios tal estrutura teria sido cristalizada e transformada numa lei — a lei da causalidade.[133] Portanto, diferentemente de Hume, para Nietzsche a causalidade não surgiria do hábito; e contra Kant, não teria uma justificação no transcendente. Para Nietzsche, seria somente uma questão de linguagem. E se Nietzsche disse que ainda cremos

---

131 Hume, D. *Tratado da natureza humana*. São Paulo: Editora Unesp, 2009, p. 133, I, parte 3, seção 8.
132 Kant, I. *Crítica da Razão Pura*. Petrópolis: Editora Vozes; Bragança Paulista: Editora Universitária São Francisco, 2015, p. 114, B 106.
133 Nietzsche, F. *A gaia ciência*. São Paulo: Companhia das Letras, 2001, seção 127

em Deus porque ainda acreditamos na gramática,[134] da mesma forma ainda acreditaríamos na lei da causalidade por causa da gramática.

165 Morreu mas passa bem quando acordou morto

Enquanto pensamos e falamos, temos uma causalidade no discurso, a regra de que algo causa outra coisa, algo antecede no tempo e gera outra coisa. Dizem, pensadores sérios, que isso nada mais é do que um fruto da nossa linguagem, que molda o nosso pensar e o nosso falar fazendo-nos crer que para cada ação há sempre um sujeito ou que para cada efeito há uma causa. Na frase "morreu mas passa bem" temos uma violação daquela regra, a da causalidade, pois a morte não pode dar origem a qualquer outro estado mundano além do "estar morto". Estar bem ou mal neste mundo só ocorrem antes da morte, nunca depois dela. "Acordou morto" também causa-nos risos, pois, novamente, a partir da morte não se pode experimentar o acordar. Pois depois da morte não há nem mesmo um sujeito que experimenta algo neste mundo. Pelo menos não um sujeito natural, pois no sobrenatural, como no mito cristão, Jesus acorda depois de morto e passa bem depois da morte. Há outra fé aqui, não apenas a fé na gramática.

166 Ciência e arte

Teorias e teatros para a contemplação de mundos que se apresentam. Não é coincidência: as duas palavras têm a mesma origem no grego. Ambas originam-se do contemplar... Ciência e arte, arte e ciência, ou melhor, arte-ciência — os antigos sabiam isso melhor do que nós.

167 O belo na ciência

É possível o belo na ciência. Não enquanto definimos algo ou mostramos o seu motivo. Sem conceitos ou demonstrações na mente, podemos julgar uma equação como bela, mesmo sem julgá-la boa ou não para isso ou aquilo. Por exemplo, $E = mc^2$, a famosa equação criada por Einstein que indica a relação entre massa (m) e energia (E), mediada pela velocidade da luz (c). Mesmo um

---

[134] Idem. *Crepúsculo dos Ídolos*. São Paulo: Companhia das Letras, 2010, A "razão" na filosofia, 5.

jovem estudante com alguns exemplos de equações na memória poderá dizer que a equação acima é bela porque é possível visualizá-la ou *intuí-la* como um todo, como algo "fechado" em si mesmo. O belo surge apenas da consideração da forma da equação, independente da consideração dos casos onde pode ou não ser aplicada. A equação acima não nos faz julgar que lhe falta algo. Caso fosse *E = 37,5mc²*, levantaria sempre um incômodo com o 37,5, uma suspeita de fragmentação, de perda de um pedaço, uma impossibilidade de concebê-la como um todo. Ao invés do belo e o prazer que segue da visualização da equação de Einstein, teríamos o desprazer e, em seguida, a dúvida sobre a origem do 37,5 naquela outra equação. Na física há uma preferência quando o método analítico e o método numérico estão em disputa. O analítico diz respeito a uma expressão ou um resultado que pode ser escrito numa equação, como a de Einstein, já um resultado numérico é obtido por programas de computadores que, ao invés de uma equação fechada, fornecem um resultado a partir de um número (ou uma tabela) para o fenômeno estudado. O resultado analítico será preferido ao numérico por um critério estético e outro que diz respeito ao seu funcionamento (caso se aplique a uma quantidade maior de exemplos do que o numérico). A representação do belo numa equação será sempre mais realizável do que sua representação num código de programação com inúmeras linhas de comando. Logo, o método analítico pode ter um julgamento estético ao seu favor na disputa com o método numérico. Mas os *garotos e garotas de programas*, ou melhor, os programadores realizam também julgamentos estéticos. Um código de programação sempre será preferido a outro por dois motivos. Um código é escolhido quando é menor e melhor. Ser melhor significa, realizando a mesma tarefa do que outro qualquer, ser mais rápido. Ser menor ou pequeno significa que, numa única representação, a sua forma possa ser *intuída*. E somente códigos com poucas linhas podem ser visualizados como uma totalidade e, como uma consequência, podem ser julgados como belos.

168 *O feio na ciência*

Acima de tudo, a ciência é o reino do bom, do útil. Nem todo cientista é acostumado ao belo. A formação *operária* do cientista de hoje impede-o de desenvolver juízos estéticos. Apenas os juízos lógicos são estimulados em cursos de graduação e pós-graduação, criados para *deformar* pessoas. Acima de tudo, a ciência é o reino dos feios. Basta olhar o grau de beleza ou a sua ausência em laboratórios e institutos de pesquisa. Sejamos honestos e mostremos aptidão para emitir juízos estéticos! É feio o cientista ordinário. É uma máquina de análises e cálculos incapaz de julgar algo belo e mostrar-se belo. Quando julga algo belo, confunde-o pois na verdade está diante do útil. E quando quer mostrar-se belo, *é um desastre ecológico em curso*.

169 *Day nada*

A santificação de ilustres nomes da ciência é algo que surge em mentes ignorantes ou carentes. Cientistas como heróis que enfrentaram resistências e as superaram solitariamente é uma ficção que tenta criar homens e mulheres superpoderosos. A ciência é uma obra coletiva, acima de tudo, sua história a mostra como um movimento de muitos, mesmo que ignorantes afirmem o contrário. Se ainda pudermos chamar um ilustre cientista de gênio (contrariando aqueles, como Kant, que dizem que gênios só surgem nas artes), isso se deve ao seu trabalho de pôr um mundo, algo que um grande nome da ciência o faz com os outros. É claro que um gênio da ciência tem uma maior parcela de contribuição em relação ao cientista ordinário. Mas nunca tal gênio poderá ser santificado, ou seja, colocado como alguém de outra natureza. Deixemos os santos para os religiosos e os carentes de milagres. Um *Darwin Day* ou um *Einstein Day* soa como dia de santo. Isso soa mal.

170 *Ficção científica ou ficção ficcional*

E se, no mais profundo olhar possível, a ciência for mais uma entre tantas ficções? Sem dúvidas é um pensamento incomum, pois a ciência é tida como aquilo que diz respeito a verdades, e uma ficção é, como toda arte, uma mentira com boa consciência. Mas num olhar profundo, digo-lhe, amigo, a ciência é uma ficção humana. E o motivo para tal é o seguinte: "o mundo" é, a partir de um fundo abismal, uma representação. Como o fenômeno ou o mundo sensível não é uma coisa em si, a ciência lida com representações. Essa foi a principal lição do grande filósofo de Königsberg, Kant, a diferença entre fenômeno e coisa em si. É somente a partir dessa lição e da Morte de Deus, anunciada por outro grande filósofo, Nietzsche, algo que significa o fim da Verdade e de qualquer noção de absoluto, que posso dizer-lhe, amigo: ficção científica diz algo como *ficção ficcional*!

171 *Planetas alinhados*

Planetas alinhados, para mim, são só planetas de *smoking*... Ora, um alinhamento de Júpiter e Saturno, por exemplo, não irá inaugurar uma nova era. Essa conversa astrológica já deveria ter sido superada em nosso tempo de cosmologia einsteiniana, o tempo do "princípio cosmológico". E tal princípio diz: "Tu não ocupas um lugar privilegiado no cosmo!" Como evento astronômico, um alinhamento pode ser raro. No carrossel do sistema solar, um alinhamento planetário é só uma disposição especial dos planetas em relação a nós, algo inteiramente descrito pela lei de Kepler e pelo nosso arcaico antropocentrismo. Não haverá uma nova era de novas esperanças iniciada por um alinhamento planetário qualquer. As esperanças continuam velhas. Muitas poderiam tornar-se certeza. E poderiam até ser servidas por um planeta de *smoking*...

172 *O mundo não mudará, apesar das mudanças*

Heráclito teria afirmado a impermanência do mundo (e nós também!). Tudo muda, tudo flui. Então dizer que "o mundo será diferente depois da pandemia" não diz muita coisa nova. Pois, como Heráclito nos ensinou, "o mundo" não permanece igual. Então, o que realmente mudará, qual profunda mudança ocorrerá no mundo, o que será realmente novo e não apenas de fachada? Talvez nada a curto e a médio prazo. Tudo o que tem acontecido não é realmente uma profunda mudança. Nem mesmo as mortes pelo vírus, pois morrer não é uma novidade; nem mesmo o fechamento do comércio, pois o comércio fecha no primeiro dia do ano; nem mesmo a possível saída de um presidente aloprado, pois saídas de presidentes são comuns, ainda mais de aloprados. Novos comportamentos sociais, a partir da pandemia, como o isolamento ainda maior das pessoas, não são uma novidade. A atomização social, o individualismo e a vida solitária temos experimentado há séculos. Com o novo vírus e a internet, estamos apenas radicalizando algo que já tem ocorrido. O sistema capitalista não acabará nos próximos meses; a seleção natural não atuará em todos os casos (apesar dos seus entusiastas!), porque, quando o fator humano está presente, não a deixam atuar cegamente (aparentemente!); a morte de Deus ainda não será notada por muitos; e "o mundo" sem um mal ou uma injustiça não será alcançado. "O mundo" permanecerá o mesmo, apesar das mudanças — pelo menos para nós, os ainda vivos.

173 *Darwin dispensável*

De um ponto de vista, a chamada evolução ou modificação das espécies é uma obviedade. De qual ponto de vista falo? Ora, é o ponto de vista que se tornou subjugado ao longo da história, ponto de vista de Heráclito, que teria dito "tudo flui", e nada permanece estático no mundo. Se o penamento de Heráclito tivesse dominado o ocidente, ao invés do pensamento de Parmênides, de acordo com o qual "o ser é", ou seja, a mudança é ilusória, não teríamos dificuldades em aceitar o darwinismo mais de dois mil anos depois da morte de Heráclito. Se é que precisaríamos de Darwin em tal mundo hipotético...

174 *Um vírus quer nada*

Um vírus nos quer? Não, pois não tem uma capacidade de desejar algo ou uma vontade. Guardemo-nos de tratar um vírus como algo que quer alguma coisa. Os antigos, talvez, estivessem certos. Pois tinham o costume de colocar um intermediário entre opostos. Então, seguindo os antigos, um vírus pode ser um intermediário entre o ser vivo e a matéria inanimada, entre aquilo que tem e aquilo que não tem vida. Um vírus pode ser visto como algo que carrega traços da vida, mas não é vida, e traços da matéria bruta, mas não é *pura* matéria porque está submetido à seleção natural. Sem um querer dirigido a qualquer coisa no mundo, pois não é um ser vivo, um vírus vagueia cegamente, sem um fim, meta ou finalidade. Ele não quer se reproduzir, sua multiplicação é aleatória. O acaso cego o "governa", aquilo que os antigos chamavam de necessidade ou princípio do movimento desordenado e sem uma finalidade. Sem um querer a partir de uma vontade, um vírus é inimputável.

175 *Pico contingente*

Por mostrar um fenômeno contingente, o pico de uma epidemia somente será conhecido, com toda certeza, no futuro olhando-se para o passado. Em geral, não se faz uma previsão com toda certeza sobre um pico de epidemia, pode-se até atribuir uma certa probabilidade para que ocorra num certo período. No entanto, será certamente determinado somente quando olharmos para o passado e encontrarmos o número de casos em queda. O pico estará logo ali antes da queda do número de casos. É a presença da contingência no fenômeno humano que torna o pico não determinável com toda certeza, algo diferente da bem determinada trajetória ou elipse de um planeta ao redor do Sol. No caso do planeta, pode-se determinar em qualquer momento passado, presente e futuro a sua posição. Não é o caso do pico de contaminação, que será completamente conhecido somente olhando-se para o passado. Então, para que serve o modelo epidemiológico e as suas previsões? Para palpitar cada vez melhor. Chegará à certeza da elipse? Não, a necessidade física do movimento de um planeta, ou seja, o seu movimento não pode ser diferente do que é de acordo com as *leis da natureza*, torna-o um fenômeno não contingente. É contingente aquilo que, de certa forma, poderia ser diferente do que é. Caso os planetas fossem, por exemplo, seres pensantes e desejantes, o trabalho do astrônomo seria como o do epidemiologista, um "palpite" ruim ou bom. Mas aí alguém poderá dizer que a contingência está na nossa ignorância e limitação em calcular todas as variáveis envolvidas no fenômeno humano. Com uma grande capacidade de cálculo e variáveis ocultas como em propostas científicas sérias,[135] o fenômeno contingente se tornaria necessário e bem determinado, não apenas provável. Bom, mas aí é querer muita capacidade, algo hoje além do humano, algo talvez divino. Por enquanto, o vírus é um problema humano, para humanos, logo suas consequências no mundo humano são ainda contingentes.

---

[135] Numa interpretação alternativa para a mecânica quântica, a de David Bohm, variáveis ocultas são concebidas para termos trajetórias bem determinadas de fenômenos quânticos, algo contrário à interpretação ortodoxa e mais adotada em que a noção de trajetória de uma partícula no contexto quântico perde o sentido.

176 O mal no mundo: o coronavírus

Teólogos têm, muitas vezes, dificuldades para explicar o mal no mundo a partir da fé num deus bom, onipresente, onipotente e onisciente. "Como há espaço para o mal num mundo criado por Deus?" é a grande pergunta. Platão, por outro lado, conseguiu deixar-nos, de acordo com o próprio filósofo, um "verossímil discurso" sobre a origem do mundo e do mal, mesmo tendo assumido um deus criador do cosmo, o Demiurgo. No mito platônico, o cosmo (que em grego significa ordem) é feito de um receptáculo amorfo, desordenado. A ordem surge a partir do intelecto demiúrgico, que se volta às Ideias eternas, estabelecendo um princípio de ordem. O intelecto do deus, como um princípio de ordem, tenta convencer a necessidade, que é o princípio da desordem, a realizar o melhor fim para todas as coisas, criando-as a partir dos modelos eternos que são as Ideias. Fim este que é o Bem e o Belo. Os dois princípios, intelecto e necessidade, atuam sobre o receptáculo amorfo, de tal forma que os planos bons e belos do deus nunca são completamente satisfeitos. Pois a necessidade nunca é totalmente eliminada, como um princípio de desordem, ela está sempre presente. Logo, o deus platônico não é todo poderoso, e a origem do mal está na desordem proporcionada pela necessidade. Mas, de tempos em tempos, o intelecto demiúrgico apresenta-se restaurando, momentaneamente, a ordem.[136] No seu livro, *Timeu*, Platão tem o intuito de colocar o Demiurgo como exemplo para os mortais. Na vida, cada um deveria seguir os movimentos do deus, imprimindo ordem à desordem, buscando o Bem, o Belo e a Verdade como o fez o deus. Na pandemia do coronavírus, é a ciência (ou o intelecto dos cientistas, na interpretação a partir de Platão) que deve buscar a ordem, imitando o deus na narrativa platônica, afastando o mal da doença com o desenvolvimento de um tratamento ou uma vacina. Mas deve-se sempre ter em mente que a necessidade, como princípio de desordem, nunca desaparecerá do mundo. O mal sempre estará à espreita, nesta leitura de Platão.

---

[136] Para uma discussão sobre esse tema, veja, por exemplo, Carone, G. R. *A cosmologia de Platão e suas dimensões éticas*. São Paulo: Edições Loyola, 2008.

177 Neurocentrismo como nossa fragmentação

Talvez, uma das grandes marcas do tempo atual seja a individuação como fragmentação.[137] Nos últimos séculos, no ocidente, temos olhado para o mundo de forma fragmentada, seja quando concebemos cidadãos atomizados ou a matéria como composta por "partículas isoladas". Fragmentação também do pensamento, com áreas estanques de pesquisa, e até mesmo do *eu*. Denunciada por pesquisadores,[138] a "cerebralização" ou "neurocentrismo" afirma o cérebro como a origem da "alma", do sofrimento e, até mesmo, da cultura. O movimento no sentido da fragmentação do mundo, no qual o neurocentrismo insere-se, está em acordo com uma visão utilitarista do mundo, visão em que tudo é avaliado pela utilidade, muitas vezes sinônimo de vendabilidade. Apontando o cérebro como a origem da "alma" e da cultura, a atuação sobre o órgão torna-se desejável economicamente. Sendo o cérebro o "princípio" material, algo determinado e individualizado, diagnosticamos e receitamos substâncias, e o comércio de medicamentos para a "alma" torna-se então possível. Por considerar tudo a partir do cérebro, o neurocentrismo ignora, muitas vezes, o contexto, a interdependência corpo e mundo e, até mesmo, o próprio corpo.

178 Neurociência atrasada?

Certa vez, assisti a uma entrevista com uma popular neurocientista brasileira. A pesquisadora afirmou que há décadas a neurociência afirma que a origem da dependência química é o prazer. Quando se usa drogas, segundo a pesquisadora, a sensação de prazer é dezena de vezes maior do que qualquer uma obtida no dia a dia sem o uso de drogas. Só há poucas décadas, neurocientistas? Pois bem, a filosofia já afirma isso há séculos. Não é por caso que alguns filósofos chamam o nosso tempo de hedonista. Claro que as afirmações filosóficas não levaram em conta a quantidade medida por impulsos elétricos, algo que é fruto de um outro *caminho ou método*. Outro possível atraso: reduzir o pensar e a consciência ao sistema nervoso, como a pesquisadora faz, não será um erro? E se no pensar e no ter consciência células do estômago, por exemplo,

---

[137] Neves, J. C. S. A fuzzy process of individuation. *The Journal of Mathematical Sociology* 44 (2), 90-98, 2020.

[138] Vidal, F. e Ortega, F. *Somos o nosso cérebro?: neurociência, subjetividade, cultura.* São Paulo: n-1 Edições, 2019.

tiverem importância não apenas para manter o corpo em funcionamento? Se a reposta for positiva, mais um atraso será constatado. Pois *assim já falou a filosofia*: "Nosso corpo é apenas uma estrutura social de muitas almas".[139] E a questão do livre-arbítrio? Há ainda dúvidas em alguns neurocientistas? Tenham coragem! Esse velho artigo de fé já desmoronou pelas mãos de corajosos filósofos.

179 *Multiplicadores de eus*

Muitos neurocientistas clássicos da filosofia nunca leram. Assim como cientistas em geral. Para esses, um bocadinho de filosofia poderia ajudar no pensar e no falar. Uma frase como "É o seu cérebro quem decide, você sabe depois" é uma multiplicação *errada* de sujeitos, algo comum na neurociência. Talvez ainda seja um resquício de uma metafísica — segundo a qual corpo e alma são substâncias diferentes — a promotora de tal discurso, multiplicando, no final das contas, o sujeito por zero! Uma filosofia *antimetafísica*, como a de Nietzsche, vai dizer que "sangue é espírito" e que todo corpo pensa e decide. A consciência que temos de um ato é apenas a resolução de uma disputa no corpo inteiro. Como em parte da neurociência atual, o livre-arbítrio para Nietzsche é uma ficção. Mas o "eu", para o alemão, é todo corpo, sendo plural, múltiplo, mas não uma multiplicação por zero.

180 *"Eu"*

Dizem: "O seu cérebro quer, o seu cérebro escolhe, o seu cérebro..." Mas não sou com o meu cérebro? Então, quem quer ou escolhe sou "eu" — ainda que o "eu" seja problemático... Há "eu" ou "eu" não há? Não me digam que "eu" seja problemático...

181 *Atividade cerebral*

Usar a ressonância magnética para observar padrões cerebrais é tudo o que temos? Acreditar que tipos podem ser discernidos apenas por atividades cerebrais não será *superficial*? E se o tipo for determinado pelo corpo inteiro?

---

139 Nietzsche, F. *Além do bem e do mal*. São Paulo: Companhia das Letras, 1992, seção 19.

E se a atividade cerebral for o resultado do embate e do posicionamento numa guerra no corpo todo? Caso assim o seja, então temos lido, com a ressonância magnética, somente a manchete do dia seguinte após uma guerra. E com a manchete do dia seguinte não se faz previsão, mal se faz história. Logo, com a ressonância magnética, um ser humano seria somente a soma da imprevisibilidade com uma história mal contada.

182 *Pessimismos*

Há dois principais tipos de pessimismos: o teórico e o prático. O teórico trata da limitação da mente-corpo e conclui que não poderemos tudo conhecer porque a própria noção de totalidade é problemática. Na ciência é comum encontrar o contrário, o otimismo da razão. Para um otimista, não haverá lacunas ou restos. Espera conhecer a totalidade dos fenômenos um dia. Einstein foi um otimista da razão, mas também foi tantas outras coisas. A promiscuidade einsteiniana na filosofia já foi indicada por vários autores. É impossível para um pessimista teórico ter uma noção de "totalidade" dos fenômenos conhecida, pois para tal pessimista o conhecimento sempre será parcial, provisório e humano, ou seja, limitado. Já o pessimismo prático diz respeito às nossas ações. É o pessimismo ético e moral com desdobramentos na política, economia e na sociedade em geral. Talvez a pergunta mais apropriada seja pelo grau de pessimismo prático ou em qual esfera deva ele ser mais ou menos presente. Porque um total pessimismo é paralisante, mortal, niilista no mais alto grau. É possível, com um certo grau de pessimismo, ainda conceber uma vida boa. E digo somente num certo grau porque teremos sempre por perto afetos que traem o otimismo prático e o seu final feliz. Sem uma *lei moral universal*, fundada num deus suprassensível, e uma razão que supostamente governaria os afetos, um otimismo prático é insustentável. Sejamos, então, pessimistas não paralisados e, acima de tudo, não estéreis. Que o pessimismo teórico não nos paralise, impedindo-nos de criar, e que o pessimismo prático não se torne fraco, fazendo-nos acreditar na ficção de um *final feliz universal*.

183 *Razão e não-razão*

Criticar o racionalismo não significa apelar ao irracionalismo. O racionalismo é a crença na prevalência da razão e na capacidade desta de conduzir a humanidade ao bem, à verdade e à felicidade (conceitos unidos na visão platônica na famosa igualdade bem = verdade = felicidade). O ápice do movimento racionalista foi o Iluminismo, onde a razão era vista como capaz até de corrigir os infortúnios humanos. A visão racionalista é uma verdadeira *húbris* da razão — uma tentativa de utilizar a razão como peso e balança para tudo. Numa perspectiva que combate o racionalismo sem banir a razão, o irracional pode ter valor como a razão. E os restos na ciência, aquilo que permanece "inexplicável", corroboram a desconfiança no racionalismo e na crença ilimitada na razão, pois os restos são limites à racionalidade.

184 *Arquiteturas filosóficas: os prédios Hume, Kant e Nietzsche*

Quem já teve contato com filosofia e história da filosofia deve ter lido ou ouvido falar algo sobre Hume, sobre a sua postura empirista ou a sua famosa posição sobre a lei da causalidade. Comparado a Kant, talvez o maior nome da filosofia moderna, Hume é mais "simples". Mas não se engane com a sua "simplicidade", pois esta é acompanhada de uma grande solidez. Acho que, com uma analogia arquitetônica, a comparação possa ficar mais clara: Kant seria um prédio no estilo neoclássico, com inúmeros detalhes em mármores de alto valor numa bela forma; já Hume seria um prédio contemporâneo, com muito concreto, aço e vidro, numa forma simples. E como toda boa construção nesse estilo, é igualmente sólido. Como *bom* leitor de Nietzsche, depois da leitura de Hume, enxerguei possíveis influências do filósofo escocês no filósofo alemão. Por exemplo, a crítica da noção de substância feita por Nietzsche guarda grande semelhança com a feita antes por Hume. Nietzsche é tido por alguns como alguém que não reconheceu, em certos momentos, suas fontes de forma adequada. O exemplo citado pode ser o de mais uma ingratidão nietzschiana, pois Nietzsche em sua crítica à substância não cita Hume. Talvez seja próprio do estilo nietzschiano, que na nossa analogia arquitetônica seria um estranho prédio desconstrutivista, sem uma bela forma, um prédio de uma arquitetura de desconstrução do passado.

185 *"O mundo" é somente fenomenal*

Quase toda a cientificidade atual ainda comete o erro de identificar o fenômeno à coisa em si. Por fenômeno quero dizer aquilo que os nossos sentidos podem captar, mesmo que seja ampliado em microscópios, telescópios e produzido em aceleradores de partículas. Por outro lado, a coisa em si é aquilo que pode ser considerado independente da observação e constituição humanas. Kant, no século XVIII, foi o primeiro a apontar a diferença entre fenômeno e coisa em si. Os fenômenos são dependentes das representações humanas, observamos e pensamos os fenômenos a partir das condições humanas: a partir de como o nosso aparelho sensorial é formado, de quais características apresenta e a partir do intelecto humano. Depois de Kant, Nietzsche, no século XIX, trouxe a sua dinamite para destruir qualquer noção de coisa em si. Para Nietzsche, sobram-nos somente os fenômenos. Tudo aquilo que chamamos de "o mundo" é representação humana, é fenômeno. Mas não estou aqui dizendo, seguindo Nietzsche, que sem humanos não exista alguma coisa. Depois da extinção humana "algo" permanecerá. Sem humanos haverá algo, mas nós não o podemos dizer. Pois quando o dizemos, temos "o mundo". A palavra mundo carrega uma enorme carga de sentidos *humanos, demasiado humanos*, pois "o mundo" é somente fenomenal. Quando um físico fala do universo há bilhões de anos utiliza-se, na maior parte dos casos, de dados observacionais para compô-lo. Toda atividade científica é interpretação de fenômenos. Mas quando aquele mesmo físico extrapola para além dos dados, em ideias como multiverso, mundos brana ou eternidade temporal, ou quando considera "o mundo" como independente do olhar humano, apenas conta-nos uma fábula. Pois se acreditar em tal fábula — e em muitos casos acredita —, cometerá o erro acima: a identificação do fenômeno à coisa em si. A grande lição kantiana nesse tema é que não apenas "o mundo de fulano ou sicrano é limitado", expressão usada pejorativamente, mas também "o mundo" da ciência ou qualquer outro é e sempre será limitado às condições humanas!

186 *Conservação da discussão*

Há poucos séculos, a discussão sobre a conservação da energia envolvia o dualismo matéria-espírito. Para quem defendia o dualismo — como Isaac

Newton parece ter defendido[140] — havia a possibilidade de a energia não se conservar, pois a interação entre espírito e matéria não obedeceria àquilo que hoje chamamos de lei de conservação da energia. Hoje o dualismo matéria--espírito, pelo menos na ciência, não é tão presente. Desconfiamos de espíritos, torcemos o nariz para uma fictícia realidade além deste mundo, mesmo quando a física se aproxima de uma metafísica! A conservação da energia foi colocada como lei científica não faz muito tempo, ou seja, hoje a conservação da energia é tida como um dos enunciados fundamentais da ciência, e são poucos aqueles que se levantam contra essa tal "lei". Mas na teoria da relatividade geral, que trata do universo como um todo, há dúvidas se a energia conserva-se ou não. Seja por causa da difícil caracterização do conceito de energia na teoria de Einstein, seja devido à problematização que surge quando pensamos a conservação da energia no universo como um todo. Por outro lado, há quem não enxergue problema algum na conservação da energia, pois o teorema da matemática Emmy Noether — tido como um dos mais importantes do século XX — estabeleceria, de forma elegante como todo teorema matemático poderoso, a energia como uma quantidade conservada na teoria da relatividade geral, logo a conservação da energia estaria a salvo — desde que assumamos hipóteses como em todo teorema matemático. De qualquer forma, ainda podemos argumentar contra essa tal "lei"... e contra qualquer outra. Porque não somos *conservadores*, nem adoradores de lei, não é?

187 *Ainda interessante*

Dizem que a segunda ida à Lua teve uma audiência tão grande quanto *A voz do Brasil* tem diariamente. Exagero? Ora, depois da primeira, qual seria a novidade da segunda? A segunda imagem de um buraco negro, agora o buraco negro no centro da Via Láctea, foi publicada.[141] A primeira imagem, de 2019, tinha sido do buraco negro da distante galáxia M87. Seria a segunda imagem menos interessante do que a primeira? Talvez a segunda imagem não afete tanto as pessoas quanto a primeira imagem. Mas do ponto de vista científico, a

---

140 Veja Pitts, J. B. Conservation of energy: missing features in its nature and justification and why they matter. *Foundations of Science* 26, 559-584, 2021.
141 Akiyama, K., et al. [Event Horizon Telescope]. First Sagittarius A* Event Horizon Telescope Results. I. The shadow of the supermassive black hole in the center of the Milky Way. *The Astrophysical Journal Letters* 930 (2), L12, 2022.

segunda imagem tem também grande valor. Primeiro, porque pode-se afirmar agora, com alguma hesitação,[142] que a Via Láctea tem o seu próprio buraco negro supermassivo, ou seja, a imagem publicada é de Sagitário A*, o nosso buraco negro de estimação, no centro da nossa galáxia, um monstro de aproximadamente 4 milhões de massas solares, cuja distância a nós é de 27 mil anos-luz. A colaboração científica que obteve a imagem (*Event Horizon Telescope Collaboration*[143]) pôde determinar a massa do monstro e a sua inclinação a partir da qual nós o observamos. Novamente, como conclusão primeira, os pesquisadores afirmam que há uma boa confiança de que a teoria da relatividade geral de Einstein descreva bem Sagitário A*, sendo especificamente considerado, o nosso buraco negro, uma solução das equações da relatividade, uma que tem até nome: a solução de Kerr. Ou seja, a imagem publicada é de um buraco negro com rotação em relação ao seu eixo e sem cargas elétricas (neutro eletricamente). Está alimentado por uma região alaranjada, matéria que cai na direção do monstro. A região escura, a sombra propriamente dita, é circundada pela região alaranjada, que é, como disse, matéria atraída pelo monstro. Independentemente da audiência que tenha Sagitário A*, estamos diante de algo que se tornou conhecido. Mas ainda não totalmente. Buracos negros ainda deixam uma pergunta sem resposta: o que há lá dentro? Com certeza, algo mais interessante do que *A Voz do Brasil*.

188 *Questões e mais questões*

O mais poderoso telescópio espacial, o telescópio James Webb, tem despertado muito interesse. Interesses em iniciados e em não iniciados. Aos iniciados na prática científica, o telescópio é causa de esperança, seja de conhecimentos futuros ou de um simples trabalho, já que nas próximas décadas o James Webb irá produzir inúmeras imagens à espera de boas *interpretações* de gente muito bem iniciada no trabalho científico. Aos não iniciados, aqueles que têm uma formação científica básica e ainda não foram aniquilados pela estupidez diária da vida que busca apenas sobreviver, o supertelescópio

---

142 Hesitação pois é possível outro objeto compacto, diferente de um buraco negro, no centro da Via Láctea. É possível até mesmo um buraco de minhoca por lá!

143 Akiyama, K., *et al*. First Sagittarius A* Event Horizon Telescope Results. I. The shadow of the supermassive black hole in the center of the Milky Way. *The Astrophysical Journal Letters* 930 (2), L12, 2022.

poderia também responder importantes perguntas, como "qual é a origem do universo?". Mas poderia mesmo? Vamos distinguir entre dois tipos de perguntas: as temporais e as "atemporais". As temporais são formuladas a partir de um contexto muito específico, como o contexto científico que vivemos, já as "atemporais" *flutuam* acima de culturas diversas desde sempre... ou quase sempre. A pergunta sobre a origem do mundo seria "atemporal", pois inúmeras (ou quase) todas culturas a fizeram. Já as perguntas que o James Webb responderá serão as temporais, perguntas relacionadas ao contexto científico que vivemos, questões que surgiram e surgirão a partir da teoria da relatividade, do eletromagnetismo e de outras teorias científicas — aquilo que chamo de nosso contexto científico. É claro que a partir das imagens do supertelescópio poderemos ter novas questões, ainda não formuladas, que poderão até mesmo extrapolar o contexto das teorias hoje assumidas, promovendo então algo para além de Einstein ou Maxwell. Mas ainda assim tais questões serão questões do nosso contexto científico, algo sem sentido ou inexistente para um outro contexto. Por exemplo, uma das imagens mostra um fenômeno (as lentes gravitacionais) somente visto a partir da teoria da relatividade geral, e tal fenômeno e suas questões não "existem" fora de tal contexto. Qualquer questão sobre lentes gravitacionais é remetida imediatamente ao contexto einsteiniano. Já uma pergunta "atemporal", como disse, não se identifica a um contexto específico, sempre estará por aí enquanto estivermos por aqui. A pergunta sobre a origem do mundo, uma questão "atemporal", não será respondida em definitivo a partir do James Webb e do trabalho de iniciados. E mesmo que tenhamos uma tentativa de resposta a partir do supertelescópio e de outras máquinas criadas para perscrutar o cosmo, sempre haverá a possibilidade de uma alternativa àquela tentativa — ainda mais no contexto científico, pois este *ainda* permite alternativas.

No meio

189 *A razão tupiniquim precisa de gozação*

Quincas Borba, de Machado de Assis, foi um dos primeiros "filósofos" brasileiros. E o foi como uma versão tropical do filósofo alemão Arthur Schopenhauer. Na Humanitas, Quincas Borba viu a origem de tudo: "Humanitas é o princípio".[144] Já Schopenhauer viu na Vontade o princípio universal, ou seja, "a Vontade como coisa em si".[145] Seria Quincas Borba só uma cópia de um europeu? Seria mais um exemplo da razão tupiniquim denunciada por Roberto Gomes no *Crítica da razão tupiniquim*? No livro, Gomes indicou o porquê de não termos ou *quase* não termos filósofos. Teríamos, em *quase* todos os casos, no máximo, historiadores e professores de filosofia. Pois para ser filósofo é preciso gerar os seus próprios conceitos. E para gerar é preciso *foder*... as normas, os valores e as pretensões europeias e americanas de superioridade. A razão tupiniquim não tem filosofado porque tem sido triste e subserviente aos de fora. Para gerar deverá *gozar* diante dessa gente que se considera superior num jogo criado por eles! A razão tupiniquim deverá ser gozadora e alegre no trabalho sério de um verdadeiro filósofo brasileiro.

190 *O zombeteiro*

Vamos zombar daqueles que sofrem de um excesso — o excesso de seriedade —, daqueles que se escondem atrás de uma nuvem feia, carregada e melancólica. Sim, vamos zombar daqueles feiosos, canhestros e apáticos que se escondem atrás de verdades sem sabor e são incapazes de embelezar e rir. Esses tristonhos serão nossos alvos fáceis — pois agora estamos armados até os dentes com um belo sorriso.

---

144 Assis, M. *Quincas Borba*. Rio de Janeiro: Nova Fronteira, 2016, capítulo 6.
145 Schopenhauer, A. *O mundo como vontade e como representação*. São Paulo: Editora Unesp, 2005, livro 2, 23.

191 Sobre a decadência universitária

"Queria comprar pérolas de mendigos mais pobres do que eu, tão pobres, tão mergulhados em sua miséria que nem mesmo sabiam como eram pobres, sentindo prazer na lama com a qual se adornavam"— disse Hipérion.[146] Parece até que Hölderlin escreveu o seu *Hipérion* pensando na decadência universitária. Quem tem bons olhos, olhos perspicazes, diz o mesmo quando vê a lama universitária. A escola para sabedoria está atolada. O que *deve* ser uma escola para a vida num sentido altaneiro transforma-se em servidão ao Estado (tornar-se um servidor público é a meta daquele que ingressa na vida acadêmica) ou ao Mercado. O que *deve* servir à vida num sentido altivo torna-se dela descolada. A esterilidade é comum, pois tudo aquilo que à vida não serve é estéril.

192 Eruditos: hipocondria, melancolia e hemorroidas

Tive um professor na universidade que era considerado um grande conhecedor das ciências físicas — pelo menos numa parte destas muito valorizada. De um bom observador, duas coisas chamavam atenção imediatamente: a hipocondria e a melancolia do velho professor. Séculos atrás, existia uma sabedoria que relacionava doenças e eruditos. Dizia a sabedoria que por ausência de movimento, atividades físicas, os eruditos tinham uma má circulação dos fluidos corporais, que ocasionava hipocondria, melancolia e hemorroidas. Daquele velho professor insatisfeito, eu só não vi as hemorroidas. Mas acredito naquela velha sabedoria.

193 O homenzinho que apenas pensa

Então, o homenzinho que ganha o seu pão apenas pensando, resolvendo alguns problemas (e orgulha-se disso), diz que a inteligência calculadora está acima de tudo. Por que não a força ou a coragem? Porque esse homenzinho é fraco e medroso. É assim na maior parte da universidade. Nela, ele acredita que o que se faz dentro dos seus muros é "importante", "superior"... "redentor". Esse homenzinho sobrevive apenas porque resolve alguns problemas úteis — para o Mercado e para o Estado. Pensa somente em alguns tipos de problemas

---

146 Hölderling, F. *Hipérion ou o eremita na Grécia*. Rio de Janeiro: Forense, 2012, p. 2.

vendáveis, lucrativos ou, simplesmente, indispensáveis num concurso público... Outros tantos nem se quer passam pela sua cabecinha. "Oh, homenzinho hipertrofiado, estás me escutando? Ainda há *sentidos* em ti, homem que apenas pensa!?"

194 *Não confundir pau-d'água com paideia*

O que é um pau-d'água de biblioteca? É um viciado em livros e informações dispersas. Embriaga-se com tudo o que vê na frente. Mas o vício de um pau-d'água não é uma paideia ou uma formação que visa à criação. Visa somente à vazia erudição. Pois todo pau-d'água é estéril.

195 *Carnudos e raquíticos*

Às vezes sinto pena do jovem que busca orientação na universidade. O máximo que esse jovem conseguirá é uma orientação profissional. Que Mefistófeles diga, suas palavras sobre a universidade ao ingênuo estudante, no *Fausto* de Goethe, são apropriadas:[147]

> Decerto é a fabrica do pensamento
> Qual máquina de tecimento.

Depois de um tempo, esse jovem imitará os mais velhos, tornar-se-á, aos olhos de um bom observador, se não conseguir uma distância em relação aos seus orientadores, raquítico e estéril. Num texto provocativo, Nietzsche escreve: "(...) é surpreendente ver com que rapidez o homem fica mirrado ao desenvolver semelhante atividade [a típica atividade científica], a tal ponto que ele é somente capaz de fazer seus ossos se chocarem. (...) então, como pode ser que, não obstante, os jovens não recuem de medo diante destes esqueletos e não abandonem a sua dedicação cega às ciências (...)?"[148] Quão longe estamos de enxergar uma universidade *totalmente* povoada por homens e mulheres elevados, homens e mulheres que podem ser exemplos no falar, no andar, no olhar, no sorrir, no ouvir, no comer, no vestir-se — no viver. Que as ciências

---
147 Goethe, J. *Fausto I*. São Paulo: Editora 34, 2004, versos 1922-3.
148 Nietzsche, F. *III Consideração intempestiva: Schopenhauer educador*. Rio de Janeiro: PUC-Rio; São Paulo: Editora Loyola, 2011, p. 223.

e as técnicas existam na universidade. Mas os homens e as mulheres que as ensinam poderiam ser mais *carnudos* e menos raquíticos.

196 *Vulgarização do homem do conhecimento*

Depois que a ciência se divorciou da filosofia e se fragmentou nas diversas ciências, um maior número de homens e mulheres dirigiu-se ao saber. Como consequência — a vulgarização do tipo *homem do conhecimento* com sua transformação em operário da ciência. Hoje, tal operário enxerga tão longe quanto um típico metalúrgico.

197 *Os trabalhadores científicos*

A "classe científica" — uma classe operária! "Queremos ser reconhecidos como profissionais e ter direitos", clamam. Ora, que *preocupaçãozinha* moderna! Os filósofos da natureza tornaram-se cientistas, trabalhadores e, por fim, profissionais regulamentados. Querem a santa proteção do Estado. Mas o que temem? Ah, o desemprego... Ora, que *preocupaçãozinha* moderna!

198 *O cientista também é do tipo burguês*

Isto não é apenas uma crítica, é uma autocrítica também. Que o tipo burguês — aqui visto do ponto de vista filosófico como um tipo de agremiação de vontades de potência — tenha dominado o ocidente, eliminado nobres e reis para assumir o controle do Estado moderno é algo conhecido. E não apenas, tal tipo tem sido tão influente para até manifestar-se no mundo do saber. Esse tipo não produz apenas riquezas no sentido ordinário, também num sentido elevado da palavra. A atividade científica espelha-se na atividade do homem de negócios, acumulando e ostentando a sua riqueza, que é o saber científico. Enquanto o homem de negócios monitora e multiplica as suas riquezas, o homem do saber publica a torto e a direito, contabilizando o seu número de artigos e as suas respectivas citações. Em ambos os casos, a vontade dirigida ao acúmulo e à ostentação de *riquezas* está presente. Para esse tipo, uma boa reserva de riqueza, ordinária ou não, é esperança de tranquilidade.

199 Cientistas enfadonhos contra um povo que ignora

O fazer científico pode tornar-se fastidioso. Para muitos pesquisadores, popularmente chamados de cientistas, a atividade de pesquisa é só um trabalho. Mas não apenas: é um trabalho trabalhoso, enfadonho. É por isso que não falam sobre os seus resultados fora dos *papers* ou artigos científicos. Para muitos desses, há uma falta de jeito e vontade para abordar os seus "achados" num contexto além do científico. Ou seja, tais pesquisadores são incapazes de transcender o *milieu* acadêmico, seja por incapacidade ou falta de vontade. No último caso, quando falta-lhes vontade, não podem reclamar de um povo que não apoia cientistas e suas pesquisas pois são os próprios cientistas, muitos deles, que ignoram "o povo". Ignoram "o povo" porque querem somente o reconhecimento dos seus pares. Mas em certos momentos, naqueles em que "o povo" deixa de ser invisível e irrelevante, momentos em que mais ou menos dinheiro para ciência depende do povo, vão atrás do povo. Não esperem, então, o reconhecimento do povo, enfadonhos, pois "o povo" poderá ignorar vocês!

200 A estreiteza do típico homem da ciência

O típico homem da ciência — aquele que vemos em grande número nos laboratórios e departamentos — tem dois grandes desejos: um emprego estável para se sentir seguro e reconhecimento para se sentir confortável. Para ocultar a pequenez dos seus dois grandes desejos e tornar "nobre" o seu fazer, esse homem utiliza uma justificativa moral que convence a maior parte das pessoas. Por exemplo, sua caracterização no cinema — como salvador do "mundo" — é produto desse convencimento. Mas nós, que somos bons observadores, sabemos que todo esse moralismo não passa de um grande engodo, de uma grande mentira. Como parte de um rebanho, o típico homem da ciência busca reconhecimento pelos seus "iguais" tanto quanto um "compassivo" que, depois de servir um prato de sopa a um mendigo diante das câmeras, quer ouvir aplausos. Como expressão de sua fraqueza, o típico homem da ciência quer a "segurança" de um emprego. Nós, por outro lado, desejamos a ciência como ferramenta para cultivar-nos. Nós desejamos o olhar da ciência *e outros tantos olhares* para podermos percorrer o *nosso* caminho. Somente assim, nós — também homens da ciência — teremos frutos doces e saborosos para todos que desejarem.

201 *Pós-graduando como boi capado*

A pós-graduação é, *em muitos casos*, o lugar de impotentes. Quase sempre me deparei com depauperados e amansados. Moribundos e doentes que se arrastam, lamentando a vida: "Ah, se eu tivesse escolhido outra coisa." Viagens a congressos ainda dão algum ânimo. Pois viajar gratuitamente, mesmo em ônibus errado, não é em geral recusado. A ultraespecialização na pós-graduação é a regra, e são pouquíssimos os que buscam algo a mais, um olhar mais rico, saudável e abrangente. No olhar pobre e ultraespecializado pensam conquistar algo, *um mundo pobre e pequeno*. Pós-graduandos são em geral *escravos* de doutos de cadeiras, igualmente capados, homens de hemorroidas e com má circulação. Tudo é feito para atender a índices e critérios de produtividade: "a fábrica da ciência não pode parar!", dizem os operários. O que é produzido serve para uma tese, um emprego, uma bolsa e para rankings universitários. Jamais para uma vida exuberante. E na pobre vida universitária de um boi capado — alguém amansado e mais fácil de digerir com a sua *carne* mais macia —, aquilo que mais se deseja é a imutabilidade, representada como estabilidade funcional. Está aí a maior característica do capado: o medo da mudança. Depauperados, amansados e medrosos: isso é vida?

202 *Submissão perene ou como doutores podem ser castrados*

Depois de uns quatros ou cinco anos no doutorado, com a obtenção do título nem todos buscam autonomia e independência. Não é raro encontrar doutores ainda subjugados diante dos seus orientadores de pós-graduação. A esterilidade é quase total. Ainda há a necessidade de caminhos indicados. Ainda não se é independente e autônomo para *livre* criar e não se passar por um animal castrado.

203 *A ausência do grandioso faz-se notar*

Se existe algo que não duvido mais é o seguinte: jovens devem ter contato com grandes seres humanos. Não foram poucas vezes que, entre jovens estudantes, vi um deslumbramento por pouca coisa. Certa vez, conheci um mestrando que tinha uma grande estima pelo seu orientador. Considerava-o importante. Mas o jovem *ainda* não conhecia nem mesmo a "verdade" do Google Scholar

— ainda não conhecia o "importante" e revelador índice H! Se o conhecesse, mudaria de opinião (supondo que tal índice seja importante num primeiro momento). Nem mesmo as aulas do orientador daquele jovem estudante eram razoáveis. Ora, bastaria que esse estudante tivesse tido contato com aquilo que é realmente grandioso e importante, veria, então, como faz da lama pérolas. Outra característica desses jovens *desorientados* é eleger algum colega, também estudante, como referência "notável". Novamente, ausência do grandioso faz-se notar. Estudante é referência pequena pois somente estudou até hoje! Estou aqui falando ainda daquilo que seja grandioso... Compreendem-me? Por fim, outro comportamento desses meninos é falar de autores pequenos em suas subáreas (principalmente os novos que estão tendo o primeiro contato com os *papers*) como se fossem conhecidos e reconhecidos por todos. Novamente, a ausência do grandioso faz-se notar.

204 *Apenas a fama*

Não foi apenas uma vez que ouvi de pesquisadores jovens o desejo pela fama. Não a fama que vem de algo proveitoso à ciência, à universidade ou ao povo, algo feito por uma mente criativa. Ouvi de jovens o desejo de "publicar numa revista importante", numa *Nature, Science, Physical Review Letters* ou outras bem reconhecidas. O desejo de publicar numa grande revista é, em muitos casos, só o desejo pela forma, já que tais jovens nem sabem dizer o que ou qual matéria publicariam por lá. Pois se já o soubessem, teriam publicado. O problema aqui é apenas a busca pela fama. Ao invés de buscar algo seminal que poderia ganhar destaque numa grande revista, pensa-se no destaque e, então, procura-se algo que possa prover a fama. Pura inversão das coisas... Na sociedade do espetáculo, dane-se a matéria, o que importa é a forma ou a fama.

205 *Sanitarius*

Da astrologia, só acreditaria no signo de *Sanitarius* dos boca de latrina. Porque a burrice cheira mal. E a burrice está por aí, impregnada em departamentos e institutos. Quem é do signo de *Sanitarius* tem problemas para julgar, daí a origem da burrice e do odor de sua fala. Não é ignorância, é só mal cheiro de um desconforto mental de quem julga mal.

206 Shows

Hoje tudo é show. Até mesmo a dura reflexão filosófica é posta em formato de show, de *stand-up comedy*. Há alguns nomes filosofantes conhecidos pelo grande público. Por causa da internet, seus shows são assistidos por milhões. E muitos acreditam que tais "filósofos" sejam os maiores do Brasil. Entendo tal juízo pois conheço a sua origem. E a sua origem está na ignorância dos nomes que realmente filosofam e na própria ideia de filosofia. Primeiro de tudo, apenas poucos merecem ser chamados de filósofos, seja aqui ou acolá. Somente é filósofo aquele que cria conceitos. Pois filosofar é criar conceitos, seja para que formem ou não um sistema. Quem não é filósofo e fala de filosofia, por outro lado, pode ser professor ou historiador das ideias. Então esses nomes filosofantes que têm feito milhões em palestras são, no máximo, professores ou historiadores. São, *na verdade*, bajuladores em teatros e auditórios de plateias que podem pagar caro por shows.

207 Improbidade científica

Não é incomum deparar-se com o jogo de esconde-esconde dos cientistas. Sabe aquela teoria bem-sucedida, aquele modelo funcional? Existem pontos não ajustados, dados não "explicados" que não são muito enfatizados. Pois a *physis* ou natureza transborda, sempre desamarra-se em outra direção.

208 A classe média parasitária na ciência: o caso FAPESP como banco

Tenho caracterizado um fenômeno no estado de São Paulo, algo que tem ocorrido em concursos para a contratação de professores de universidades públicas paulistas. O que tenho visto é a manifestação da mentalidade da classe média parasitária em jovens pesquisadores e velhos professores. Escolhem uma universidade apenas para obter os seus ganhos e prazeres pessoais. Quando prestam um concurso para uma universidade no estado de São Paulo, dizem que assim o fazem porque o estado de São Paulo tem a FAPESP (Fundação de Amparo à Pesquisa do Estado de São Paulo), que é a fundação pública para o investimento em ciência no estado, a mais importante entre as estaduais em todo Brasil. Tais candidatos, curiosamente, não mencionam o desejo de pertencer a uma universidade, a uma comunidade, que faz parte de uma cidade, um estado e um país. Essa ralé preocupa-se apenas com os seus próprios interesses, ou seja, querem o financiamento da FAPESP para viajar para congressos na Europa e nos EUA, querem o dinheiro público para financiar a aquisição de notebooks. Que não se engane: essa é a função de uma agência de fomento como a FAPESP, como agência de fomento à pesquisa foi criada para financiar a atividade científica. Mas considerar o "empréstimo" da FAPESP como meio para obter aquilo de mais importante na vida universitária de um professor e pesquisador é um exemplo da mentalidade individualista da nossa classe média parasitária. Esses jovens candidatos a professor de universidade pública não pensam a universidade na sua integralidade, a partir dos seus três pilares, o ensino, a pesquisa e a extensão. O ensino é visto como um ônus, a extensão foi enfiada no ânus, e a pesquisa é só um meio para a realização de desejos da classe média parasitária. Viagens a congressos em paraísos tropicais ou a grandes universidades, acúmulo de artigos científicos como moeda de troca para a FAPESP, como meio para obter financiamentos, isto é, somente a alta produtividade é recompensada ou financiada, tudo isso habita a mente de aspirantes à carreira docente no nível universitário. Como disse, o problema acima não está somente em quem pretende entrar na universidade pública como docente. Pois quem já lá ocupa um cargo é quem incita tal comportamento nos jovens aspirantes. Quem já lá ocupa um cargo igualmente manifesta aspectos da mentalidade da classe média parasitária. Isso é evidente quando colocam a FAPESP acima da universidade. Papéis da burocracia quando endereçados à FAPESP são mais "caprichados" do que aqueles dirigidos a uma secretária da universidade. Todo o cuidado deve-se ter porque "a grana vem da FAPESP", disse-me um parasita certa vez. Existe todo um sistema para a continuação dessa mentalidade parasitária, concursos para a contratação de novos professores levam em consideração critérios para manutenção desse tipo de mentalidade. Quando um concurso público para professor coloca como aquilo de mais importante para a aprovação o número de artigos publicados pelo candidato e o potencial de sua produção, sugerido por colaborações e colaboradores aqui e lá fora, o critério da moeda de troca com a FAPESP foi instituído, oficializado e colocado em prática. Quem é aprovado é alinhado à banca do concurso, fez planos mesquinhos para a próxima viagem. E que se dane a coletividade.

209 *É hora de pagar, investidores*

Não são poucos os que falam a favor do Mercado mas se aproveitam do Estado. Banqueiros são bons nisso. Não apenas. Hoje há os "investidores" do conhecimento, são aqueles que acumulam saberes para terem rendimentos. O Estado brasileiro forma inúmeros desses "investidores" do conhecimento, gente que faz graduação, mestrado e doutorado em instituições públicas. Isso, como muitos sabem, pode ser bom para a sociedade brasileira. No entanto, como todo "investidor", buscam "mercados" mais favoráveis. Então, fogem do Brasil, depois de todo um investimento público, e não pagam nem ao menos um verso ao povo que o financiou. Sem duvidas, é um investimento de alto risco.

210 *Carl Sagan só para o público*

Carl Sagan é uma influência não apenas no grande público para o qual se dirigiu promovendo uma boa divulgação científica em livros, programas de TV e filme. Sagan também influencia cientistas. E não o deveria. Pois as máximas de Sagan são menos profundas do que, até mesmo, os seus trabalhos de divulgação. Não é difícil encontrar cientistas que repetem as suas ingenuidades. Entre as suas inúmeras ingenuidades, a sua afirmação "eu não quero acreditar, quero conhecer" é uma das mais superficiais. Pois há inúmeras crenças por trás da ciência e dos cientistas, crenças como o valor da verdade ser superior ao valor da mentira (algo que os artistas discordam), a crença na causalidade ou "para todo efeito há uma causa" (algo que pode ser uma crença a partir da repetição dos fenômenos, e ninguém a garantirá amanhã), a crença na inteligibilidade da natureza (e o bom funcionamento das tecnologias não significa que "o mundo" seja conhecido), a crença de que o mundo observado seja "o mundo" verdadeiro ou que a sua representação na mente seja igual ao próprio mundo (é a crença dos realistas ingênuos), e, por fim, a crença na estatística, que é uma tremenda crença! Atrás do palco do conhecimento, área proibida ao público, há uma cortina que esconde inúmeras crenças. E muitas são desconhecidas até aos artistas que atuam naquele palco como Sagan.

211 AI (Artificial intelligence) está aí

Ora, com o aumento do número de instituições de nível "superior" o que temos de superior? Um grande número de estudantes quer apenas o diploma. O curso é feito no bar. O diploma é para o RH. Alguns amigos já me relataram como são essas aulas para quem, no fundo, quer apenas uma promoção na forma mais fácil. No dia a dia dessa gente parece-me que pouco importa um pouco mais de teoria. As simples funções e os afazeres já foram aprendidos, tudo muito treinado e ensaiado. Já no século XIX discussões ocorriam sobre a qualidade das instituições de ensino superior. Uma reflexão privilegiada encontra-se em *Sobre o futuro dos nossos estabelecimentos de ensino* de Nietzsche. O filósofo alemão defendia cursos técnicos para a maioria, onde se aprende um ofício, e a universidade para uma minoria. Só que universidade para Nietzsche não se parece com o que temos hoje. Nem mesmo a nossa querida USP se parece. Universidade para o filósofo, quando escreveu o livro, era o lugar da cultura elevada. Era o lugar da formação do gênio, o homem de exceção, aquele que conduz todos os demais com os seus doces frutos artísticos, filosóficos e científicos. Mas nossas faculdades de boteco hodiernas não se parecem nem mesmo com os cursos técnicos descritos por Nietzsche. Pois o alemão, acredito, não pensava em coisas tão superficiais que valessem somente para uma promoção ou um aumento de salário. Os nossos estudantes adestrados que não querem algo a mais deveriam ficar preocupados. Pois a A.I está aí! E ela não reivindica direitos nem promoções.

212 Depois da posse numa cátedra...

Acredito que a universidade e o conjunto completo das instituições de ensino estejam mal. É um problema dos nossos tempos, um problema moderno, já diagnosticado por *espíritos* perspicazes. Com o tipo trabalhador sendo reconhecido como um tipo a ser seguido, não há tempo para mais nada. Somente trabalho duro, pouca reflexão e nenhum cuidado consigo mesmo. A produção em série é o que distingue universidades, ou seja, a quantidade de saber produzido. Discute-se pouco o valor desse saber. Prestes a assumir a cadeira de filologia na universidade da Basileia, em 1869, Nietzsche escreveu a um amigo desejando a Zeus e a todas Musas que o preservassem de tornar--se um *filisteu* ou um homem de mau gosto, um homem de rebanho, alguém muito ocupado para preocupar-se com o filosofar. Além de motivos de saúde, a saída precoce de Nietzsche da universidade, sua "aposentadoria" ainda jovem, deve-se também ao ambiente universitário. E foi muito longe de uma cátedra que o alemão conseguiu independência para criar uma obra apreciável, de muito valor e bom gosto. Longe da universidade e os seus membros *filisteus*, o filósofo criou sua singularidade.

213 *Fogo de Prometeu*

Depois de inúmeros títulos acadêmicos, ele acendeu uma grande fogueira. Nela, seus títulos queimaram, arderam em chamas. Um grande calor tomou conta do seu corpo. Sentiu-se mais vivo do que nunca. Agora tem o fogo de Prometeu.

214 *Papers ou papiros sagrados*

É curioso notar que quando estou em tempos de leituras mais técnicas, ocupando-me com artigos científicos, escrevo menos. Por outro lado, grandes livros, clássicos, despertam-me à escrita. Artigo científico ou *paper* é, em quase todos os casos, manual de instrução ou manual de prisão. Coisa de técnico aprisionado que tem algum valor no mercado... Talvez isso explique o porquê da maior parte das pessoas na ciência, parte que eu conheço, seja composta de múmias paralíticas. Como leem só *papers*, não escrevem, ficam presas e paralisadas diante dos seus papiros sagrados...

215 *O homem que corre*

Com um olhar de *médico da cultura*, Nietzsche criticou os seus contemporâneos apressados numa seção do *A gaia ciência*. Como veremos, uma crítica válida ainda hoje. Escreve o filósofo: "As pessoas já se envergonham do descanso; a reflexão demorada quase produz remorso. Pensam com o relógio na mão, enquanto almoçam, tendo os olhos voltados para os boletins da bolsa — vivem como alguém que a todo instante poderia 'perder algo'. 'Melhor fazer qualquer coisa do que nada'...".[149] Com toda essa pressa, o homem torna-se

---

149 Nietzsche, F. *A gaia ciência*. São Paulo: Companhia das Letras, 2001, seção 329.

rude no tratamento com outrem: "... elas [as pessoas] não têm mais tempo e energia para as cerimônias, para os rodeios da cortesia, para o *esprit* na conversa e para o *otium* [ócio], afinal. Pois viver continuamente à caça de ganhos obriga a despender o espírito até à exaustão, sempre fingindo, fraudando, antecipando-se aos outros: a autêntica virtude, agora, é fazer algo em menos tempo que os demais." A relação desse homem, que é uma máquina de trabalhar, com a arte é ilustrada nesse trecho do mesmo aforismo: "Se ainda há prazer com a sociedade e as artes, é o prazer que arranjam para si os escravos exaustos de trabalho." O filósofo do martelo mostra preocupação com o valor atribuído ao trabalho e o menosprezo à contemplação: "Sim, logo poderíamos chegar ao ponto de não mais ceder ao pendor à vita contemplativa (ou seja, a passeios com pensamentos e amigos) sem autodesprezo e má consciência. — Ora, antes era o inverso: o trabalho sofria de má consciência. Alguém de boa família escondia seu trabalho, quando a necessidade o fazia trabalhar." Diante do exposto acima, fica evidente a atualidade da crítica nietzschiana. A preocupação é que esse estado piore com homens e mulheres ainda mais angustiados e ansiosos — cada vez mais embrutecidos com entorpecentes — num corre-corre totalmente sem sentido, pobre.

216 *Seminários e suas 3 serventias não declaradas*

Em geral, não gosto de seminários. Nas universidades, seminários são apresentações técnicas em que, na maior parte das vezes, não se diz aonde se vai (muitas vezes nem de onde se parte!). Seminários são, em muitos casos, apresentações de detalhes, tecnicidades, distrações num caminho — e a visão do "todo", uma paisagem maior que pode ser vislumbrada por quem não se detém somente a detalhes, é negligenciada porque a formação ultraespecializada impede a interdisciplinaridade. Existem, nesses seminários enfadonhos, ao lado de questões de formação, três serventias não declaradas: (1) para quem os propõe (em geral um chefe de grupo de pesquisa): um meio de controlar a atividade do seu grupo, em especial uma forma de conferir se jovens estão trabalhando. (2) para quem os apresenta: um esforço extra para mostrar algum trabalho. (3) para quem lhes assiste: em muitos casos, um período de descanso com boa consciência.

217 *A universidade de Brás Cubas*

Não, não escrevo aqui sobre uma universidade chamada Brás Cubas, nem sobre uma universidade na cidade de Brás Cubas. Escrevo sobre a universidade brevemente apresentada por Brás Cubas no livro de Machado de Assis, *Memórias póstumas de Brás Cubas*. O grande escritor brasileiro, sem ter frequentado uma universidade, foi capaz de penetrar na "essência" do fenômeno, e por ter sido um exímio observador — porque todo bom escritor enxerga bem — conseguiu resumir a postura de bacharéis no século XIX, que pode ser transladada para o nosso século sem grandes problemas. Sim, o tipo bacharel encarnado por Brás Cubas sobrevive, e ouso dizer que seja a maioria na universidade. Testemunho inúmeros que poderiam usar as mesmas palavras de Brás Cubas (XXIV, Curto, mas alegre):

> Não digo que a universidade me não tivesse ensinado alguma [filosofia]; mas eu decorei-lhe só as fórmulas, o vocabulário, o esqueleto. Tratei-a como tratei o latim; embolsei três versos de Virgílio, dois de Horácio, uma dúzia de locuções morais e políticas, para as despesas da conversação. Tratei-os como tratei a história e a jurisprudência. Colhi de todas as coisas a fraseologia, a casca, a ornamentação...

A formação universitária como um casaco leve e de luxo, para poder exibir e ser reconhecido por semelhantes, e não como algo na carne é uma marca do bacharel machadiano. Como disse, Machado de Assis foi breve na descrição dos tempos de Brás Cubas na Universidade de Coimbra pois suponho que, por não ter feito uma faculdade, faltou-lhe matéria-prima para ainda mais ridicularizar o tipo bacharel e a sua origem, a sua fábrica: a universidade. Imagino Machado de Assis no banco universitário hoje, observando outro tipo, um tipo menos comum na população brasileira: o operário da ciência, que nada mais é do que um técnico grosseirão, arrogante e presunçoso — um tipo protegido pelos muros e portões da universidade, um tipo que incrivelmente ainda consegue procriar-se, mesmo com a sua esterilidade. E aqui está um absurdo digno da obra machadiana: como se procria sendo estéril?

218 O câncer e a universidade

Em muitos casos, o grupo de pesquisa se sobrepõe ao departamento, ao instituto e à universidade, que se torna então fragmentada, não mais um *organismo* ou uma unidade organizada. Até quando universidades existirão? Ou melhor, há ainda uma universidade? Com a fragmentação moderna — em que o cidadão passa a ser considerado um átomo social e até mesmo uma "partícula livre" —, o grupo de pesquisa, em muitos casos, individua-se, ignorando a unidade e a totalidade harmoniosa, buscando somente agradar as fontes de financiamento para a sua manutenção e o seu crescimento. Então, *seriam muitos grupos de pesquisa cânceres?*

219 Admiração e respeito

Até há pouquíssimo tempo olhar para grandes inteligências humanas causava-me uma certa dúvida. Diante de Newton e Nietzsche, eu tinha certa resistência em afirmar a grandeza do primeiro, sua grandeza humana. Já para o segundo, Nietzsche, não hesitava em considerá-lo um grande ser humano. Grande como Spinoza, que deixou a sua ética escrita, uma ética provavelmente seguida em sua vida simples. Que fique claro que as realizações de Newton foram grandiosas e inúmeras. Mas por que não considerá-lo como considero Nietzsche e Spinoza? A resposta encontrei com a ajuda de Kant. O grande filósofo escreveu no *Crítica da razão prática* a diferença entre respeito e admiração. Há uma diferença marcante entre os dois conceitos. Admiramos alguém que fez algo que valorizamos, algo produzido, ou construído, ou criado de grande estima para nós. Nesse sentido, admiro Newton, Nietzsche e Spinoza pelas suas obras. Já o respeito surge a partir de um agir de acordo com a lei moral, segundo Kant. Um ser humano respeitável pode ser até mesmo um pobre trabalhador sem uma obra digna de admiração. Respeitá-lo-emos pela sua bondade, generosidade, probidade e tudo aquilo que uma ética elevada defende. Nietzsche e Spinoza, como disse, são seres humanos admiráveis e, de acordo e a partir de relatos, igualmente importantes figuras respeitáveis. Por outro lado, Newton, com a sua admirável mecânica, não foi digno de muito respeito. Newton é descrito em biografias como alguém de difícil convivência, e para alguns foi misógino e até misantropo. Na universidade deparo-me frequentemente com muitos seres humanos admiráveis — inteligências profundas para tarefas específicas. Mas alguém respeitável é mais raro. A mesquinhez, a falta de bondade, generosidade, coragem e a ausência de amizades altaneiras proíbem-me de estimá-los além dos seus trabalhos técnicos. Aquilo que Kant me ensinou, o respeito, estava e tem estado ausente na minha relação com doutores na maior parte dos casos. Há exceções... ainda.

220 *Defenestrando eruditos*

Não bastam conceitos, fórmulas mágicas que visam à "explicação do mundo". O que adiantam a lagrangiana, o gene, a luta de classes ou um absoluto qualquer se a própria vida é condenável? Pois eu condeno quase toda a intelectualidade. São muito feios.... Dias atrás, numa grande livraria paulistana, vi um dos "filósofos" mais ativos de hoje no Brasil. Fiquei impressionado com a sua brancura. Um branco doente de quem não se encontra com o Sol há muito tempo. Nem mesmo sua postura era elegante... Fiquei em dúvidas. Diante daquele espetáculo horroroso desisti do contato. É assim na maior parte das nossas (e de outros) universidades. O pai de todos, Sócrates, certa vez foi descrito — por Nietzsche ou alguém sensível ao belo — como um homem feio. Está "explicada" a origem dessa *raça*.

221 *O povo contra os ultraespecialistas*

Trabalhar num centro de ciência e tecnologia — num campus de uma universidade federal onde não há departamentos ou separações entre professores e pesquisadores de diferentes áreas — poderia favorecer a troca de ideias, a bendita interdisciplinaridade e tudo aquilo que o compartilhamento de visões diferentes bem promove. Mas esse não é o caso. Mesmo sem "muros departamentais", ainda se pensa fragmentado. Cada um vive no seu microcosmo, cada um conclui que aquilo que faz é importante ou o "mais importante". "E o resto não importa, pois tem menos valor", diz a mente fragmentada. Esse é o resultado da ultraespecialização. Então, a conclusão relativista seria a correta? Ou seja, como cada um acredita que aquilo que faz é o mais importante, tudo seria igualmente importante. Concluiríamos assim? Porém, eu nego tal conclusão e lembro-me que existem temas mais valorizados do que outros. O povo, que não é ultraespecialista, costuma hierarquizar temas. Por exemplo, por mais especializado que alguém seja num tema muito específico e acredite que faça algo relevante, uma matéria jornalística (quando existe) sobre tal tema não terá a mesma audiência de uma matéria que trate das grandes questões humanas, como as origens do mundo e da vida. O ultraespecialista poderá até ignorar a matéria com a maior audiência, mas o povo, não. Porque o povo não foi embotado pela ultraespecialização. O povo, nesse caso, ainda manifesta aquele interesse ancestral que no ultraespecialista foi extirpado a favor de uma estúpida ultraespecialização.

222 *Contra o mérito do especialista*

Minha primeira objeção à meritocracia surge de uma pergunta: "Quem julga o mérito?" Quem a defende quer julgar. É por isso que a defende. Em geral, o discurso meritocrático está baseado na valorização burguesa do esforço para o acúmulo (de bens e de um tipo de saber). O típico homem meritocrático é um técnico, um especialista. O seu saber está direcionado para uma meta: tornar "o mundo" pensável, previsível, mensurável, calculável, confortável e vendável! Meritocracia nas mãos desses técnicos nada mais é do que solo para que o seu tipo cresça. Nós, por outro lado, não gostamos de especialistas — temos até biocidas para eles. Para nós, técnicos só têm deméritos.

223 *Produção de amizade*

Já em Aristóteles aquilo que move os amigos é discutido. E segundo o grego, os três motivos para a amizade são: interesse ou utilidade, o prazer e o bem. A mais baixa amizade é guiada somente pelo interesse. O prazer é um bom motivo mas perde para o bem. A quase totalidade das pessoas, segundo Aristóteles, tem no interesse e no prazer os motivos de suas amizades. O bem é para poucos porque poucos são bons. E bom significa: virtuoso, bem formado. Virtuoso porque escolhe a mediania — os excessos para mais ou para menos são evitados nas virtudes morais. Nas virtudes intelectuais, a prudência surge pelo pensamento claro, preciso e bem fundamentado. Neste ponto encontramos a questão da formação, que proporciona a clareza, mas não apenas. Porque Aristóteles deixa um espaço para algo que não depende somente dos estudos: o entendimento, uma espécie de intuição que conduz ao conhecimento dos primeiros princípios. O bom, o filósofo, resume-se na simples *equação linear*: sabedoria = entendimento + conhecimento científico. Diante disso, somente possuir o conhecimento científico é insuficiente para tornar-se bom e, acima de tudo, amigo no sentido mais nobre. É por isso que os *operários da ciência* buscam amizades somente pelo interesse e pelo prazer. Principalmente, num primeiro momento, pelo interesse e utilidade. Depois de terem o útil, têm o prazer. A utilidade para os operários das ciências *encontra-se no encontro* para pensarem juntos para a publicação de artigos, na consecução de financiamentos e de posições dentro da universidade. E o prazer vem da consecução de tudo o que foi indicado pela companhia daqueles que podem ser úteis... nem que seja para bajular. Em *quase todos os casos* somente isso é visto nas universidades.

224 *A ilha dos bem-aventurados*

Depois de um longo treinamento fundamentado em aritmética, geometria, astronomia e dialética, o filósofo contempla a verdade, o ser, o mundo das coisas que não mudam, segundo Platão em sua obra-prima *A república*, livro VII. Para este, os jovens filósofos, aqueles que governarão, não poderão dedicar todo o seu tempo à contemplação da verdade, julgando-se "moradores da ilha dos bem-aventurados", porque devem retornar para governar e ensinar no mundo sensível, o mundo em que vivemos (nos dias de hoje, as universidades não teriam, em sua maioria, "habitantes" dessa ilha?). Em *Assim falou Zaratustra*, Nietzsche ou Zaratustra, na mesma ilha dos bem-aventurados, denuncia tal conjectura platônica — a verdade e a sua imutabilidade — como algo "mau e inimigo do homem".[150] O que Zaratustra quer afirmar, opondo-se a Platão, é a transformação, a mudança, o vir a ser ou o contrário da imutabilidade para poder criar. "Criar — eis a grande libertação do sofrer, e o que torna a vida leve. Mas, para que haja o criador, é necessário sofrimento e muita transformação."[151] Seja o filósofo de Platão ou o herói de Nietzsche, habitar uma ilha dos bem-aventurados não é a escolha. Já os nossos eruditos...

---

150 Nietzsche, F. *Assim falou Zaratustra*. São Paulo: Companhia das Letras, 2011, II, Nas ilhas bem-aventuradas.
151 Ibidem.

225 Prazer, conhecimento

No *Filebo*, Platão coloca o *seu* caminho para a vida feliz. Não à dicotomia prazer ou conhecimento. No final, o grego aponta para uma vida misturada com prazer e conhecimento. E o último leva a vantagem sobre o primeiro. O prazer nunca deve ser um obstáculo para a vida do homem do conhecimento. A questão platônica é atual. Em tempos de hedonismo ou crença de que o fim ou a felicidade é o prazer, o trabalho intelectual duro é para muitos deixado de lado. Que não se esqueça que um grande conhecedor em física ou matemática, por exemplo, hoje em dia, precisa de quase uma década de estudos na área para tornar-se tal. Em tempos de busca desenfreada por prazer — e que seja rápida! —, dedicar-se a uma ciência ou mesmo a uma arte de forma séria é para muitos loucura. Mas para nós, a loucura está no outro lado. A cracolândia, como exemplo de uma terra de desesperados por prazer, não é um hospício?

226 Esperança universal

O reconhecimento de alguns de que a especialização excessiva deve ser rechaçada conduz a esperanças de uma reviravolta na formação do pensador ou pesquisador. A especialização desmedida, segundo os seus críticos, forma pesquisadores de fábrica, seguidores de linhas de pesquisas estabelecidas, que são incapazes de formar uma crítica sobre o seu objeto de estudo e a sua conduta. Costuma-se usar a formação grega antiga, ou a sua *paideia*, como exemplo contrário à especialização exagerada. Mas o antigo mundo grego está longe... Universidades hoje tentam, em suas páginas na internet, indicar a valorização de uma formação mais abrangente, universal. Porém, quando olhamos para os seus corpos docentes, reconhecemos na maioria das vezes apenas especialistas. Talvez os dois mundos possam coexistir para um fim maior. O ultraespecializado convivendo com o espírito universal. *O primeiro como burro de carga do segundo.* Para mim, o problema hoje é a ênfase quase total na formação do ultraespecializado. E o desejo de um maior número de indivíduos universais, ou versados em várias áreas, como disse, é somente uma esperança. Algo que no final das contas, com ou sem álgebra, é ruim pois "a esperança é uma alegria instável, surgida da ideia de uma coisa futura ou passada, de cuja realização temos alguma dúvida", disse o universal Spinoza no *Ética*.[152] E qualquer instabilidade nesse caso apresenta-se como tristeza.

227 *Ciência manhattiana*

E a ciência tornou-se fortemente colaborativa... Os grandes trabalhos em física, por exemplo, têm centenas ou milhares de autores. As colaborações obtêm milhares de citações em poucos meses. Têm trazido os grandes resultados e testes de ideias novas e antigas. Uma ciência fortemente dependente do financiamento estatal feita por inúmeros. Assim como o projeto Manhattan. Ciência, hoje, como atividade inspirada no projeto que criou a bomba atômica? Ciência de fábrica, de linha de montagem... Goste ou não, os resultados são inegáveis.

228 *Coragem para criar*

Certa vez, afirmei a um especialista, grande conhecedor da teoria da relatividade, que Einstein para criar teve, num certo sentido, coragem. Afinal, o físico alemão rompeu com uma visão já estabelecida. O especialista recusou peremptoriamente o que afirmei. Para ele, podemos deixar de lado a coragem nisso. Mas eu sei por que reagiu daquela forma. Eu conheço o seu tipo. Ele, como um *bom* ultraespecialista, não tem coragem. Logo, se aceitasse o que eu disse, sua esperança em criar algo valioso morreria.

229 *Falta de reconhecimento*

Não reconhecer o gênio e a sua obra pode ter origem em duas causas: o desconhecimento da obra ou o medo. Para a primeira causa não é necessária uma explicação. No segundo caso ou segunda causa, o medo por suspeitar que não será reconhecido no futuro nega a genialidade. Ou seja, se seguirmos Spinoza e a sua definição de medo como "uma tristeza instável, surgida da ideia de uma coisa futura ou passada, de cuja realização temos alguma dúvida",[153] podemos interpretar o negador da genialidade como aquele que

---

152 Spinoza, B. *Ética*. São Paulo: Autêntica, 2009, p. 143.
153 Ibidem, p .144.

teme um futuro para si próprio sem qualquer genialidade. E esse é o caso para o homem ordinário ou comum, "esse produto de fábrica da natureza", como escreveu Schopenhauer.[154]

230 *Interdisciplinaridade*

A interdisciplinaridade parece-me a regra do mastigar dezenas de vezes antes de engolir. Defende-se publicamente mas pouco se faz realmente. A pressa é inimiga ou o cardápio servido nas universidades a impede? É como se os intelectuais fossem educados num único prato, numa única ração, e a interdisciplinaridade fosse um variado prato colorido, que deve ser apreciado e comido lentamente pois não é *fast food*. Para quem só come ração ou *fast food*, um bom e diversificado prato está longe do seu paladar e da sua apreciação.

231 *Filosofia contra a idiotice*

Diante da tolice, palavras temperadas com bom estudos podem servir de alimento à fome. Porque as recentes declarações sobre a dispensabilidade das ciências humanas vêm de tipos miseráveis. Ao desprezarem a filosofia, por exemplo, indicando que "o país" precisa mais de ciência e tecnologia, mostram que nunca realmente leram um diálogo platônico, um tratado aristotélico ou qualquer grande obra moderna na filosofia. Mesmo se tal desprezo vier de um entusiasta das ciências naturais, esse mostra desconhecer a origem da física, da química, da biologia e de outras. Ao idiota não educado na filosofia — porque idiota para os gregos era alguém alheio às coisas do Estado, e para tais coisas era necessária uma formação filosófica —, trouxe perguntas. Comecei com:

— Qual é o fundamento do mundo físico?

— As partículas elementares — respondeu o idiota.

— Mas, dependendo do fenômeno, não podem ser contadas da mesma forma. Há fenômenos em que o número de partículas depende do observador e da sua condição, se está parado ou em movimento — disse eu.

— Então são os campos quânticos que geram as partículas, são o fundamento do mundo físico. E caso encerrado!

---

154 Schopenhauer, A. *O mundo como vontade e como representação*. São Paulo: Editora Unesp, 2005, p. 256.

— Ora, pode ser — continuei —, mas um campo não pode ser visto nem detectado. Está a dizer-me que o fundamento do mundo físico não é físico, é metafísico? Viu como não é simples, caro idiota!? E sabemos disso por causa da filosofia.

232 *As ciências humanas geram bilhões*

A noção de liberdade move mercados. A ideia de *indivíduos livres* promove a noção de *mercados livres*. Ou seja, a ficção da liberdade tem gerado riquezas em nosso mundo. E tal ficção é uma realização das ciências humanas. Ora, quem diz que somente as ciências exatas geram riquezas não se deu conta da noção de liberdade, já a aceitou e a naturalizou como um campo quântico — ninguém pode provar a sua existência, mas serve para justificar o bom funcionamento do dia a dia!

233 *O cientista como um jumento?*

Na avalanche de trabalhos científicos publicados não é difícil enxergar vetores, direções ou, *principalmente*, a ausência destas. Por carência de um grande alvo, algo além de um cago de poder ou uma bolsa de produtividade, pratica-se uma ciência sem *critérios dignos*. Não é difícil, por exemplo, um mesmo físico defender visões de mundo antagônicas. "Desde que renda *papers*...", dirá. Na cosmologia de hoje há curiosas pessoas que podem tanto defender um universo finito quanto infinito no tempo! Como? Não percebem as consequências além da física das duas posições? Acredito que não, pois estão mais preocupadas com o índice H, que mede a *performance* do cientista. São como jumentos: carregam um mundo, de forma obediente, no lombo e precisam de alguém para indicar um caminho — um grande alvo.

234 *Plágio antigo ou veneno?*

É estranho encontrar alguém que, mesmo na antiguidade, colocava a grandeza, a genialidade e a originalidade de Platão e Aristóteles em dúvida. Aristóxeno de Tarento, que parece ter tirado o seu nome de algo tóxico, tentou contaminar o nome dos dois gigantes gregos. Dizia que ambos eram seguidores ou, até mesmo, plagiadores de Pitágoras. Segundo Charles Kahn em *Pitágoras e os pitagóricos*, Pitágoras seria para o venenoso Aristóxeno o grande autêntico na filosofia.

235 *Necessidade de arte e descanso*

Quem lê Machado de Assis nota um diferente hábito entre as pessoas do seu tempo. Algo que hoje parece-nos incomum e, até mesmo, estranho. As pessoas naquele tempo — suponho aquelas com alguma formação escolar — trocavam versos, ou seja, liam versos, recitavam poemas durante conversas até mesmo quando a conversa acontecia num trem. É a necessidade de arte que faz isso. Naquele tempo tal necessidade colocava a poesia como algo para ser trocado e compartilhado. Hoje são as fotos e os vídeos que preenchem a necessidade de arte. Atualmente numa conversa, desbloqueia-se o celular para mostrar algo no Instagram ou no Youtube, compartilha-se uma imagem ou um vídeo que, talvez, possa interessar tal como os poemas antigamente tornavam mais interessantes as conversas. Em nosso caso, como a arte é quase sempre entretenimento, o Instagram e o Youtube trazem, na verdade, o tão desejado descanso. Porque o entretenimento é uma forma de descanso, *assim falou Aristóteles*.[155]

236 *Ciência poética*

Sem poesia, digo que a ciência não vencerá os males do mundo. E mesmo quando uma vacina é obtida, não é uma vitória da ciência, é uma vitória de homens e mulheres inteligentes. A ciência é apenas uma atividade humana que tem sido tratada poeticamente como um sujeito autônomo. Tratar uma atividade como um sujeito que atua é somente um engano quando se esquece que uma figura de linguagem foi usada. Porque dizer "a ciência descobrirá isso ou aquilo" é só uma figura de linguagem, uma metonímia, pois quem "descobre" realmente são os seres humanos. A coisificação de uma atividade como a ciência chega ao ponto de pessoas afirmarem que "a ciência está acima de tudo!". No entanto, como disse, é um engano colocar um movimento, a ciência, acima daquele que o realiza sem lembrar-se da figura de linguagem. Então, é somente

---

155 Aristóteles. Ética a Nicômaco. Bauru: Edipro, 2013, 1150b15

com poesia que digo que a ciência vencerá muitos dos males do mundo. Disse muitos, porque há outros tantos que nem a poesia nos livrará.

237 *Caixa de ferramentas*

Certa vez, Deleuze disse que qualquer teoria é uma caixa de ferramentas. Então, como concordamos com esse filósofo ousado, temos que julgar uma ferramenta pelo seu uso, pelo que se faz dela/com ela. A questão mais importante é: produz um grande resultado? Mesmo sem entrar numa discussão sobre o rasteiro e o altaneiro, considerações que colocam um saber acima do homem são, nesse sentido, sem sentido. Como considerar o pincel acima do artista?

238 *Beleza humana*

Não acredito que a beleza de uma obra de arte tenha um efeito tão grande quanto a beleza humana. Diante de uma bela mulher, sorrio. É o sorriso diante do belo, talvez, seguindo Stendhal, uma promessa de felicidade que me alegra. Neste caso, e em poucos, estamos com Schopenhauer, quando escreveu em *Metafísica do belo* o seguinte: "Nenhum objeto nos atrai tão rápido para a intuição estética quanto a figura e o belo rosto humano, cuja visão nos arrebata instantaneamente com uma satisfação inexprimível e nos eleva sobre nós mesmos e sobre tudo o que nos atormenta".[156] A satisfação e alegria vêm — segundo Schopenhauer e a sua *duvidosa* explicação metafísica no mesmo trecho citado — porque diante da beleza humana nos colocamos "de maneira mais fácil e rápida no estado do puro conhecer, no qual nossa personalidade e querer, dos quais se origina todo tormento, distanciam-se da consciência pelo tempo em que a alegria estética se mantiver." É por isso que alguns ainda veem Schopenhauer como um autor não totalmente negativo e pessimista. Sua positividade estaria na estética — o belo e a beleza humana o salvariam.

239 *Um exemplo do sublime*

Diante daquela impressionante paisagem, minha *vontade* calou-se. Naquele momento — nenhum querer, nenhuma lembrança e preocupação. Por

---

[156] Idem. *Metafísica do belo*. São Paulo: Editora Unesp, 2003, p. 160.

algum tempo, fui totalmente presente — o passado e o futuro extinguiram-se num átimo. A força e a grandeza daquilo que vi sobrepujavam toda minha força. No entanto, tamanha desproporção não me despertou o temor. O único sentimento despertado foi o sentimento do sublime.

240 *Uma suave introdução ao trágico*

Por trás da tragédia grega, *um mundo*. Não apenas um teatro, mas uma *visão de mundo*. A filosofia do trágico tem sido apreciada desde o começo da modernidade. Em Nietzsche, a reflexão mais conhecida. O filósofo alemão considerou a arte como fruto de dois impulsos: o apolíneo e o dionisíaco. "Teremos ganho muito a favor da ciência estética se chegarmos não apenas à intelecção lógica mas à certeza imediata da introvisão de que o contínuo desenvolvimento da arte está ligado à duplicidade do *apolíneo* e do *dionisíaco*", escreveu em *O nascimento da tragédia*.[157] No teatro grego, a mais perfeita realização desse par. A visão trágica de mundo, para Nietzsche, é um antídoto ao niilismo e ao pessimismo modernos. Uma visão vigorosa, que não deixa de lado nem o mais sombrio da existência. Como escreveu em *Crepúsculo dos ídolos*: "O dizer Sim à vida, mesmo em seus problemas mais duros e estranhos; a vontade de vida, alegrando-se da própria inesgotabilidade no *sacrifício* de seus mais elevados tipos — a *isso* chamei de dionisíaco, nisso vislumbrei a ponte para a psicologia do poeta *trágico*."[158] A visão trágica, a filosofia do trágico, como um encarar a realidade "do mundo" sem fugir para um além: seja ele Deus, o paraíso cristão ou a verdade científica.

241 *Trágico*

O trágico se opõe ao racionalismo otimista. Essa é a grande oposição no primeiro livro de Nietzsche, *O nascimento da tragédia*. Hoje em dia acreditar num total poder da razão é ser retardatário numa modernidade que se esvai com todos os seus valores. A crença de que a razão tudo pode não se sustenta hoje. Na mecânica quântica, a incerteza heisenberguiana encerrou a crença

---

157 Nietzsche, F. *O nascimento da tragédia*. São Paulo: Companhia das Letras, 2007, seção 1.
158 Idem. *Crepúsculo dos ídolos*. São Paulo: Companhia das Letras, 2010, O que devo aos antigos, seção 5.

laplaciana num determinismo completo; na matemática, o teorema de Gödel limitou pretensões absolutistas daquela ciência; na psicologia, o inconsciente freudiano aniquilou a crença no homem totalmente governado pela razão; e os totalitarismos do século XX apenas enfatizaram a tragicidade do mundo contra os *devotos* das luzes. O trágico revela o outro da razão, ou seja, aquilo que a razão não pode *domar*.

242 *Tragédias*

Uma tragédia pode ser evitada? No sentido original da palavra, usado pelos gregos, uma tragédia mostra o inevitável, como no desesperador destino de Édipo na peça de Sófocles. No caso de uma *tragédia* ambiental, podemos pensar naquilo que poderia ser evitado, pois as causas podem estar numa incompetência técnica, ou no desejo imoderado por lucro, ou somente num estúpido desenvolvedor de planilhas que ignorou variáveis como o bem-estar da comunidade. Tragédia, para os gregos que a inventaram, era uma forma de arte, era o drama humano apresentado no teatro para o povo. Na tragédia eram enfatizadas a limitação humana e a precariedade da condição humana. Para Aristóteles, no *Poética*, a plateia na tragédia grega tinha a oportunidade de experimentar fortes sentimentos, como medo e compaixão, para que fossem expurgados, com a finalidade de tornar o convívio social melhor. Já o jovem Nietzsche interpretou a tragédia como o espetáculo do retorno à natureza, momento em que a razão e a individuação, representadas pelo deus Apolo, mostravam-se ineficazes diante da monstruosidade de forças do deus Dioniso, forças contrárias à individuação apolínea. Na tragédia, segundo Nietzsche, o público experimentava o retorno dionisíaco ao Uno-Primordial. Seja como for, tragédia no sentido que adotamos ainda indica uma limitação da razão humana — incapaz de compreender as suas perdas. Medidas racionais para prevenir acidentes podem ser tomadas, mas tragédias não podem ser evitadas.

243 *Uma função para a arte*

Utilizar a arte para construção de algo grandioso é um pensamento antigo. A tragédia grega, por exemplo, na interpretação clássica — a de Aristóteles — tinha a função de purificar sentimentos nocivos como o terror e a compaixão.

Assim, os espectadores da tragédia, segundo Aristóteles, poderiam ter uma vida melhor quando submetidos, durante o espetáculo, à catarse. Na modernidade (Séc. XVIII), franceses, ingleses e alemães tentaram resgatar a arte grega. O teatro, para Goethe e Schiller, por exemplo, teria a função de criar uma identidade para o alemão, melhorá-lo, ou seja, *moralizá-lo*. Logo depois, temos Schelling, Hegel, Schopenhauer e Nietzsche lançando um olhar diferente para o teatro grego, para a tragédia grega — esta seria mais do que uma peça teatral, seria uma visão de mundo, uma relação entre o homem e os entes. Para Nietzsche, na sua obra inicial, a tragédia antiga serviria como base para a criação de uma tragédia moderna para obter a superação do pessimismo, ou niilismo, do homem moderno. Vemos, então, que a arte, nesse caso a tragédia, tinha para esses pensadores a função de melhorar ou elevar os homens. E hoje em dia — vale a pena lembrar que uma tragédia grega era um espetáculo popular, com milhares de pessoas em cada apresentação —, o que temos para o povo? Hoje, o povo tem telenovelas e filmes que visam somente à arrecadação e ao entretenimento. Existe, nos dias de hoje, uma tentativa de criação de algo superior? O que existe, na maior parte dos casos, é a manutenção, ou seja, a perpetuação de uma arte vazia que tem o objetivo apenas estimular o consumo, por exemplo.

244 *Zaratustra como herói trágico*

Roberto Machado defende que *Assim falou Zaratustra* é o canto que Nietzsche não cantou em seu primeiro livro *O nascimento da tragédia*. Pois o alemão apresentou sua filosofia trágica utilizando, em seu primeiro livro, aquilo que atacava: o racionalismo socrático. Em *Assim falou Zaratustra*, por outro lado, o conceito é deixado de lado. Nietzsche se utiliza da arte para apresentar sua sabedoria. Machado afirma que *Assim falou Zaratustra* é uma tragédia, não como as de Ésquilo, Sófocles ou Eurípedes. Tragédia que se apresenta numa forma diferente das tragédias gregas, mas traz um mundo ou um conteúdo trágico. Tal conteúdo está na visão dionisíaca de mundo afirmada com o eterno retorno do mesmo. Segundo Machado, "o Zaratustra dançarino, o Zaratustra que supera o niilismo moral, metafísico e se torna um filósofo trágico é aquele que tem a mais dura e terrível percepção da realidade e não encontra nisso objeção alguma contra o eterno retorno da vida (...)."¹⁵⁹ Além disso, a diferença entre Zaratustra e um herói trágico clássico, como Édipo, está em sua evolução. Enquanto nas tragédias antigas os heróis são fixos, Zaratustra muda, amadurece durante a obra. Nesse sentido, *Assim falou Zaratustra* tem também no romance de formação — gênero que se inicia com *Os anos de aprendizado de Wilhelm Meister* de Goethe — sua inspiração. Então, Zaratustra, em seu caminho, forma-se para aceitar o caráter trágico do eterno retorno.

245 *Van Gogh como artista trágico*

O filme de Julian Schnabel, *À porta da eternidade*, traz a vida do pintor Vincent van Gogh. É um "belo drama", pois traz a dura vida do pintor e lindas paisagens que serviram de inspirações para inúmeras obras do artista enquanto esteve na França. Que van Gogh seja tido como gênio, poucos podem negar hoje. Na sua genialidade, há um aspecto que me chamou a atenção. Seria van Gogh um artista trágico? Um dos desejos do pintor era fazer com que o público pudesse enxergar aquilo que via. E o que o pintor via? Van Gogh enxergava a *unidade do ser*, a unidade de tudo o que existe. Na tragédia grega, Nietzsche indicou o retorno à *unidade*, à natureza, que a plateia do teatro grego experimentava durante o espetáculo.¹⁶⁰ Um herói trágico como Édipo, um exemplo da individuação apolínea, era tragado pelo dionisíaco, fazendo-o retornar à unidade após a sua morte. Em van Gogh, o apolíneo e o dionisíaco coexistem como impulsos — por trás da beleza natural, apolínea, a ausência de nítidos contornos entre os indivíduos e objetos em sua obra indicaria a participação na unidade natural, afirmando assim a natureza trágica da sua pintura. Saí do cinema fazendo essa leitura, que foi confirmada quando cheguei em casa após ler um artigo de Michel Haar.¹⁶¹ No artigo, Haar foi além e mostra como pontos e linhas coexistem na obra de van Gogh para indicar a imersão dionisíaca no caos (pontos) e a individuação apolínea (linhas), que cria a separação dos indivíduos. Com a coexistência e disputa entre os dois impulsos que, de acordo

---

159 Machado, R. *Zaratustra, tragédia nietzschiana*. Rio de Janeiro: Zahar, 2011, p. 152.
160 Nietzsche, F. *O nascimento da tragédia*. São Paulo: Companhia das Letras, 1992.
161 Haar, M. Nietzsche and van Gogh: representing the tragic. *Research in Phenomenology* 24, 15-24, 1994.

com o jovem Nietzsche, são responsáveis pela obra trágica, podemos afirmar que van Gogh foi um artista trágico.

246 Leituras plurais

É comum a insatisfação quando de um livro um filme é feito. Quase sempre dizem a mesma coisa: "O livro é bem melhor!" Algo compreensível, pois de uma leitura todo *um mundo* é criado como produto da imaginação do leitor; no caso do filme, a imaginação não caminha tão livremente — exceto a imaginação do diretor. O filme não corresponder ao livro não é um problema. Um filme não precisa ser fiel ao livro, pode apenas, por exemplo, basear-se num capítulo ou num parágrafo. Buscar uma correspondência *exata e verdadeira* entre ambos é insistir num engano. Não existe uma correspondência *exata* ou uma forma *verdadeira* de apresentar uma história. Existem leituras, interpretações e doações de *forma* a partir de uma *matéria*. E leituras diversas foram feitas, por exemplo, em tragédias gregas que traziam o mesmo herói lido por diferentes poetas trágicos. A preocupação sobre a *verdade* de uma leitura pode ser apenas uma perturbação que surge de um tipo de filósofo.

247 Homero x Virgílio

A *Odisseia* ainda é melhor do que a *Eneida*. Há mais filosofia em Homero. Em Virgílio, talvez, mais arte. Em ambos, a coragem.

248 Por que certas séries de TV fazem sucesso

Certas séries de TV, aquelas de investigadores e médicos investigantes, são sucessos pois se adequam à estética socrática, uma estética dominante há séculos. Nessas séries existe um problema, alguém investiga, e no final o problema é solucionado, ou seja, "a verdade" é alcançada. O homem do conhecimento, o investigador, seguindo os passos da lógica e da razão, vence. A verdade tranquiliza, é o caminho para felicidade, segundo Sócrates. O telespectador sofre com o desconhecido, no início, e no final sente-se alegre e seguro, pois o mistério foi solucionado com mais uma vitória da razão.

249 Axila e sovaco

Aquele que sente um *algo a mais* por ser telespectador de enlatados americanos e denegridor das telenovelas tupiniquins comete um erro. Pois, em muitos casos, valorações diferentes não existem entre o que vem de lá e o que é feito cá. Moralismo, positivismo filosófico e uma artilharia carregada de ações ininterruptas com um único intuito: fazer esquecer um dia cansativo, tolo, sem sentido, absurdo mas útil para a manutenção das relações de forças — ou para a dominação. No final das contas, sem álgebra alguma, o que vem de lá e o que é feito cá são a mesma coisa: axila e sovaco.

250 O time e a singularidade (ou a obra de arte)

O futebol ou um esporte coletivo qualquer pode exemplificar um embate entre duas posições distintas e antagônicas. Existem aqueles que dão ênfase ao time, ao coletivo, e existem aqueles que buscam a singularidade. Os primeiros valorizam o grupo, vestem uma camisa para se *igualar* aos outros. No outro extremo, existem os que desejam e querem o diferente, o *desigual*. Estes não desejam ver um time, não querem vestir uma camisa — apenas querem a exceção. Quando muito jovem, acreditei torcer pelo Bulls de Chicago. Depois que Michael Jordan aposentou-se, percebi, então, que não torcia pelo Bulls — o meu olhar era dirigido apenas para Jordan. Hoje, sei que Jordan e Pelé estavam acima porque foram mais do que atletas. Isto fica claro quando nos apropriamos do jovem Nietzsche. Em *O nascimento da tragédia*, o filósofo alemão escreve que a arte é produto da disputa de dois impulsos: o apolíneo (aquilo que é harmonioso, proporcional) e o dionisíaco (aquilo que, ao contrário, é desmedido). Esses dois homens, Jordan e Pelé, essas duas singularidades, conjugaram perfeitamente força e leveza, desmedida e medida em seus campos de batalha — foram artistas e obras de arte, ao mesmo tempo.

251 Geral, particular e singular

"Mais fácil é conhecer o homem em geral do que conhecer um homem em particular", disse La Rochefoucauld.[162] E, ainda mais difícil, é conhecer um homem singular...

252 Nobreza

Sinais de nobreza, segundo Homero: a coragem, o bem falar, a cordialidade até mesmo com desconhecidos. Odisseu é nobre: corajoso, bom orador, cordial, sem esquecer a astúcia, a beleza e a força física. Sinais da divindade: o nobre é *quase* um deus. Aqui vemos que a coragem é indispensável à nobreza. O mundo do nobre não lhe causa temor e desconfiança. Pois "vive num mundo de fenômenos amigáveis", disse Schopenhauer para o tipo bom em *O mundo como vontade e como representação*.[163] E, para nós, o nobre é o bom.

253 Goethe, o sem inveja

Em *Humano demasiado humano*, Nietzsche chama Goethe de "o homem sem inveja".[164] Talvez, a origem desse elogio esteja em Spinoza. Pois no aforismo citado, Nietzsche trata do gênio, do homem raro, assim como Spinoza no *Ética*. Escreve Spinoza: "Ninguém inveja a virtude de um outro, a menos que se trate de alguém que lhe seja igual".[165] Dessa forma, Spinoza explica a veneração de homens de "grande discernimento" por homens comuns, excluindo a inveja nesse caso. O homem comum venera um homem excepcional pois não se coloca como um igual. Ora, como Goethe foi uma singularidade, não via *iguais*, logo, não sentia inveja... *ou quase*.

---

162 La Rochefoucauld, F. *Reflexões ou sentenças e máximas morais*. São Paulo: Pinguim Classics Companhia das Letras, 2014, máxima 436.
163 Schopenhauer, A. *O mundo como vontade e como representação*. São Paulo: Editora Unesp, 2005, p. 475.
164 Nietzsche, F. *Humano, demasiado humano*. São Paulo: Companhia das Letras, 2005, seção 162.
165 Spinoza, B. *Ética*. São Paulo: Autêntica, 2009, III, proposição 55.

254 A sempre fracassada tentativa de clarear um sorriso amarelo

Na tradição cristã, a inveja é um dos sete pecados capitais. Já numa *boa* filosofia, a inveja é uma percepção ou, mais especificamente, uma paixão. Para Hume, no *Tratado da natureza humana*, a inveja é uma paixão que surge a partir da nossa comparação com outras pessoas consideradas próximas. Em tal comparação, um desprazer, ao lado da ideia de proximidade da outra pessoa na comparação, é sentido quando nos saímos mal na comparação. Por outro lado, quando nos saímos bem, sentimos um prazer. E tal prazer pode ser transmutado em orgulho ou até mesmo em compaixão quando o outro em desvantagem é alguém que amamos. Já comparações com pessoas distantes nas relações sociais não despertam inveja. Não temos inveja das pessoas famosas que admiramos, pois aqui há uma enorme distância em relação a nós. Sendo assim, é quase impossível não sentir inveja. Sempre iremos nos comparar (alguns mais, outros menos), sempre teremos na proximidade semelhantes com os quais iremos nos comparar, são pessoas que vivem uma vida parecida com a nossa e realizam trabalhos próximos ao nosso. Dentro da filosofia de Hume, enxergo apenas duas possibilidades para não sentir inveja: ou ser sempre o melhor (algo pouco provável) ou ter um sentimento de distância, considerando-se a si mesmo uma singularidade, ou seja, ser alguém que se considere único, sem semelhantes, de tal forma que não possa comparar-se a outrem, logo não sentiria inveja por não haver alguém próximo para comparar-se devido à sua própria singularidade. Mas haveria um ser humano assim tão distante de todos em todos os aspectos? *Talvez* não, pois se assim o fosse, não seria mais *humano*. Portanto, todos aqueles que querem sentir-se sempre à parte enganam-se a si mesmos. Pois a inveja, mais cedo ou mais tarde, sempre surge como um pequeno ou um grande desconforto, como um pequeno ou um grande desprazer, como um sorriso amarelo que não pode ser escondido nem pelo melhor creme dental. Amarela é a cor da inveja.

255 3 observações sobre a inveja

Para mim, foi David Hume quem melhor descreveu a inveja, uma descrição ainda melhor do que a de Spinoza. Como disse, para Hume, a inveja é uma paixão que surge na comparação que fazemos de nós com outros que são semelhantes a nós. A inveja brota quando saímos mal na comparação com aquele que consideramos próximo ou semelhante, tal comparação desperta imediatamente um desprazer. Acima de tudo, todos podemos ter o desprazer da inveja, é algo totalmente natural. Portanto, indo além de Hume, digo que a inveja é como o peido. Todo mundo tem ou solta. O educado é não expor-se publicamente. O invejoso doentio é, acima de tudo, um fracassado. Como nunca consegue algo que o orgulhe, o orgulho dos outros é sempre motivo de sua tristeza. Como sempre está triste, é doente. A inveja pode ser uma força para a conquista de algo. Pode ser um despertar para ação para conseguir algo semelhante àquilo que foi o motivo do desprazer da inveja. Somente nesse caso pode ser saudável. Na filosofia, no texto *A disputa de Homero*, Nietzsche, a partir da sua leitura dos gregos antigos, descreveu dois tipos de inveja, a boa e a má. Disse que o conhecimento dos gregos antigos sobre as duas invejas foi "um dos mais notáveis pensamentos" que tiveram. A boa inveja é aquela que descrevi, motiva ao trabalho e à conquista, já a má inveja conduz à crueldade e à morte.

256 A ave em Nietzsche e Pessoa

Como não bem olhar para as aves? Em Nietzsche e Pessoa, no heterônimo Alberto Caeiro, a leveza da ave é enfatizada. Quando Nietzsche fala da águia, em *Assim falou Zaratustra*, refere-se ao além do rebanho, alguém que está acima, pois "quem um dia ensinar os homens a voar, deslocará todos os marcos de limites; os marcos mesmos voarão pelos ares, e esse alguém batizará de novo a terra — de a 'Leve'."[166] A águia tem, acima de tudo, a valentia de olhar para o abismo da ausência de sentido *em si* sem se acovardar: "Quem vê o abismo, mas com olhos de águia, quem com guarras de águia *agarra* o abismo: esse é valente."[167] E colocar-se acima do rebanho, em Nietzsche, é superar o ressentimento. E superá-lo é aprender a esquecer, algo tão bem colocado por Caeiro:[168]

---

166 Nietzsche, F. *Assim falou Zaratustra*. São Paulo: Companhia das Letras, 2011, III, Do espírito de gravidade, 2.
167 Ibidem, p. 273.
168 Pessoa, F. *Ficções do interlúdio*. São Paulo: Companhia das Letras, 2009, p. 231.

Antes o voo da ave, que passa e não deixa rastro,
Que a passagem do animal, que fica lembrada no chão.
A ave passa e esquece, e assim deve ser.
O animal, onde já não está e por isso de nada serve,
Mostra que já esteve, o que não serve para nada.
A recordação é uma traição à Natureza,
Porque a Natureza de ontem não é Natureza.
O que foi não é nada, e lembrar é não ver.
Passa, ave, passa e ensina-me a passar!

257 Concertos de Brandenburgo

Nossas salas de concertos foram feitas para eruditos. E estes sofrem de má circulação. Pois quem não sofre de tais doenças não consegue ficar parado diante de uma das obras mais vivas e maravilhosas da música: os *Concertos de Brandenburgo* de Bach. O terceiro e o quarto, de um total de seis, são os melhores para mim. Meus pés respondem ao chamado, querem dançar. O quarto concerto, em *Presto*, seria, já disse isso a alguém, a música da minha morte. Uma música viva, com um desfecho arrebatador. Uma música de uma vida que quer ser novamente vivida... infinitas vezes, sem um épsilon a mais ou a menos!

258 Um deus dançarino e DJ

Zaratustra, num certo momento, disse que somente acreditaria num deus que soubesse dançar. Eu, no entanto, acreditaria somente num deus que soubesse dançar e mixar. Tal deus, então, estaria por trás do mundo como multiplicidades que se organizam como unidades e do vir-a-ser como dança sem começo nem fim. Tal deus seria, certamente, dançarino e DJ.

259 O problema da música eletrônica

O problema da música eletrônica ainda não foi seriamente abordado. Quem tem condições para tanto? Os homens "sérios", os catedráticos, não parecem ainda ter levado em conta esse problema tão atual. Talvez esses homens de cadeiras não conheçam o que é o dançante mundo da música eletrônica. Duvido que algum saiba o que seja *scratch*, ou *pitch*, ou, menos ainda, *double drop*. O mundo da música eletrônica — festas com intensas músicas de ritmos arrebatadoramente dançantes — é a mais nova manifestação do impulso devastador e aniquilador, chamado por Nietzsche de dionisíaco. Este, devido ao deus Dioniso, é o responsável pela desmedida e embriaguez nas *raves* e *clubs* ao redor do mundo. O dionisíaco sempre aparece: nosso carnaval é uma manifestação dele, assim como rituais orgiásticos comuns na antiguidade. Quando Dioniso aparece em Tebas para que esta cidade renda-lhe culto, o deus do vinho e da música enfeitiça as mulheres da cidade conduzindo-as a um ritual orgiástico, segundo Eurípides na sua *As bacantes*. O impulso dionisíaco não morre — tal como o deus, ele renasce a cada primavera... mesmo que seja numa *rave*.

260 Graves e gravidade

Em 1997, com 18 anos, encontrei algo que me alegrou: um estimulante som grave. Graves poderosos foram por mim, a partir de então, buscados em músicas eletrônicas. Naquele tempo, o *speed garage* era um ritmo tocado por grandes DJs. Linhas de baixo poderosas num ritmo de aproximadamente 130 BPM — com paradas que despertavam o interesse pelo retorno dos *beats* — eram alegradoras. Em 1999, surge para os meus ouvidos o *drum and bass*. Quase 175 BPM com um *bass* ou grave que foi emprestado ao *speed garage* para minha surpresa. Por quase duas décadas, o *drum and bass* reinou absoluto para mim nas músicas eletrônicas. Há pouco tempo, cruzei numa das esquinas da vida com algo que igualmente me atraiu: o *bass house*. São por volta de 125 BPM igualmente servidos com grandes porções de graves. É alegre e atual. Fiquei surpreso que, no antigo *speed garage*, o novo estilo, *bass house*, tem uma ascendência. Mais uma vez, um estilo que tem no seu poderoso grave uma marca distinguível. Som grave que para Schopenhauer seria o primeiro degrau de manifestação *direta* da essência do mundo, a Vontade.[169] O som grave seria a forma mais básica como a essência do mundo se apresentaria *diretamente* a nós. Já as mais básicas formas da essência do mundo que se apresentariam *indiretamente* a nós seriam as leis da física. Com a música, segundo o filósofo, acessaríamos a Vontade ou a essência do mundo sem intermediários. Já com o espaço e o tempo como *intermediários*, acessaríamos a Vontade na física. Sons graves e

---

169 Schopenhauer, A. *Metafísica do belo*. São Paulo: Editora Unesp, 2003, capítulo 17.

física têm uma relação direta não apenas na minha vida... Schopenhauer seria hoje um DJ?

261 *Mais dois entorpecentes: música eletrônica e rock and roll*

Quem frequenta pistas de dança e não é completamente embotado sabe o que em geral se encontra: uma música que pode amplificar os efeitos de entorpecentes, uma música que pode entorpecer ainda mais. E não é diferente no *rock and roll*. Neste, além disso, é visto, muitas vezes, um desejo niilista por destruição daqueles que preferem um sombrio pessimismo. A música eletrônica é mais alegre... Mas ambos estilos podem colocar o corpo em movimento e produzir alegria. Ainda acho melhor uma pista do que a cadeira de um concerto impregnado pelo cheiro de naftalina.

262 *Roqueiros presunçosos e descabelados*

Ariano Suassuna dizia que não tem coisa mais feia do que um roqueiro velho. O velho Suassuna tinha razão, pois o típico roqueiro depois dos setenta — ainda cabeludo e com a boca mole e que se comporta como no início, quando ainda tinha vinte e poucos anos — é ridículo. O rock, vivido intensamente, é só para jovens. Mesmo assim, os velhos, claro, podem ouvi-lo, mas com moderação, porque um *véio* que faça um *headbanging* irá parar no chão com a labirintite. O grande problema de muitos roqueiros é a presunção de superioridade, que surge na juventude (algo normal para a idade) e continua na velhice. É a presunção de que o *rock and roll* seja "a grande música". Concordo que no rock podemos encontrar muitas boas e agradáveis bandas e músicas. Mas, a partir daí, acreditar numa superioridade do estilo é exagero e ignorância. Há entre roqueiros, muitas vezes, um espírito de seita, uma crença num pertencimento a um grupo a partir de um estilo de música e valores diversos. Não há, nesses casos, uma ontologia, uma ética e uma estética bem estabelecidas que convirjam num tipo humano. Há, isso sim, uma enorme confusão que é amenizada pelo gosto em comum, o estilo musical, um rock qualquer que aproxima roqueiros. No que diz respeito à suposta superioridade do rock, para enunciá-la é preciso comparar estilos musicais. Porém, como comparar obras de tempos e contextos diferentes? Se usarmos a complexidade da composição, que é um critério intelectualista possível, basta dar uma olhada numa partitura de Bach, Beethoven, Chopin ou Tchaikovski para eliminar qualquer "rock intelectual" de superioridade no que diz respeito à complexidade de sua composição. Por outro lado, se usarmos juízos estéticos que envolvam o belo, o agradável e o bom, veremos que todos, no fundo, conduzem a contextos, até mesmo a noção de belo, mesmo que grandes nomes do passado, como Kant, tenham sonhado com a sua universalidade. Então, ao roqueiro só restam dois juízos que ainda podemos considerar (além de decidir cortar o cabelo depois dos quarenta!): afirmar que o seu rock é agradável (para ele) e bom (para algo, mesmo que seja para um simples *headbanging* ou uma mordaz crítica moral e social). Esses serão juízos que não envolvem, então, uma presunçosa superioridade artística e uma pretensa universalidade estética.

263 The Doors, Led Zeppelin, Jane's Addiction e o dionisíaco

Sinto um júbilo quando leio ou escuto um filósofo falar sobre hoje ou pelo menos sobre aquilo muito próximo. Na academia, na maior parte das vezes, os trabalhos são de/para comentadores, visam ao esclarecimento ou interpretação de um determinado ponto da obra de um grande pensador. O presente e o futuro ficam, dessa forma, esquecidos muitas vezes. Mas David Kilpatrick, para minha surpresa, num artigo, escreve sobre The Doors, Led Zeppelin e Jane's Addiction utilizando a estética nietzschiana, apresentada em *O nascimento de tragédia*. Para Nietzsche, a arte vem a ser a partir dos impulsos apolíneo e dionisíaco. Ou seja, para Nietzsche, a arte é produto desses dois impulsos: o primeiro diz respeito à medida, à proporcionalidade e à bela forma; o segundo, à desmedida e à embriaguez. No artigo, Kilpatrick tenta mostrar que Jim Morrison "oferece abundantes exemplos da tentativa de uma síntese consciente de elementos apolíneos e dionisíacos."[170] Morrison, tudo indica, estudou a obra nietzschiana, tendo o seu primeiro contato aos dezesseis anos. A influência de Nietzsche, segundo Kilpatrick, no líder do The Doors é clara em entrevistas e canções. Para as três bandas escolhidas, nota-se, segundo Kilpatrick, que seus vocalistas eram vistos, por seus colegas de banda e fãs, como deuses: "Morrison, por meio do poder da música, é transformado e, nas palavras de Nietzsche, 'nessa transformação mágica o entusiasta dionisíaco revela-se a

---

170 Kilpatrick, D. Dionysian rock. *The Agonist* 5 (1), 1-11, 2012, p. 7.

si mesmo como sátiro e como sátiro, por sua vez, contempla o deus'".[171] Os exemplos no artigo são de "deuses transgressores", segundo o autor, que rejeitaram a moralidade experimentando a estética nietzschiana ou dionisíaca. Se conseguiram ou não criar uma música dionisíaca é um problema em aberto. Não tenho dúvidas de que numa parte do *rock and roll* e da música eletrônica, a manifestação do dionisíaco é clara como Apolo! A questão que aqui coloco é se as manifestações citadas não seriam o Dioniso selvagem, ainda não "domado" por Apolo. Segundo Nietzsche, a grande realização do teatro grego, a tragédia grega, foi conseguir transformar o dionisíaco oriental e selvagem, orgiástico, numa arte elevada.

264 *Vida baixada*

Que o certificado seja, no fim, a vida. Nada de papéis para garantir a inteligência ou a boa capacidade de julgar. É o viver que prova, não uma prova. Como nascemos com um "hardware" que necessita de "softwares", viver é "baixar" e, em poucos casos, criar conteúdos, estejamos ou não "conectados" a livros. Pois um livro é só um meio, e outros meios são possíveis. A companhia de uma grande alma pode fazer o que um livro pode. No entanto, grandes almas são raras. Então leia, amigo, mas com cuidado pois "softwares" podem ser incompatíveis com o seu "hardware". Aloprados são, em geral, criados a partir de incompatibilidades. E, nesse caso, não podemos formatá-los.

265 *Origem do retardado*

No *Dialética do esclarecimento*, Adorno e Horkheimer, citando alguns versos do *Fausto* de Goethe, fazem uma interessante comparação. Os filósofos afirmam que a inteligência é como a antena do caracol. Ela tateia, investiga. Quando sofre alguma ameaça de um ambiente hostil, recolhe-se, retarda-se. Esse recolhimento, esse retardo, pode durar para sempre. É assim que explicam a gênese da burrice. Ora, se pensarmos a inteligência num sentido que vai além da capacidade de calcular, racionalizar, a comparação valerá *ainda* mais. O retardo mostra-se não somente como incapacidade de investigar, mas também de bem expressar-se, de ouvir, ver, cheirar, tocar e degustar. O que é o retardado

---

171 Ibidem, p. 8.

senão aquele que se tornou embotado, suas antenas se recolheram e não mais se mostram.

266 *Ser humano*

Quando somos humanos? Não é raro deparar com expressões como "gesto humano", "atitude humana" e até "atendimento humano". Nesses casos, humano significa cordial, bondoso, respeitoso. E os seus opostos não são considerados humanos. Não seria uma tentativa deliberada de colocar debaixo do tapete aquilo que é tido como "sujo" para "limpar" o ser humano? Para nós, o maior canalha de todos ainda é humano... *demasiado humano*.

267 *A impossibilidade dos empoderamentos*

Qualquer tipo de empoderamento é um equívoco. Pois o poder não é algo que se possa dar ou conceder, ou seja, o poder não é uma substância que possa ser transferida de um corpo para outro como o antigo calórico. Numa definição à la Kant, o poder é um tipo de faculdade ou capacidade, é uma faculdade de superar resistências. Logo, os "empoderamentos" são impossíveis, pois ninguém pode dar a sua capacidade a outrem, ninguém pode ceder a sua capacidade de tocar maravilhosamente um piano ou jogar artisticamente futebol para outrem. O que se pode fazer é propiciar as condições para o desenvolvimento das capacidades. No caso do "empoderamento feminino", um movimento em alta, busca-se, na verdade, tornar possível, em grande medida, as igualdades de formação e atuação na sociedade entre homens e mulheres. Tal é um movimento de desenvolvimento das capacidades, não de um "empoderamento" sem sentido.

268 *Bom senso*

Bom senso significa aquilo que é adequado ao bem comum. Se for bom senso pra você aquilo que é a partir de uma "partícula isolada" em busca de prazeres no mundo, você concebido como um completo indivíduo, não é bom senso, não é bem comum — é busca por prazer individual travestido de bom senso.

269 Saudade em demasia num tempo de fraqueza

Existe um excesso de saudade por aí. Em redes sociais é comum o uso da palavra. Em alguns casos, há uma confusão entre saudade e lembrança. Não conheço melhor definição de saudade do que a de Spinoza. No *Ética*, escreve: "A saudade é o desejo, ou seja, o apetite por desfrutar de uma coisa, intensificado pela recordação desta coisa e, ao mesmo tempo, refreado pela recordação de outras coisas, as quais excluem a existência da coisa apetecida".[172] E conclui que "a saudade é, na verdade, uma tristeza". E por tristeza, um pouco antes, o alegre filósofo solitário chama "a passagem do homem de uma perfeição maior para uma menor."[173] Ou seja, a saudade é sintoma de perda de potência! Ora, não é estranho pensar num excesso de saudade num tempo como o nosso... um tempo de fraqueza.

270 F5 na alegria

É em Spinoza onde encontramos uma bela e simples definição do amor, que tem num afeto — a alegria — o seu sentido. O amor, segundo Spinoza, "é uma alegria acompanhada da ideia de uma causa exterior".[174] Ama-se alguém quando uma alegria tem a sua origem nesse alguém, seja ele um homem, uma mulher, um filho, um irmão ou um amigo. Nem que a alegria surja de uma remota lembrança. Mas neste caso, o amor pode acabar no esquecimento. Para evitar o fim de um amor, para manter vivo um amor, a alegria deve ser sempre atualizada...

271 O riso e a loucura

Rimos do quê? Do absurdo, do exagero, do engano, da confusão e de uma ameaça que não ameaça. A risada, a gargalhada, é uma "libertação". Libertamo-nos da *lógica ordinária* e das regras da civilização. É como se, numa fração de segundo, tudo se dissolvesse. A risada brota diante dessa falsa dissolução. O corpo move-se de forma *involuntária*, um som alto e estridente é produzido.

---

172 Spinoza, B. *Ética*. São Paulo: Autêntica, 2009, III, definição 32.
173 Ibidem, III, definição 3.
174 Ibidem, III, definição 6.

A risada é a válvula que impede a explosão da panela de pressão. Num átimo, somos loucos. E não é o riso uma característica da loucura?

272 Hipérion e Zaratustra: amor, amizade e riso

Há algo mais profundo? *Hipérion* e *Zaratustra*: imagens, metáforas, jogos de palavras... Um *mundo* em cada linha e verso. Fontes inesgotáveis. Em *Hipérion ou o eremita na Grécia*, Hölderlin/Hipérion aponta para o amor e a amizade: "O amor gerou o mundo, a amizade haverá de gerá-lo mais uma vez."[175] Em *Assim falou Zaratustra*, Nietzsche/Zaratustra elogia e santifica o riso: "Declarei santo o riso; ó homens superiores, *aprendei* a — rir!"[176] Em ambos, a criança como exemplo da inocência e da leveza. Homens e mulheres leves, amigos que se amam e riem, contra o peso dos nossos tempos... Há algo mais profundo?

273 Em defesa de um tipo de artista, o que vale a pena

Pensemos num grande artista. Ele não se vende, tem os olhos naquilo que realmente é grande, de valor. Qualquer ordinário pode dar valor a um maço de dinheiro. Mas esse ordinário não pode ler bem, ver bem, ouvir bem como uma grande obra de arte exige. Pensemos no tipo de artista bem avaliado pelas massas. É o ator que pode até cantar ou o cantor que pode até atuar. Olhemos muitos dos "grandes" atores e cantores. Vendem-se por pouco ou muito, emprestam suas vozes e rostos para promover produtos. Dançam com o produto, declaram-se a coisas, dizem-se apaixonados por trecos e tranqueiras, degustam até aquilo que não costumam degustar. Fazem muito desde que haja cachê. Lembro-me de um cantor-ator que, mesmo vegetariano, anunciou carne — foi uma mancada dele! E outros exemplos desse tipo são inúmeros. Se veneno fosse explicitamente anunciável, anunciariam depois de um bom cachê, pois não se importam ou não enxergam consequências a médio e longo prazo. Por outro lado, quem faz uma arte de grande valor sabe que não deve aderir a essa promiscuidade. Nomes como Chico Buarque e Gilberto Gil não

---

175 Hölderling, F. *Hipérion ou o eremita na Grécia*. Rio de Janeiro: Forense, 2012, p. 96.
176 Nietzsche, F. *Assim falou Zaratustra*. São Paulo: Companhia das Letras, 2011, IV, Do homem superior, 20.

se vendem a uma marca. E se a ciência for arte, num sentido amplo da palavra, o grande Albert Einstein, pela sua obra, mostrou a sua estatura artística. Mas não só. Einstein teve convites para ceder a sua imagem a produtos, como um sabão em pó. O velho alemão, consciente da sua grandeza, negou-os. A miséria dos famosos de anúncios não permite que recusem uma boa quantia em dinheiro. Essa gente tem o valor dos seus cachês.

274 *Chefs na grosseria*

Depois de muito tempo sendo tratados como pequenos, escondidos atrás, *chefs*, ou melhor, cozinheiros são hoje considerados artistas. Em seus shows de TV mostram toda a arrogância e grosseria de um miserável que foi pisado e agora pode pisar...

275 *Amando na cozinha*

Acredito que cozinhar para si mesmo, ter todo um cuidado na escolha e preparo dos alimentos, seja um dos maiores e belos exemplos do cuidado consigo mesmo. Movido por amor a si mesmo, por um transbordamento, aquele que bem cozinha para si é *divino*. Em *Hipérion*, Hölderlin afasta toda a intelectualidade descuidada quando, diante da imagem de sua amada, Diotima, no fogão, Hipérion afirma: "quantas vezes não ri dos homens que imaginam um espírito sublime como incapaz de preparar um legume (…) E sem dúvida nada é mais nobre do que uma jovem que providencia a chama toda benévola e, à semelhança da natureza, prepara a refeição que contenta o coração."[177] Não é por acaso que Hölderlin tenha escolhido o nome de sua personagem como aquele que Platão usou em *O banquete* para a mulher que ensina a Sócrates a natureza de Eros.

276 *Abandonar: verbo intransigente*

Abandonar: verbo intransigente. Pois abandonar faz parte do criar — abandonar um ponto de vista, livrar-se de um *mundo* para agarrar-se em outro.

---

177 Hölderling, F. *Hipérion ou o eremita na Grécia*. Rio de Janeiro: Forense, 2012, p. 88.

O abandono de uma pessoa para criar saúde a si mesmo. *Jamais abandonarei... o abandonar.*

277 Anos de aprendizado

Em *Os anos de aprendizado de Wilhelm Meister* — o grande romance de Goethe —, a questão que se coloca é a da formação. Não nascemos prontos, temos que nos formar. O cultivo de si mesmo é a grande tarefa que um homem pode realizar. "Sê tu mesmo" pode ser a máxima da vida. Alguém se torna o que é quando assume o papel de *homem* na vida, isto é, quando cria a si mesmo, quando cria valores. Depois de um grande período de cultivo, repartir pode ser forçoso e prazeroso. Quando muito é acumulado, aquele que tem não se importa em repartir. Mas para isso, anos de aprendizado ou de formação são necessários.

278 Política e nobreza

Em algumas seções do *Aurora*, Nietzsche trata da nobreza e seu futuro. Considerando que numa mesma mentalidade, quando juntas a lealdade, a magnanimidade e o pudor da boa reputação, temos o nobre, o distinto, o filósofo descreve a postura da nobreza e o seu sentimento de *superioridade* (nada tão antimoderno, anti-igualitário). Na seção 201, levanta a questão sobre "com o que deve ocupar-se doravante a nobreza, se cada dia mais parece *indecente* envolver-se com a política?"[178] Se ainda houver nobres, e Nietzsche parece dizer que sim, tudo indica que desistiram da política. Calaram-se. Ou, senão, diante da vulgaridade, obstruem os sentidos para não passar mal.

279 Ativismo irrefletido

Ativismo irrefletido é *quase* uma tautologia. Em tempos de pressa, não há tempo para ruminação, reflexão. O ativismo, nestes tempos, é apressado e precipitado. Certa vez, conheci um jovem que só tinha lido três capítulos do *Capital*. Mesmo assim, intitulava-se marxista fervoroso. Algo típico na universidade onde jovens imaturos (outra tautologia) agarram-se desesperadamente

---

178 Nietzsche, F. *Aurora*. São Paulo: Companhia das Letras, 2004, seção 201.

no primeiro consolo que aparece. Outros exemplos existem, são abundantes. Não há uma reflexão profunda para o agir. Age-se primeiro, reflete-se, quem sabem, depois. Pois somente assim poderia ser explicada a adesão fácil e rápida a tantos artigos de fé.

280 *Juventude inconformada*

Juventude inconformada é uma tautologia. Pois a adolescência é sofrimento de um corpo em *grande* mudança. Não se deve esperar serenidade e tranquilidade de seres perturbados por *guerras* hormonais. Nem mesmo sabedoria de *monstros* cheios de acnes. Aqui está a origem de jovens inconformistas em geral que, no fundo dos seus *abismos*, são a mais pura inconformação consigo mesmos.

281 *Juventude precipitada*

Ao contrário da opinião corrente, não vejo *sempre* com bons olhos jovens que se dizem lutar por um *mundo* melhor. Invenção moderna, a juventude das marchas é mais um pobre exemplo dos nossos tempos sem tempo. Por outro lado, segundo alguns estudiosos, a modernidade tem na *Bildung* (formação em alemão) um dos seus ricos frutos. A formação aqui tem um sentido mais amplo do que a pobre formação universitária comum. A *Bildung* é lenta. Algo que se constrói ao longo da vida. Sendo assim, é impossível a um jovem declarar-se um homem de grande formação, cultivado. Pela falta de tempo e, em muitos casos, ausência de forças, a *Bildung* em jovens é, quando muito, incipiente. E com algo cru, *fragmentos* saem pelas ruas defendendo *mundos* que não são obras suas. E quando são, a ingenuidade e a superficialidade são patentes. Se a formação fosse leveda a sério — e não a erudição ou a cultura jornalística —, jovens ganhariam muito somente assistindo a *disputas* de homens e mulheres *completos*, exemplos que podem dizer: "Ofereço-lhes um *mundo!*"

282 *Greta*

Ora, todos os dados e afirmações, a partir de modelos estatísticos, podem estar "errados". Então, o medo das mudanças climáticas pode ser mais uma fantasia humana entre tantas outras. Mas pode não ser uma fantasia, e a ciência assim estaria realizando uma previsão certeira como a de um eclipse qualquer. De qualquer forma, Greta Thunberg é um freio! Um freio às tolices políticas, um freio à vontade de potência do ser humano que só faz negócio e nega o ócio. Um tipo como Greta é uma reação natural à vontade desmedida de lucrar e explorar. "Não há recursos naturais infinitos num planeta finito", alguém útil como Greta poderia dizer.

283 *Contra o anonimato*

O tipo burguês tem prevalecido muito mais pela quantidade. Um mundo burguês é um mundo em rede. Não há uma centralização. É por isso que o presidente americano não é o homem mais poderoso do mundo. Ele *apenas* representa grupos de operadores que controlam, com mouse e teclado, a economia e as tendências. Não há mais um soberano, um rei, um homem com nome e sobrenome que *domine e governe*. O anonimato é uma das características do poder recentemente. É difícil determinar a origem das tendências, quem as determinou. E contra este mundo anônimo, jovens ingênuos, "hackers geniais", pregam o anonimato. Ora, não é estranho? O dominado *identifica-se* com o dominador.

284 *Passado, presente e futuro com mais ciência*

A modernidade criou a nossa ciência, que criou os grandes problemas ambientais, que precisam ser resolvidos com ciência, que criará mais problemas, que precisarão ser resolvidos com mais ciência, que criará mais problemas, que precisarão ser resolvidos com mais ciência...

285 *Latrocínio*

Há inúmeros problemas no Brasil. E em qual lugar não há? No entanto, aqui temos com muita frequência um problema sério, a manifestação de uma miséria profunda: o latrocínio. Quem rouba e mata, em geral, não está faminto. Rouba e mata porque deseja algum luxo, algum conforto. Quer ostentar o luxo de outrem. O seu pequeno prazer, o da ostentação, está acima de qualquer um. Para nós, além do pequeno prazer, o problema do latrocínio é o alvo. O criminoso rouba e mata sem conhecer a vítima. Uma vítima que pode ser um miserável como o criminoso ou uma feliz *singularidade*.

286 Questão de valores

E no final das contas, com ou sem álgebra, é uma questão de valores. Mata-se por motivos que estão ancorados em valores. Motivos que podem ser uma revolução ou um bem material. Nesta terra, mata-se, a maior parte das vezes, por bens. Sendo a felicidade, para muitos, o acúmulo e a ostentação, vidas que se opõe a tal meta podem ser eliminadas. É o que dizem, é o que tem sido feito. Num país com tais valores, dois caminhos são possíveis para a *pacificação*: uma radical distribuição dos bens (ou "felicidades" para muitos) ou a construção de novos valores. A segunda opção necessita de mais tempo e, para mim, parece a mais "estável", a mais duradoura. No entanto, nunca eterna, pois no vir a ser de Heráclito, nenhuma configuração permanece estável indefinidamente. É no sentimento de pertencimento a algo maior que pode ser o caminho para algo mais estável. Uma sociedade de indivíduos (*partículas isoladas*, como dizem os físicos) que visam somente ao acúmulo é guerra de todos contra todos, como temos visto.

287 Debate-se ou bate-se?

Sendo a democracia e o espírito democrático construções, é necessário dar forma ao povo para tal. Democracia requer debate e, se possível, uma boa argumentação para tal governo. É no debate e na argumentação que se convence o povo, mesmo que a demagogia sempre esteja à espreita, como já indicou Platão há mais de dois mil anos quando criticou a democracia. Considerada a maior democracia do mundo, os EUA tentam formar para o debate e, consequentemente, para a democracia. Um simples programa esportivo por lá envolve, no mínimo, dois debatedores para que a disputa entre pontos de vistas esteja sempre presente. Aqui, por outro lado, é comum um ditador de opinião obtusa e nenhum debate. Obtusa porque, em geral, aqui não se argumenta com ciência: estatísticas lá são usadas para embasar argumentos. A discussão sobre quem melhor joga apresenta dados diversos sobre o desempenho do atleta em questão. Por aqui, até pouco tempo atrás, somente o número de gols era usado. Hoje em dia, graças a um "tremendo esforço" cognitivo, usa-se também o número de assistências para debater. O norte-americano mediano é mais educado aos números e ao debate do que o brasileiro mediano. Lá não se aceitaria um candidato que fugisse a inúmeros debates. Lá debate-se com o povo, aqui bate-se no povo.

288 *Por que estamos assim tão pobres?*

Sejamos inteligentes — o nosso tempo não é o tempo do Senhor Jesus, do Todo Poderoso, de Nossa Senhora e toda a mitologia cristã. Ainda somos cristãos, num certo grau, apenas do ponto de vista moral. Mas sobre "o mundo", o olhar do nosso tempo é científico. É a ciência a mais poderosa perspectiva moderna — poderosa porque tem transformado este planeta, poderosa porque propiciou, ao mesmo tempo, os meios para a nossa sobrevivência e aniquilamento. Hoje um país sem ou com pouca ciência é um país pobre economicamente; existe uma correlação entre investimento em conhecimento científico, que no fundo é investimento *numa* educação, e desenvolvimento econômico. Caso não queiramos um Brasil medieval pela primeira vez na história, é na ciência que se deve apostar para um futuro próspero economicamente. A maneira como tem se tratado educação e ciência por aqui nos últimos anos mostra que rezar é preferível a calcular para quem tem tomado decisões. E no final das contas — sem álgebra pois essa gente desconhece a matemática! —, à pergunta "Por que estamos assim tão pobres?" daremos a resposta "Porque somos pobres, ora!"

289 *Formações religiosa e científica*

Sabendo que uma das mais nítidas marcas do nosso tempo é a ciência, que qualquer país desenvolvido nos dias de hoje assume a ciência e a formação científica em massa e que quanto mais massificada é tal formação maior o "sucesso" do país dentro dos valores atuais, podemos concluir que por aqui as coisas não estão bem. Basta assistir à TV aberta, *contaminada* por programas religiosos e charlatões divulgando números de contas bancárias e PIX. Para um país desenvolvido nos termos atuais, o horário destinado a cultos televisivos teria que auxiliar na formação das massas. Logo, ao invés de pregações religiosas, deveríamos ter palestras, filmes e debates, ao invés de exorcismos, exercícios para estimular... Aos pobres restam poucas e pobres opções. Mesmo à classe média e aos ricos, já que o conteúdo pago, em muitos casos, é igualmente pobre. No caso da formação científica — precária para *quase* todos no Brasil —, a divisão não é entre pobres e ricos, mas entre poucos que a possuem e uma massa que a ignora. Poucos também ricos... mas num sentido mais elevado.

290 *Medo da pobreza*

O chamado ódio aos pobres, que muitos atribuem à classe média e aos ricos, não é o afeto primeiro. Antes, há o medo. Sabendo que ambos os afetos — ódio e medo — são tristezas, e a tristeza é, de acordo com Spinoza, "a passagem do homem de uma perfeição maior para uma menor",[179] podemos pensar que o medo surge antes do ódio. Pois o medo é "uma tristeza instável, surgida da ideia de uma coisa futura ou passada, de cuja realização temos alguma dúvida".[180] Já o ódio, de acordo com a mesma lista de afetos na terceira parte do *Ética*, é definido como "uma tristeza acompanhada da ideia de uma causa exterior".[181] Aqueles que têm dinheiro não querem perdê-lo. A imaginação de uma vida sem conforto e pobre desperta o medo de uma vida doente, carente. Diante de um pobre, esse medroso quer afastar de sua visão uma imaginação ruim, a pobreza, pois o pobre materializa tal imaginação ruim, atuando como uma possível causa exterior à tristeza daqueles que têm dinheiro. Daí o ódio aos pobres, que surge somente depois do medo.

291 *A falta do espírito público*

Espírito público não é uma entidade de um além-mundo ou uma substância metafísica. Espírito público é uma faculdade ou capacidade de, num primeiro olhar, desistir dos interesses particulares em nome do bem comum. Se um pouco de espírito público é desejável ao cidadão comum, àquele que ocupa uma função no Estado é obrigatório em altas doses. Um cidadão comum com

---

179 Spinoza, B. *Ética*. São Paulo: Autêntica, 2009, III, definição 3.
180 Ibidem, III, definição 13.
181 Ibidem, III, definição 7.

espírito público não perderia o seu tempo, numa pandemia, na tentativa de compra de vacinas para vendê-las a quem tem dinheiro. Já um cidadão com o mesmo espírito numa alta posição da república — um prefeito, um governador ou o presidente — jamais tiraria férias em plena pandemia, jamais participaria de qualquer tipo de atividade social que envolvesse multidões e jamais sorriria publicamente em tempos de tristeza coletiva. Temos visto, por aqui, o contrário do espírito público. E o seu contrário é o espírito privado, que se manifesta de forma clara e exagerada nas buscas pelos pequenos prazeres pessoais em tempos em que a coletividade está em risco, tempos que poderão pôr fim até mesmo aos prazeres individuais. O espírito público não é algo inato. É algo aprendido. E aprende-se pouco por aqui.

292 *Memórias Póstumas*

O grande livro de Machado de Assis traz o Rio do século XIX, com a sua elite hipócrita, racista, a vida de fachada dos que mandavam e desmandavam e os bacharéis que não incorporavam aquilo que estudavam na universidade. O título de bacharel servia para ocupar um cargo público, aproveitar privilégios e conseguir uma bela mulher, que seria exibida, como Stendhal disse no mesmo século XIX, como uma égua valiosa pelas ruas. Tal elite mesquinha via na atividade política um meio para obter somente aquilo que lhe era interessante. Ora, estou falando do nosso tempo? Sim, Machado de Assis é ainda atual.

293 *Paradoxo da honestidade*

O paradoxo da honestidade pode ser assim enunciado: "Quando alguém que se diz honesto tenta tirar proveito de sua própria honestidade." Sendo o tirar proveito a partir das deficiências alheias uma desonestidade, e até uma covardia, o paradoxo da honestidade irrompe naqueles que se dizem honestos e têm uma tirânica vontade de poder. Recentemente, um candidato à presidência vangloriava-se de sua honestidade, mas só se propunha "ajudar" o país no papel de protagonista. A autopromoção de sua honestidade visava ao máximo reconhecimento de sua... honestidade. Claro, somente no posto mais alto, na maior vitrine, no cargo de presidente, como manda a sua tirânica vontade de poder.

294 Crítica e existência

Criticar não significa necessariamente desejar o desaparecimento do criticado. Há uma confusão sobre isso. Nós criticamos e sabemos que o outro, o criticado, nunca desaparecerá. O fascista não aceita a existência do criticado, do outro...

295 Fascismos

Há inúmeras definições para os fascismos. Definições que envolvem política, economia e cultura. No entanto, todas essas definições tratam de manifestações de algo mais "embaixo": o impulso à destruição do outro. Há sempre o outro, e a atitude fascista é a sua eliminação. A atitude fascista como um esforço sem fim, como o de Sísifo.

296 Política e metafísica

Quem acredita em *somente* dois caminhos que se excluem e não podem originar-se um do outro é metafísico. Esquerda e direita podem ser faces da mesma moeda. Numa perspectiva antimetafísica, a esquerda pode dar origem à direita e vice-versa. Esquerda e direita podem ter muito em comum: o fundamentalismo, a crença num único e "verdadeiro" olhar para o mundo. Olhar que exclui o diferente e antagônico. E quem hoje é antimetafísico? Quem se livrou das sombras do Deus morto, como um autêntico antimetafísico?

297 Ciência e felicidade

Que não se negue investimento à ciência e à tecnologia. Hoje é indispensável. A maior parte dos cientistas neste país protesta contra cortes. Têm boas razões... Existe uma *suposta* relação de causalidade entre investimento em ciência e desenvolvimento ou bem-estar geral. Existe até uma crença de que somente com investimento em ciência teremos um futuro "melhor". Mas o país que mais investe em ciência e tecnologia enfrenta problemas internos terríveis. Os EUA mostram que não há uma relação direta, a partir do investimento em ciência, para a consecução da felicidade geral. Deve-se investir com outros olhos... Hoje o investimento em ciência é somente certo para uma coisa:

a sobrevivência de bilhões. Pois foi somente com a atual ciência que se chegou a um número bilionário para a população mundial. A ciência moderna criou o ambiente para a "planta" humana se multiplicar velozmente. Sem tal meio, sem ciência e tecnologia com os seus medicamentos, energia elétrica, calor e comida, muitos morrerão. E se sobreviverem, precisarão de elementos além da ciência e da tecnologia para serem *felizes*.

298 *Jalecos, ao invés de togas, para parir*

Num país em que a imprensa gasta quase a totalidade do seu tempo cobrindo ordens de prisão, condenações e recursos, não teremos em nosso *cone de luz futuro*[182] nada brilhante. Essa gente que tem sido exageradamente coberta — juízes, desembargadores, procuradores, etc. — deve trabalhar, claro!, mas em silêncio e discretamente. São as mentes criativas que devem ter voz, espaço e tempo, ou espaço-tempo, nesta terra de *miseráveis*. Quem cria — e não quem apenas obedece leis e regimentos — é quem deve apresentar-se para o *confronto*. Ao invés do país de togas, um país de jalecos; ao invés de operações espetaculares, exposições inspiradoras; ao invés de sentenças e despachos enfadonhos, livros e artigos alegradores; ao invés de horas de transmissões de debates prolixos num plenário supremo de estéreis, palestras de gente fecunda. É de gente que *dá à luz* que precisamos.

299 *Deus, Diabo, Estado e Mercado*

Deus e Diabo, assim uma dicotomia foi estabelecida com a disputa entre Bem e Mal durante milênios. Em tal disputa nunca houve dúvidas sobre quem é o Bem e quem é o Mal, pois ambos eram em absoluto. Cada indivíduo tinha que somente se colocar como pertencente ou seguidor de um ou de outro. Uma nova disputa surgiu há poucos séculos, que também é uma dicotomia para muitos e não para todos. É a dicotomia Estado e Mercado, que tem substituído a dicotomia Deus e Diabo. Mas como a noção de absoluto tem perdido o seu sentido na modernidade, Estado e Mercado, ambos, podem ser assumidos como um bem ou como um mal. Sem uma clara noção de absoluto, entra em

---

[182] Um cone de luz, na teoria da relatividade, é uma representação do espaço-tempo que mostra aquilo que pode ter ou não uma relação causal.

cena a noção de valor. E um valor, seja moral ou monetário, varia com o lugar, com o contexto, é relativo e não absoluto. Então, para uns o deus é o Mercado, e o diabo é o Estado; para outros o deus é o Estado, e o diabo é o Mercado. E, tal como na antiga disputa entre Deus e Diabo, entre Bem e Mal, aqui também é exigida uma escolha que deve ser declarada publicamente para fins de reconhecimento mútuo.

300 *Filiação econômica*

O Diabo, num conto de Machado de Assis, disse que avareza é a mãe da economia. O que o Coisa Ruim não disse ao grande escritor é que o bem comum pode ser o pai daquela ciência. Então, a pergunta "a sua economia puxou o pai ou a mãe?" é pertinente. Seria a sua só *filha da mãe*?

301 *Vacuidade e plasticidade humana*

A questão sobre as formas de produção — como deveria ser produzida a riqueza, seja num contexto capitalista ou socialista — é uma questão de meios. O que mais me interessa é o fim. E o fim é um tipo de ser humano que um tipo de cultura poderá servir de disfarce para a sua *animalidade*. Ou seja, na infindável disputa econômica, em muitos casos, os meios são perseguidos ignorando-se os fins. O "esquecimento" das causas finais é algo comum. O homem formal, vazio, busca um meio para preencher a sua vacuidade — é tacanho para ver um fim. No entanto, o ser humano não é uma "*aeterna veritas*" (verdade eterna), como disse um grande sábio. Sendo mutável, seus olhos devem mirar as suas possibilidades futuras e não somente os meios que se tornaram ideias fixas e artigos de fé.

302 *O livre mercado como ficção e a crença na ideia de liberdade*

O que é uma economia de livre mercado? Já respondo que é uma ficção. Pois quem realmente é livre? Não pode ser a entidade "mercado" porque esta é uma abstração. Você, um liberal com ou sem boa consciência, poderá dizer-me que, numa economia de livre mercado, "livres são os agentes do mercado". Mas aí mora o problema, amigo. A liberdade somente é afirmada a partir de uma vontade livre. Já que o mercado não pode ser livre porque não pode ter uma faculdade volitiva ou uma vontade, os agentes do mercado, que são seres humanos, você poderá dizer, certamente a têm. Então, como os agentes do mercado têm uma faculdade volitiva, podem ou não desejar algo, poderão ser livres. Certo? Não! Como não há uma lei moral suprassensível para guiar as vontades,[183] os agentes do mercado são determinados, ou melhor, são limitados pelos seus contextos. Querem isso ou aquilo a partir de um *milieu*. A vontade livre, no fundo, como uma determinação a partir do não empírico ou de uma lei suprassensível, é uma ficção. Somos determinados a partir de um contexto, e todo contexto é construído a partir de um mundo de fenômenos condicionados. A vontade livre só poderia existir caso o incondicionado fosse possível e fonte das vontades individuais. Sendo assim, mercados, que são ações humanas, são tão determinados quanto os humanos. Não há um "livre mercado". Portanto, todas as ações são manifestações de relações imanentes ou, como Nietzsche disse, relações de vontades de potência, pois "esse mundo é a vontade de potência".[184] Como não há um mundo suprassensível como fonte das vontades e das ações livres, todas as ações e relações são sempre imanentes, i.e., explicitam um poder aqui e agora. Como, de acordo com Kant, "o poder é uma faculdade que é superior a grandes obstáculos",[185] e a violência, como um poder, é aquilo que "é superior às resistências daquilo que possui poder",[186] a questão principal torna-se então: quem manifesta mais poder, agentes do mercado ou agentes do Estado? É claro que o Estado moderno sempre manifestará mais poder, pois, como o único em que a violência é aceita, a vida e o direito de ir e vir só podem ser negados pelo Estado. Então, o mercado será sempre submetido, em maior ou menor grau, ao Estado. E quem nega essa submissão quer, no fundo, um mundo em que o poder manifeste-se, principalmente, a partir de um tipo: aquele que compra e vende. Um mundo em que tal tipo

---

[183] A crença de Kant na liberdade humana repousa na crença de uma lei moral suprassensível, ou seja, algo que está fora do espaço e do tempo, algo que é universal e eterno. Veja Kant, I. *Crítica da razão prática*. Petrópolis: Editora Vozes; Bragança Paulista: Editora Universitária São Francisco, 2015.

[184] Nietzsche, F. *Obras incompletas*. São Paulo: Editora 34, 2014, fragmento 38 [12].

[185] Kant, I. *Crítica da faculdade de julgar*. Petrópolis: Editora Vozes; Bragança Paulista: Editora Universitária São Francisco, 2016, p. 157.

[186] Ibidem.

predomine seria um mundo de *afetos baixos*. Mas não é esse o caminho que estamos tomando?

303 *Uma genealogia do liberalismo moderno*

E se uma sedutora ideia moderna, hoje comum entre jovens no Brasil, tiver uma origem vil? Ora, ideias modernas com origens vis não são novidades, já disse Nietzsche em suas genealogias. Hoje, neste país, jovens são seduzidos pelo liberalismo em suas diversas formas. O liberalismo — que é a visão de mundo segundo a qual a liberdade individual, o livre mercado e a diminuição do Estado são valores — tem a sua origem, segundo o meu olhar, na mentalidade do mercador. Já em Aristóteles, a pólis fundada a partir de mercadores era uma preocupação. Um Estado, cuja classe dos comerciantes fosse a mais influente, teria como principal característica a liberdade de trocas de mercadorias. Escreveu Aristóteles em *A política*: "Aqueles que fazem da sua cidade um mercado aberto a todos só têm em vista o lucro".[187] E visar exclusivamente ao lucro e à livre troca de mercadorias é digno de homens baixos, segundo o estagirita. Esse é o motivo para Aristóteles não conceder a atividade política a comerciantes. Aristóteles desprezava tais homens porque a sua política era, acima de tudo, uma política das virtudes — algo que comerciantes não têm, segundo o gênio grego. Homens que visam somente a fazer negócios são mal vistos desde a antiguidade grega. No entanto, hoje são capas de "importantes" revistas, são *empreendedores* dignos de admiração de miseráveis e incautos. Não me surpreende a moda de ideias liberais numa modernidade em que o burguês tenta, e muitas vezes consegue, o protagonismo. No burguês ávido por lucros podemos traçar uma genealogia do liberalismo moderno. Podemos também rejeitar um liberalismo dominante e a sua fundação do Estado a partir do indivíduo pois a crença no "indivíduo livre" é mais uma crença moderna que cai diante de uma atenciosa investigação. Os gregos não tiveram uma noção de indivíduo livre no sentido moderno. A liberdade, que surge em Aristóteles, por exemplo, na democracia, é a liberdade para participar na vida política: ser eleito, eleger, e julgar os rumos da pólis. Hoje a ideia de liberdade moderna é ficcional, assim como a ideia de partícula livre na física. Na física moderna (algo impensável para os antigos), pode-se pensar em partículas livres, que

---

187 Aristóteles. *A política*. Bauru: Edipro, 2009, (1327a30).

não interagem. Ora, isso é uma simplificação física e nunca deve-se esquecer. Mas no campo da política moderna, a noção de indivíduo livre, que fundaria o Estado liberal, parece ignorar que um indivíduo não é um átomo social ou uma partícula livre. Um indivíduo é um *processo de individuação*, que surge a partir de um meio, segundo o filósofo francês Gilbert Simondon. Nesse caso, a construção do "eu", supostamente "livre", dá-se pela aceitação da participação do outro nesse processo. Ou seja, aquilo que a individuação "faz aparecer é não só o indivíduo, mas o par indivíduo-meio",[188] escreveu o francês. Algo sofisticado — que a miserável mentalidade mercantil jamais conseguirá *compreender*...

304 O filósofo do sertão

Riobaldo, o sertanejo que se diz ignorante, no *Grande Sertão* de Guimarães Rosa, de ignorante não tem nada, ou pouco tem. Quando fala de algo estimado por nós (modernos), a liberdade, algo tomado por muitos como um dado, algo que muitos não problematizam, seja por ignorância ou por falta de um bom julgamento, o sertanejo diz sem duvidar: "liberdade .... é só alegria de um pobre caminhozinho, no dentro do ferro de grandes prisões".[189] Riobaldo passou pela grande filosofia moderna... sem o saber.

305 A economia é secundária

Todo aquele que leva a economia muito a sério, como dogma ou como a Verdade, deve ser motivo de risos. O pior é fundar uma sociedade e pensar a cultura a partir de "verdades" econômicas ou modelos econômicos. Isso só pode ter origem em pessoas de pouco entendimento e julgamento invertido. Pois assumem o agente econômico como aquele que funda o ético e o político (e não o contrário!). Acreditam no agente econômico como o agente que busca um bem, mas é o bem econômico como o Bem em si. A sua lei moral viria do mercado e a sua vontade seria supostamente livre assim como o mercado. Esse tal mercado só pode ser suprassensível, minha gente, porque tudo o que

---

[188] Simondon, G. *A individuação à luz das noções de forma e de informação*. São Paulo: Editora 34, 2020, p .16.
[189] Rosa, J. G. *Grande Sertão: Veredas*. 19ed. Rio de Janeiro: Nova Fronteira, 2001, p. 323.

é sensível e empírico é condicionado, não é livre! Sendo o mercado livre uma ficção, a economia para essa gente é, no fundo, *metaeconomia*!

306 *Dívida pública*

Sendo um físico teórico com tendências filosóficas — caro leitor, são tendências salutares! —, vou até onde podemos chegar, ao âmago, ao ser, ao *arché* ou princípio da realidade, ao "fundamento" a partir do qual tudo existe. E na economia política, um "fundamento" que nos conta o porquê de sermos assim e não assado — aquilo que determinou o nosso passado, determina o nosso presente e determinará o nosso futuro — chama-se dívida pública. Quase todas as discussões sobre déficits, superávits e reformas são distrações ou cortinas de fumaça para que se esqueça a dívida pública. Banqueiros e rentistas gostam dos bilhões dos juros da dívida que lhes são pagos e usam cortinas de fumaça para disfarçá-los. Sim, amigo, é dinheiro público que alimenta esses podres de ricos. Um dia, quiçá não muito distante no espaço-tempo em nosso *cone de luz futuro*, popularmente chamado de "nosso futuro", banqueiros e rentistas serão menos "qualificados" — serão somente podres.

307 *Contra uma globalização*

Há globalizações, e há quimeras. Uma globalização que pode ser chamada de homogeneização é apenas uma quimera. Se pensarmos, com o filósofo francês Gilbert Simondon, que um ser vivo, cultura ou povo é um *processo de individuação atuando*, a tentativa de homogeneização é a tentativa de aniquilação. Pois homogeneizar significa tornar igual — o que vai na contramão de um processo de individuação. Um processo de individuação é, no fundo, diferenciação, tornar-se outro. O oriente — sempre diferente — não se tornará igual. Sempre haverá forças contrárias e resistências, para a tristeza do impulso fascista ou homogenizador.

308 *Mercador*

E se o mercador globalizante, aquele de espírito vil, desprezado por virtuosos, for o grande "salvador" do mundo hoje? Uma guerra mundial poderá atrapalhar negócios para os que defendem livres mercados e ausência de fronteiras. Esse homem vil quer a "paz", que fique claro, mas apenas para fazer negócios. É ainda vil...

309 *Público e privado*

Não é curioso que inclinações político-partidárias possam ter mais força do que o gosto artístico em algumas situações? Alguém que se coloca ao lado de uma forma de pensar político-partidária muitas vezes pode "aparentemente" desistir do seu artista favorito ao saber que tal artista pensa de forma diametralmente oposta à sua na política. As alegrias da obra do artista seriam deixadas de lado depois de saber que o então amado artista não defende as mesmas ideias políticas. Existem muitos exemplos por aí. Chico Buarque "parece" que perdeu fãs, pois ao defender Lula e o Partido do Trabalhadores, o gênio da música passou a ser odiado por aqueles que se assumiam amantes dos seus versos. É uma questão de pertencimento. Inclinações políticas fornecem um forte sentimento de pertencimento. Num partido ou numa posição política, o seu seguidor critica publicamente os seus opositores. O sentimento de pertencimento à posição política nesse caso fala forte e obriga a declarar os seus iguais e os seus diferentes. Mas podemos supor que — um desses que tem criticado Chico Buarque — na solidão do seu quarto, longe de seguidores políticos, lembra do seu amor ao artista, e não é difícil imaginar um bolsonarista cantando baixinho "Vai Passar" no silêncio do seu quarto. É o privado contra o público mais uma vez atuando.

310 *Lulismo*

Negando um mundo em si ou uma verdade única, resta-nos interpretações, olhares — que são mundos. Que não se despreze o que Lula fez durante os seus governos. No economês há pontos positivos quando governou. E "o povo" se lembra, o olhar ou "o mundo" de muitos é saudoso. É a única razão para Lula ainda ser o principal político no Brasil. Mas Lula pode ser prejudicial. O lulismo pode embotar. O lulismo pode ser até mesmo antipetista porque coloca o indivíduo, Lula, acima do partido. O homem moderno — um homem de rebanho como uma grande inteligência afirmou — é o homem do partido. Faz política partidária e esquece-se que há políticas *além* do partido. A figura de Lula pode colapsar até mesmo o sistema pois, por ser dominante em relação ao partido, não faz epígonos. É por isso que ainda querem Lula, só veem Lula.

311 *Um partido é uma organização mas não criminosa*

Em geral, o ser humano moderno, no ocidente, é partidário. Pois os partidos são a forma ou o meio com que se faz política hoje na era moderna. Antes, por exemplo na Grécia antiga, que nos ofereceu a noção de democracia, a participação era direta, e não havia a necessidade de partidos como meios assim como conhecemos hoje. Além da forma ou meio como se pratica a política moderna, o partido fornece um grupo e um sentimento de participação ou pertencimento. O ser humano é um animal gregário, é necessário participar de algo para que se sinta *humano e alegre*. Logo, o pensamento atomizante — de quem acredita numa contraditória vida social apenas pensando em si mesmo — é um embuste de mesquinhos tristes. Depois de dito tudo isso, faço uma defesa, não por ser um participante, mas por ser *justo*. Um dos maiores partidos no Brasil é o PT, com mais de 1,5 milhão de membros. Chamar o PT de organização criminosa é ofender não apenas os seus líderes (e alguns podem até merecer), é ofender mais de um milhão de pessoas. É criar uma organização criminosa de mais de um milhão de criminosos! Isso não me parece razoável.. Ainda mais porque há e houve bons governos petistas. Aqui parece-me existir a mesma falha de quem não sabe a diferença entre Estado e governo — uma falha comum em discussões na internet. A falha, nesse caso, surge como não diferenciação entre partido e governo. Quando se critica um governo, preserva-se o partido. A ideia é preservar instituições e grupos importantes. Membros do PT cometeram erros em alguns governos e acertaram em outros. A crítica deve sempre ser feita mas sem criminalizar o partido ou querer a sua destruição. Nos EUA é comum, ao invés de dizer governo democrata ou republicano, usar o nome do presidente para designar um governo. O governo Obama (*the Obama administration*) é um uso mais sábio porque evita que o partido, o Partido Democrata, seja alvo de uma crítica que deve ser dirigida ao governo. Mesmo com críticas a Trump, muitos sabem da importância do Partido Republicano e evitam confundi-lo com um governo como o de Trump.

Aqui, nesse exemplo, fica clara a preservação da instituição para a vida política e do grupo como essencial à vida social.

312 *Falha à esquerda*

Uma pesquisa de opinião de uma conhecida fundação ligada ao espectro político à esquerda tentou descrever a população de baixa renda. O que os pobres pensam, sentem e desejam é de muita importância a quem planeja algo em escalas maiores. O levantamento, *Percepções e valores políticos nas periferias de São Paulo,* da Fundação Perseu Abramo,[190] mostra que o pensamento da esquerda brasileira falhou num dos mais importantes pontos: não despertou no povo a crença nos principais *artigos de fé* de socialistas e comunistas. O povo — a maioria — não tem ideia alguma do conceito de luta de classes, nem da relação explorador-explorado. Hoje "o povo" pensa como patrão. Parece-me que a distância entre ricos e pobres está, em muitos casos, apenas nos *valores bancários.* Já a proximidade está nos valores morais... Dê milhões a um favelado e verá alguém que se comporta como um "empreendedor de sucesso". As crenças no empreendedorismo e no individualismo são o que movem muitos, independentemente da "classe". A verdade da esquerda não é uma *coisa em si,* um fato. Nem a da direita. Ambas verdades são construções — interpretações a partir de um *caos.* Necessitam de alguma formação e convencimento. Porque não há alguma clara e límpida verdade que não exija algum esforço para ser "provada".

313 *O tipo médico*

A interpretação a partir de classes, ou seja, o estabelecimento de que seres humanos em sociedades dividem-se em classes, que se definem por valores morais e econômicos, não é descabida. Claro, não é uma lei natural e universal, mas "estatisticamente" funciona. Isto é, o homem comum numa classe, o "homem médio", justamente possui várias características que definem a classe. O curioso caso da saída dos médicos cubanos do programa Mais Médicos — saída a partir de um governo de transição desorientado (porque governos

---

[190] Disponível em https://fpabramo.org.br/publicacoes/wp-content/uploads/sites/5/2017/05/Pesquisa-Periferia-FPA-040420172.pdf (Acessado em julho de 2023).

orientados são baseados em partidos fortes, caros modernos!) — ilustra a interpretação por classes. Um jovem formado em medicina, em geral, vem da classe média (seja alta, média ou baixa classe média). Em tal classe, ganhos e gastos ou consumo e ostentação são valores, são buscados por essa gente. Aqui no Brasil, a busca pelo reconhecimento, seja por possuir um alto salário ou uma "alta" formação (que deve necessariamente converter-se em dinheiro, segundo essa gente), marca a classe média. Isso responde à pergunta relativa ao motivo que faz muitos médicos não desejarem ir ao interior para realizar a grande função da medicina: salvar e cuidar. O jovem médico mediano quer grandes centros para consumir, ostentar as suas conquistas e ocupar cargos importantes, logo, a grande função da medicina, para tal tipo, não se mostra a mais valiosa. No interior não há tanto espaço para os seus intentos. Há ainda o médico pesquisador, um outro tipo, que julga não a partir do afeto de alegria do cuidar mas do publicar. Em muitos casos, é somente um operário da ciência e burocrata de altos cargos como *quase* todos os dedicados à pesquisa científica hoje. Parece-me que o antípoda do tipo médico mediano, que parece ser o tipo cubano, está longe não apenas geograficamente mas axiologicamente.

314 *Ich, der Staat, bin das Volk*

"Eu, o Estado, sou o povo" (*Ich, der Staat, bin das Volk*), assim falou Zaratustra. Em sua maior obra, *Assim falou Zaratustra*, Nietzsche usa o seu personagem para falar sobre o maior e mais frio dos monstros, o novo ídolo, o Estado. No entanto, o Estado moderno é o mais desenvolvido artifício para promover um sentido de pertencimento no povo. O povo sente-se como parte do Estado. Não há mais uma coletividade que se une a partir de uma ascendência divina ou heroica. Hoje temos o Estado. Quando um lorpa grita "Estado mínimo!" quer apenas fazer mais dinheiro, pois para tal o Estado é empecilho. Mas com Estado mínimo, a confusão é máxima. Sem um forte sentido de pertencimento, é guerra de todos contra todos. E não é o que *quase* vivemos hoje?

315 Obviedades

Dizer que o capitalismo um dia acabará não é uma grande verdade ou uma impressionante observação. Aqui no reino do vir a ser, o único que há, *tudo vem a ser, surge e desaparece*. Inclusive o capitalismo... e todos os *ismos*.

316 Sangue

Todo *novo mundo* requer sangue. Pois com sangue velhos mundos são lavados. Aos socialistas é fixada a pecha de assassinos pelas revoluções do século XX. Mas quem os critica defende valores modernos, valores que se cristalizaram no Iluminismo e foram a causa de uma sangrenta revolução, a francesa. Qualquer um que fale isso ou aquilo, que defenda essa ou aquela interpretação, seja ou não o higienizado homem teórico, tem no seu falar o sangue de muitos.

317 O conservadorismo pode ser...

O conservadorismo pode ser apenas a incapacidade de digerir a novidade. Pode ser apenas um estômago que rejeita um novo prato. Velhos roqueiros, por exemplo, não conseguem escutar nada novo porque não há mais espaço em seus pequenos estômagos, e músicos eruditos, muitas vezes, têm delicados e frágeis aparelhos digestivos.

318 Conserve só a mudança, assustado!

Um conservador é um indivíduo assustado no turbilhão do vir a ser. Como manter algo se esse algo, como tudo, desfaz-se continuamente num mundo que sempre muda? Não apenas o conservador perecerá, suas ideias conservadoras também. Pois o mundo inteligível — o de ideias eternas e imutáveis, criado por Platão para justificar este mundo perecível que habitamos — é uma *pegadinha filosófica*, assim como todo conservador é uma *pegadinha do vir a ser que quer se passar por ser*. "Tu perecerás com tudo o que pensas, assustado!", disse calmamente o sábio.

319 *Aristocracias*

Schopenhauer, certa vez, escreveu que existem três tipos de aristocracia: a do sangue, a do dinheiro e a do espírito. A primeira quase desapareceu no ocidente. A segunda é alvo dos comunistas e socialistas, que sonham com o seu fim. Para medíocres, a aristocracia do espírito é uma bobagem. Não suportam pensar em diferenças entres humanos. Nietzsche, um antidemocrata, sonhou com o governo da Terra pela aristocracia espiritual, mais uma manifestação de uma ideia platônica. Mas enquanto isso, é a do dinheiro que governa na *maior parte do tempo*, ao contrário daquilo que a fé democrática professa.

320 *Brasil a curtíssimo prazo*

Dentre as seis formas de governo muito bem elencadas por Aristóteles (realeza, aristocracia, república, democracia, oligarquia e tirania), expostas de forma brilhante no *A política*, a modernidade só tem tido, na maior parte dos casos, a oportunidade de prover as três últimas. O Brasil é, em muitas perspectivas, uma oligarquia travestida de democracia — decisões são tomadas por ricos sem considerar os pobres. Mas como a maior parte do país é pobre, ou a desigualdade econômica é enorme, as suas fases oligárquicas serão sempre instáveis devido à pressão popular. A democracia, segundo o gênio grego, é o governo dos pobres. Forma de governo cujo fundamento é a liberdade popular de participar da vida política (1317a40). Não haverá solução diferente a curtíssimo prazo para o Brasil: o caminho será democrático, com exigências populares por igualdade. E caso estas exigências não sejam satisfeitas, o horizonte revolucionário coloca-se pois uma revolução, segundo Aristóteles, é motivada acima de tudo pelo desejo de igualdade (1301b25). Quem não suporta este contexto e não liga para as desigualdades tem duas opções: a implantação do seu regime tirânico ou a fuga.

321 *Política quantificada*

Estamos ainda na modernidade democrática, período em que a democracia representativa é a forma de governo daqueles que precisam da maioria dos votos do povo para governar. Depois de eleitos, os governos ainda contam ou calculam os seus apoiadores. Surgem então as pesquisas de opinião sobre os governos, tem-se então um número para avaliar a quantidade de simpatizantes dos governos. Agora temos também o número de quarteirões na Paulista: a posição política tida como "mais importante" tem que preencher mais quarteirões na avenida. Ora, quem disse que a amostra Paulista é estatisticamente boa? Há Brasis numerosos que não passam pela Paulista, como os dos muito pobres que nem conhecem a famosa avenida. Deixando de lado esse "detalhe" — que curiosamente é quase tudo ou um não detalhe — podemos melhorar essa nova estimativa democrática: não apenas o número de quarteirões na avenida Paulista, mas a densidade superficial de manifestantes por metro quadrado, ao lado da área ocupada pelos quarteirões tomados, tornaria o índice Paulista mais preciso. Mas daí um pouco mais de matemática seria preciso, algo que por aqui é raro.

322 O operador fake

Na antiguidade tivemos um Alexandre, o Grande, supervisionado por Aristóteles, uma das grandes mentes da história. Um grande imperador que teve ao seu lado um grande pensador. Alexandre e Aristóteles dificilmente serão apagados na história. No Brasil tivemos Bolsonaro, o Pequeno, e Olavo de Carvalho, uma das pequenas mentes do país, algo que ficará na história somente pelos danos causados. Um grande líder pode colher bons frutos ao lado de uma grande inteligência, ou seja, pode ter, como os gregos chamavam, a sua paideia desenvolvida, a sua formação amplificada. Mas no nosso caso, no Brasil, tivemos apenas uma *paidiotice* praticada por um filósofo *fake* e um presidente *fake*. Como a *faketude* é uma característica comum nas duas personalidades brasileiras, podemos expressar, matematicamente e de forma elegante, esse fenômeno *fake* brasileiro a partir da equação: *fake* (presidente + filósofo) = antipresidente + antifilósofo = paidiotice. Portanto, como podemos notar, o operador *fake* inverte as funções e as propriedades.

323 Quem são os políticos?

Políticos não são alienígenas, são homens morais, imorais, tacanhos ou não. Culpá-los pelo mal é insistir num erro: acreditar que eles são maus e o povo bom — acreditar que o povo é *humilde* e *bom* é algo cristão. Então, despindo-me da avaliação cristã, não vejo muita diferença entre o povo e os seus políticos nos dias de hoje. Vivemos em tempos democráticos, ou seja, políticos não só representam o povo como são exemplares deste. A diferença que existe entre os políticos e o povo é, em geral, uma diferença de *grau* e não de tipo. A corrupção — comum na vida de muitos não-políticos também —, no caso de um representante do povo, custa mais caro. O grande problema para mim, que não será resolvido tão cedo, é a falta de um fim grandioso, ou seja, uma meta, uma finalidade, por parte de *muitos* políticos, para construir algo superior. Não quero uma política partidária cristã — concordo com Maquiavel e o seu *O príncipe* neste ponto. Quero uma política que proponha um grande fim, uma grande meta. Esta parece ser improvável nos dias de hoje onde uma visão tacanha e imediatista domina *quase* todos.

324 *Estado lamentável*

Vocês não se incomodam como a política é feita no Brasil? O debate, necessário à democracia, é substituído pelo processo judicial, e o projeto de lei perde espaço para o habeas corpus. Viramos um Estado de polícias e juízes. Onde estão os grandes projetos nacionais, de cultura, num sentido que envolva ciência, arte e formação? A forma como se faz política por aqui, preocupando-se mais com questões legais do que com o conteúdo de grandes projetos, o interesse particular acima do coletivo... Aí está, no tacanho olhar individualista, um motivo para a nossa situação. O individualista, ainda um animal político, busca justificar na lei o seu interesse, disfarçando-o como interesse de todos. E para isso, seja quando consegue ou não, apela a advogados contra polícias e juízes. E assim temos tudo aquilo que vemos *quase* todos os dias.

325 *Saldo eleitoral negativo*

A grande filosofia, aquela quase inacessível a todos, há muito tempo desconfia daquilo que as pessoas chamam de realidade. O que é real? O que de fato aconteceu e acontece? Aquilo que é mais avançado no pensamento humano hoje (no ocidente) diz que aquilo que consideramos "o mundo" não é "o mundo". Um mundo independente dos nossos afetos e sentidos não é sequer um mundo. Sendo assim, aquilo que chamamos de realidade tem uma carga humana, depende dos meios como observamos e pensamos "o mundo". A realidade para as massas depende fortemente de jornalistas e marqueteiros. Seus apressados juízos são facilmente realizados a partir de redes sociais e sites de notícias. A formação é precária porque, em geral, a formação daqueles que influenciam é igualmente precária. Sendo a política moderna em sociedades democráticas realizada a partir da noção de partido e representação, é necessário um grande esforço para criar um mundo para as massas votantes: mundo que beneficie quem o cria e não quem o aceita. O esforço para eleger Bolsonaro foi tremendo. Para elegê-lo foram criados inimigos "ameaçadores" para que a massa o escolhesse para combatê-los. A escolha da massa, muitas vezes, foi guiada pela negação dos "inimigos" e por medos ao invés da proposição de caminhos. Os inimigos ameaçadores e os medos que despertam — a psicologia de grupo já disse isso antes — unificam a massa. Há uma causa em comum para lutar. Com a ajuda de uma parte da imprensa e marqueteiros, medos foram despertados. Mas aquilo que desperta um medo, em geral, não está diante dos olhos das pessoas, não existe, é apenas uma "invenção" — é apenas a fábula de um fictício futuro que amedronta. O que é dado aos sentidos de cada um, aquilo que é testemunhado, é apenas uma fração daquilo que é afirmado ou combatido. Todo o restante é apenas fantasia. Mas jornalistas e marqueteiros não são os "responsáveis". Por trás deles há uma elite que, acima de tudo, é econômica. Hoje, para muitos, faz parte da elite quem tem o capital. A chamada elite intelectual, muitas vezes, nem sequer é ouvida. Os homens e mulheres de negócios da elite econômica buscam o domínio das massas. Claro, um domínio sutil, em que o chicote é substituído por memes. A eleição de Bolsonaro rompe um possível trabalho em conjunto das duas únicas elites que ainda exitem. Se a nobreza de sangue, que era uma elite, foi quase extinta, sobraram duas: a intelectual e a do dinheiro. Penso que em nosso tempo somente o trabalho em conjunto das duas elites podem promover algo grandioso. No entanto, um governo Bolsonaro foi rechaçado por intelectuais. Sobrou, então, somente a elite econômica para compor o governo. Mas a elite econômica sem o "espírito" é tosca e brutal. Tivemos, então, um governo brutal? Sim.

326 *Fuzzendo uma eleição*

O processo de individuação *fuzzy*, matematizado recentemente,[191] mede o grau de pertencimento ou o grau de individuação de um indivíduo e, até mesmo, o de uma nação. Podemos usá-lo como um índice eleitoral, dividindo candidatos e candidaturas. Existem candidatos que reforçam o processo de individuação brasileiro e os que quase o anulam. Aqueles que querem reforçá-lo buscam uma soberania e uma boa dose de independência nacional, ou seja, para tais candidatos o processo de individuação brasileiro deve prosseguir para que esta terra chamada Brasil continue sendo uma nação única, diferente, para que possa ser identificada por suas características próprias e seus elementos autóctones, que são frutos de sua rica cultura. Nesse caso, o índice da individuação brasileira assume um valor alto, indicando a não submissão do país a uma potência estrangeira. Ou seja, um Brasil com um alto grau para o seu processo de individuação individua-se, torna-se diferente e resiste a tentativas de apropriação estrangeira. Já os candidatos que buscam a diminuição do processo de individuação brasileiro pensam como colonizados e exploradores estrangeiros, ou seja, pensam um Brasil somente a partir de valores importados e elementos alóctones. Nesse caso, inúmeros Brasis correm risco de extinção pois aquilo que vem de fora, em geral, quer homogenizar, acabar com o diferente e interromper o processo de individuação.

327 *Para além das esquerdas e das direitas*

Há algo além das esquerdas e das direitas? O que era um grego que discursava na ágora? Um esquerdista ou um direitista? Nenhum dos dois. Ambas as categorias são modernas, invenções recentes. Então, pode-se fazer política além da esquerda e da direita? Podemos colocar-nos diante da política como Nietzsche colocou-se diante da moral, *além do bem e do mal*? Além da esquerda e da direita, nesse caso, significa começar pelo reconhecimento de que ambas têm um solo comum: a metafísica platônica e o "platonismo para o povo", o cristianismo. Uma política além da esquerda e da direita está além da metafísica e do cristianismo. É um posicionamento *antifundacionalista*, ou seja, nega-se qualquer fundamento último, verdadeiro e imutável. Nietzsche a chamou

---

191 Neves, J. C. S. A fuzzy process of individuation. *The Journal of Mathematical Sociology* 44 (2), 90-98, 2020.

de *grande política*. Vocês percebem a amplitude disso? *Antifundacionalismo* e *grande política* significam, "simplesmente", a rejeição de *quase* todo o discurso atual com suas esquerdas e direitas.

328 Capitalismo, socialismo e seus filhos aparentados

Ora, existe um parentesco entre o capitalismo e o socialismo com todos os seus filhos. E aqui não falo do cristianismo e todos os seus *erros*. A valoração da ciência também ilustra essa proximidade. A física de Feynman, nos EUA, era a mesma de Landau, na União Soviética. Para ambos, a ciência era uma linguagem universal. Em ambos os casos, a ciência fortalecia o Estado, era uma ferramenta imprescindível para a *dominação*.

329 Chigaliovismo como o limite do socialismo e do comunismo?

Uma aula de cálculo diferencial e integral: teoria dos limites. Seria o chigaliovismo o limite para o socialismo e o comunismo? Quando a variável tempo tende a um valor *grande e finito*, socialismo e comunismo tenderiam ao chigaliovismo? Ora, em *Os demônios*, Dostoiévski descreve a doutrina de Chigaliov: um décimo das pessoas comandaria nove décimos. Na maior parte, a escravidão, o total nivelamento e igualdade. Toda a busca por saber e conhecimento seria interrompida. O chigaliovismo buscaria a não formação do homem excelente e acima da média, pois segundo Piotr Stiepánovitch, entusiasta da doutrina, deve-se "rebaixar o nível da educação, das ciências e dos talentos. O nível elevado das ciências e das aptidões só é acessível aos talentos superiores, e os talentos superiores são dispensáveis! Os talentos superiores sempre tomaram o poder e foram déspotas, sempre trouxeram mais depravação do que utilidade; eles serão expulsos ou executados. A um Cícero corta-se a língua, a um Copérnico furam-se os olhos, um Shakespeare mata-se a pedradas — eis o chigaliovismo."[192] Que não seja esquecido aqui o grande avanço científico e tecnológico da União Soviética. Mas todo o esforço científico era voltado ao Estado, não à formação do *homem superior*. Pois a formação científica tem sido destinada, desde o século XIX, à proliferação de mão de obra e de homens que não causam preocupações, como o *bom soviético*. Tento enxergar

---

192 Dostoiévski, F. *Os demônios*. São Paulo: Editora 34, 2004, p. 407.

um nome *excelente* em Cuba ou na antiga União Soviética. Alguém como o próprio Dostoiévski, um homem das artes, um espírito arguto e um bom leitor da "realidade". Busca infrutífera? Já não seria um sintoma do chigaliovismo?

330 *Política "científica"*

Um problema na política — um problema de muitos políticos e eleitores: a ausência de uma postura científica. Sim, na política a ciência, ou a postura de um experimentador, pode-nos ajudar. Ao invés de soluções milagrosas e instantâneas, a experimentação. Com essa postura, governados teriam mais paciência, e governos mais possibilidades e alternativas para experimentar o novo. O erro, numa experiência malsucedida, seria mais aceitável. Diante de uma modificação contraproducente, o retorno ao estado anterior para uma busca de novas opções seria considerado normal.

331 *Monarquistas em 3D*

Talvez, *apenas talvez*, o interesse anacrônico de jovens pela monarquia como forma do Estado tenha origem no excesso de filmes inspirados na idade média em que reis, rainhas, príncipes e princesas são os personagens principais. Esse excesso de entretenimento fácil e maniqueísta teria promovido a imersão dessa gente em filmes medievais, algo que pode gerar uma estranha sensação de realidade. E como muitos daqueles filmes são em 3D, essa gente fica paralisada na longínqua idade média, pois a "realidade" é, na "verdade", em 4D (espaço-tempo, ou seja, 3 + 1 dimensões). Falta-lhes a coordenada temporal para julgar aquele interesse anacrônico.

332 *Especialistas em rede*

Especialistas em rede — essa gente conectada... E nas possíveis configurações, têm dado preferência às redes não centralizadas, onde todos têm um papel ativo e igual. Dão exemplos de cardumes, passarinhos e tudo aquilo que consideram grandes obras da organização não centralizadora. Claro, a internet é um dos exemplos. Mas dois peixes ou dois pássaros são iguais? Como podemos afirmar categoricamente que não há algum poder central? Não seriam os sentidos dos especialistas em rede grosseiros demais para ver diferenças? Ou o desejo de afirmar a deusa Democracia é o mais forte nisso? Como negar a *beleza* de dinastias, ou impérios centralizadores, ou figuras dominantes? Devido à impossibilidade da igualdade na realidade, sempre haverá um *épsilon* a mais para alguém. E redes de agentes *iguais* não passam de ficções. Mesmo a de computadores: dois nunca são iguais. São? São os seus sentidos grosseiros, caros especialistas em rede!

333 *Economistas: a falta e o excesso de economia*

A falta e o excesso de economia dos economistas... Mas dão motivos para isso. O discurso político é dominado pelo *economês*. Um presidente, em sua mensagem de fim de ano, falou em reservas cambiais. Reservas cambiais! Certa vez, conheci um pedante pós-graduando em economia que me disse: "Tudo é economia!" Não é recente essa constatação — a de que existe uma falta de medida e modéstia por parte desses técnicos. No *Górgias*, Platão escreve o que um especialista em finanças diria a Sócrates sobre sua arte e sua importância: "Ora, pondera, Sócrates, se podes descobrir um bem (...) que seja superior à riqueza."[193] Ora, economista, não só Sócrates pode!

334 *PIB*

Previsão de economista é como palpite de jogo de futebol. Pode mostrar mais a inclinação ou o time pelo qual se torce do que uma previsão a partir de uma lei objetiva que governa fenômenos causalmente e deterministicamente. Previsão de PIB expressa somente esperanças e medos, ou seja, afetos que dizem respeito a alegrias e tristezas futuras. Atribui-se, então, um número para fins de comunicação de um afeto e, acima de tudo, para fins de convencimento. Mas o número, a previsão, é só um indicativo de uma esperança ou de um medo do economista que o projetou. E nem sempre uma previsão negativa é sinônimo de medo ou uma positiva é sinônimo de esperança. Depende de qual lado o economista está, na situação ou na oposição. Depende de qual time se torce.

---

193 Platão. *Diálogos II: Górgias*. Bauru: Edipro, 2007, 452c.

335 *Vacinação da economia ou das pessoas?*

Na pandemia do COVID-19, escutei muito algo como "a vacina irá tornar possível a recuperação da economia" e não "a vacina irá tornar a vida social novamente possível". Subsumir tudo na economia, atribuindo o maior valor à economia, é tacanho. Pois uma economia deve ser um meio para um fim. E os fins, caro leitor, são sempre maiores do que os meios. Ou você constrói uma casa para encher laje? Eu construiria uma para ter um maior conforto. Mas tem gente que prefere as taxas ao invés do bem comum, o controle dos gastos ao invés de um desperdício pujante. Quem não enxerga fins mostra uma limitação, pois os fins nem sempre estão a um palmo. Fins são obras da imaginação, são algo futuro, já os meios podem estar totalmente no presente. É comum ricos economistas com uma pobre imaginação — e são esses que falam em salvar a economia e não vidas.

336 *Esperantina para o deus Mercado*

A esperança é uma tristeza, já dizia Spinoza. Uma tristeza que surge a partir da dúvida sobre algo bom, motivo da esperança, que poderá ou não nos atingir. Os famosos remédios defendidos para o tratamento e prevenção da COVID-19, a cloroquina e qualquer outra "ina", eram motivo de esperança para muitos que acreditavam em algum efeito benéfico que podiam ter. O problema aqui não era a esperança num medicamento, o problema era insistir em tal esperança ou medicamento mesmo com a abundância de estudos que mostram a ineficácia desses tratamentos. Se no início da pandemia era razoável ter alguma esperança em tratamentos com tais medicamentos ou tais "inas", com o passar de 2020 tal esperança esvaiu-se, e recomendar tais medicamentos tornou-se, no mínimo, charlatanismo. Mas por que tantas pessoas, inclusive o próprio governo à época, recomendaram as "inas"? Pois queriam criar alguma esperança no povo. O problema aqui foi a tentativa de criar esperança a partir de algo que fracassou, no caso os tratamentos com "inas", para insistir no discurso de uma normalidade que deveria ser assumida com vistas à diminuição das perdas econômicas. Portanto, por trás da esperança de um tratamento com uma "ina" qualquer havia somente a preocupação com o deus Mercado. Assim que uma vacina tornou-se viável, as "inas" foram deixadas de lado pelo governo, pois agora uma vacina traz não mais uma esperança, mas uma certeza.

E uma certeza, já dizia Spinoza, é uma alegria que surge a partir da confiança sobre algo bom, motivo da certeza, que poderá nos atingir. Com uma vacina, a primeira certeza para o governo era a certeza da recuperação econômica ou da saúde do deus Mercado. A certeza sobre a preservação de vidas parece-me secundária para esses charlatães.

337 O problema homem

Não se deve levar a sério quem afirma que "basta gerar riquezas e tudo estará resolvido". Quem assim pensa não foi a fundo no problema. O problema aqui, que chamo *O problema homem*, surge no mundo moderno, onde a questão "O que é humano?" tem novas e inauditas respostas. O que se vê nas profundezas hoje, com respeito ao problema homem, indica que pensar no humano somente a partir da geração de riquezas, ignorando a morte de Deus ou o abismal inconsciente humano, é coisa de gente de superfície. Não se deve ficar surpreso pela simplicidade dessa gente, pois a sérias filosofias estão impedidas por diversos motivos. Aristóteles defendeu até mesmo a não participação na vida política na polis dessa gente de negócios, aqueles que pensam somente em "geração de riquezas". Esse tipo não tem condições de um pensar sério, o excesso de trabalho ordinário as fatiga. Hoje esse tipo de gente presta homenagens a empreendedores bilionários, homens que ficaram ricos com a alta tecnologia, gente que provavelmente tem um *curto* entre as pernas. Ora, talvez esse seja o problema deles — um problema de homem.

338 Pé do ouvido

É quase certo que, mesmo se tivéssemos o mais racional dos presidentes, o mais científico dos governadores e o mais positivo dos prefeitos, ainda teríamos um grande número de mortos e doentes por COVID-19 no Brasil. É evidente, caro leitor, que abestados que exercem o poder por aqui ajudam a piorar as coisas, mas as trapalhadas desses não nos contam tudo. Muitos países do ocidente mostram um desempenho pior do que países do oriente no que diz respeito à doença. Por lá, na China, Japão ou Coreia do Sul, um espírito mais comunitário parece ajudar no controle da doença. Por aqui, o individualismo e a falta ou o enfraquecimento dos laços sociais favorece o contágio. É como se um típico ocidental se considerasse mais "indivíduo" do que um oriental, menos fortemente ligado ou pertencente a uma coletividade. No entanto, é o senso de pertencimento a uma coletividade que diz ao pé do ouvido: "Use a máscara por nós". Ao que tudo indica, caro leitor, o pé do ouvido oriental é mais *frutífero* no combate à doença.

339 *Realidade filmada*

Com a antecipação de vários mundos possíveis pelo cinema, a pandemia de COVID-19 despertou um sentimento em muitos, algo que surge a partir da lembrança de filmes de ficção científica, filmes que abordaram o fim ou o potencial fim do mundo. "Parece um filme!", disse uma atônita testemunha diante da real crise mundial. O cinema impôs um critério de realidade. A descrição de muitas vítimas de ataques terroristas também enfatiza uma ficcionalidade dos ataques. Ou seja, as vítimas igualmente dizem que os ataques lembram cenas de filmes. Mas isso não demonstra a falsidade da crise mundial ou dos ataques, assumida por adeptos de conspirações. Temos aqui um sintoma da construção de um mundo por filmes. É o filme, a irrealidade, a ficção, que se torna a "realidade" — moldando "o mundo", servindo como referência, antecipando-se como critério de realidade. Então, não é a arte que copia o mundo, é "o mundo" que copia a arte a partir desse critério.

340 *Tem culpa China?*

Um vírus é de esquerda ou de direita? O tensor de curvatura na teoria da relatividade é oprimido ou opressor? As mudanças nas espécies são revolucionárias ou reformistas? Meu amigo, essas perguntas são sem sentido. Tentar reduzir tudo à perspectiva política gera perguntas estranhas. Querer tudo reduzir à política é pequeno. Há várias perspectivas para "o mundo": a política, a ética, a estética, a física, a metafísica. E as perspectivas não se sobrepõem em certos casos. Adequemos as perspectivas aos seus domínios, mesmo que tais sejam difíceis de delimitar. "A culpa da pandemia é da China!", dizem aqueles que querem odiar algo ou alguém. Mas a culpabilidade diz respeito à liberdade. Ou seja, algo é culpado somente porque foi livre para escolher e agir equivocadamente (ou acertadamente). Um Estado pode ser culpado? Não, pois não tem uma faculdade ou capacidade de desejar, muito menos uma faculdade de desejar livre. E os seus dirigentes? Para mim, nem estes... Mas assumamos que sejam livres, logo, no máximo, poderemos acusá-los somente de incompetência para conter a pandemia. Porque acreditar num plano de contaminação mundial é apelar a uma exagerada fantasia para afastar o tédio. Em tais fantasias, a "lei da causalidade" é aplicada de forma abusiva, como se tudo fosse mecanicamente determinado. Além disso, se olharmos o saldo mortal da pandemia, veremos que a incompetência maior, no início, estava na Itália. Nesta, a taxa de mortos por vivos foi maior do que na China, e muitos dos nossos casos tiveram uma origem italiana. A "culpa", então, teria sido da Itália? Claro que não!

341 *EUA e Irã: a bomba nuclear*

Uma relação de desconfiança. Pois não permitir que o Irã fabrique a bomba nuclear significa não confiar no Irã de antemão. Significa tratar o Irã como *suspeito*. Os embargos econômicos são retirados; o Irã cede e desiste da bomba. Como? Somente os iranianos ocidentalizados aceitarão isso. Os do outro lado, não. Pois é muita desconfiança e baixa estima por parte dos EUA. Por mais estranho que pareça, muitos dizem que a bomba nuclear "promove" a paz. Pelo menos confrontos intensos e diretos entre Estados portadores da bomba não ocorreram desde a sua invenção. Penso que numa situação extremíssima, a bomba ou a força em sua máxima intensidade poderá ser usada, contrariando então os "promotores" da paz. Assim como num rio na África onde hipopótamos e crocodilos convivem. São forças equivalentes. Ambos *sabem* que podem matar ou morrer. Há uma convivência pacífica por algum tempo. Em casos extremíssimos, confrontos ocorrem. E uma das partes do conflito perece. Ou até mesmo as duas. A partir desse exemplo, entendemos o ponto de vista de Hans Jonas contrário à bomba nuclear, pois sua fabricação coloca no horizonte a possibilidade de um extermínio total, contrariando a suposta "promoção" da paz.[194]

---

194 Veja, Jonas, H. *O princípio responsabilidade: ensaio de uma ética para a civilização tecnológica*. Rio de Janeiro: Contraponto: Ed. PUC-Rio, 2006.

342 Porta-aviões e o desprezo

Todos os países têm tropas, muitos têm tanques, jatos, submarinos mas poucos têm porta-aviões. E somente um país tem inúmeros porta-aviões — este país é os EUA. Um porta-aviões não é uma máquina de defesa, é uma máquina de ataque, de expansão e de domínio. Pois um porta-aviões transporta toda uma base militar para um ataque em qualquer mar do mundo. O porta-aviões é a máquina do desprezo, símbolo de um império soberbo. Quem mais o tem mais despreza. Os EUA são o grande desprezador no mundo.

343 Negócio para porcos

Quando você ouve as notícias de que inúmeras fabricantes de armamentos tiveram um aumento nas vendas, em pleno ano de pandemia, e que se consome trilhões no setor de defesa, num mundo de bilhões de famintos, pobres e miseráveis, é natural uma tristeza, caso você não seja alguém já totalmente *deformado*. Estamos armados até os dentes, mas apenas para ostentar como aquele que sorri com os dentes de ouro e hábitos de porcos. Faz-se das armas um bem que deve ser sempre atualizado mas nunca integralmente usado. Pois, caso contrário, caso fosse totalmente usado, o mercado e os lucros acabariam, assim como o próprio mundo. No final das contas, com ou sem álgebra, é só um negócio para porcos.

344 Irmandade mesquinha

Se o conhecimento científico atual já demonstrou a origem comum de todos os seres humanos, por que então não nos tratamos como irmãos? Por que não dividimos o que temos como bons irmãos? Seria algumas religiões, aquelas que defendem uma origem diferenciada de seus seguidores, o motivo da recusa daquele conhecimento científico? Ou seria somente a constituição dos Estados Modernos, algo que divide claramente o que é nosso daquilo que é dos outros. Neste caso, pode-se até aceitar aquele conhecimento científico, mas age-se como um irmão mesquinho: "O que é meu é meu, o que é seu pode até ser meu também!" E irmãos mesquinhos existem, sem dúvidas.

345 Pra começar...

"Pra começar, quem vai colar os tais caquinhos do velho mundo?", diz a música. Mas como o velho mundo se parece com o preconceito, que depois de quebrado não tem mais jeito, eu digo então: "Pra começar, quem vai moldar os tais caquinhos num novo mundo?"

346 Coaches

Erro de *coaches*: crer em regras que sirvam para todos em "experimentos" reproduzíveis. É a crença num determinismo em que dadas as "mesmas" condições iniciais, tudo seguiria sempre para o mesmo desfecho. Ora, *coaches* desconhecem os limites do determinismo e mesmo as condições iniciais.

347 Einstein tinha nutrientes

Numa série de TV sobre a vida de Albert Einstein, um capítulo de sua vida me chamou a atenção. Não me lembrava de tal, pois já faz uns bons anos que li *Sutil é o Senhor*, de Abraham Pais, considerada uma das melhores biografias do físico alemão. Aquilo que me chamou a atenção foi o que aconteceu a Einstein depois de formado e antes de ter um emprego definitivo na universidade. Einstein, com dificuldades financeiras, teria dado aulas particulares até mesmo para um adulto rico e desocupado. O que chamou a minha atenção foi o gosto daquela elite econômica, representada pelo rapaz boêmio, pelo conhecimento bem estabelecido. Einstein teria sido contratado para "maravilhar" o rico ocioso, preenchendo o seu tempo com grandes ideias da física. Hoje a elite econômica busca a leitura de autoajuda, os *coaches* e toda uma *fuleiragem* sem nutrientes. O *fast-food* intelectual reina num mundo de subnutridos.

348 O melhor de todos os tempos... desde ontem

Eleger, escolher, estabelecer... *ações humanas, demasiado humanas*. Mas quando não se tem uma alta formação, a humanidade diminui. O maior artista da história é estabelecido somente entre os que foram gravados ou fotografados. O maior atleta de todos os tempos é escolhido a partir das últimas olimpíadas em *high definition*. O maior pensador já visto na Terra é eleito a partir de vídeos com o maior número de visualizações. E o que une todas essas avaliações superficiais é a falta de uma profunda formação.

349 *GOAT ou God*

Em inglês, *God* (Deus) e GOAT (*greatest of all time* ou maior de todos os tempos) são palavras que se assemelham um pouco. Usada em discussões, principalmente as esportivas, o GOAT seria o maior que já se viu e talvez nunca poderá ser visto outro do mesmo tipo. Pelé ou Maradona, quem é o GOAT? Jordan ou LeBron? E discussões sobre o GOAT são intermináveis pois não há um critério único para estabelecer o maior de todos os tempos. O curioso é que buscamos ou tentamos eleger um só GOAT, único como o Deus judaico-cristão. Assim, a necessidade ou vontade de um GOAT é a mesma que fez o ocidente buscar o Deus único. É a vontade monoteísta. Então, já que não sou monoteísta ou mono-alguma coisa nem mesmo em campos quânticos (pois não acredito no suposto campo quântico único), a pergunta "Quem é o maior de todos os tempos?" ficará sem resposta. Houve vários grandes. Sejamos politeístas esportivos.

350 *Falta de modéstia*

Quanta falta de modéstia! Vejo economistas dizerem que tudo é economia, geógrafos dizerem que tudo é geopolítica, matemáticos dizerem que tudo é matemática e físicos dizerem que tudo é física. Cada um restringe, delimita e elege o seu olhar como o único olhar. Então, meus amigos, não reclamem daqueles que, a partir de um livro somente, julgam tudo e todos. Prefiro o pluralismo, olhos múltiplos sobre uma coisa, pois "*quanto mais* olhos, diferentes olhos, soubermos utilizar para essa coisa, tanto mais completo será o nosso 'conceito' dela, nossa 'objetividade'", escreveu Nietzsche.[195] Talvez, o único sentido da palavra objetividade que faça sentido.

---

195 Nietzsche, F. *Genealogia da moral*. São Paulo: Companhia das Letras, 1998, III, seção 12.

351 *5Geitinhos*

Vamos fazer um exercício de imaginação. Vamos supor que tenhamos uma máquina do tempo capaz de ir ao passado e ao futuro em relação ao nosso presente. Isso é apenas um exercício, pois nós bem sabemos que máquinas do tempo, no fundo, ao contrário do que os físicos dizem, não são um fruto da teoria da relatividade geral; são, na verdade, um fruto do ressentimento, como já disse num artigo.[196] Voltemos, na nossa ficção ou a bordo da nossa máquina do tempo, ao meio do século XX para conversar com um adulto bem informado. Mostremos a ele o nosso tempo, com imagens e vídeos, expliquemos todo o avanço tecnológico do nosso tempo: internet, estação espacial, carros autônomos, tratamentos bem sucedidos... Depois de listar muita coisa que marca o nosso tempo, são esperados um espanto do nosso amigo dos anos 50 e uma alegria em imaginar-se no seu futuro, que é o nosso presente. É esperado que diga "Que maravilha será o futuro!" Mas sabemos que não é assim o nosso presente. A propaganda sobre o nosso futuro altamente conectado em 5G é tão ingênua ou ignorante como o nosso amigo dos anos 50. O avanço tecnológico não resolveu problemas básicos dos povos, ainda matamo-nos e somos mortos por causas que poderiam ter sido eliminadas pelos avanços tecnológicos. Ainda matamo-nos e somos mortos por questões para além da ciência e da tecnologia, por questões éticas. O mundo 5G anunciado em breve não será uma transformação qualitativa do mundo, será, ao invés, uma transformação quantitativa, ou seja, os downloads serão mais rápidos e as contas bancárias dos seus investidores irão engordar. Porque o 5G, em si, diz-nos sobre uma tecnologia e não sobre uma nova ética. A propaganda do 5G, por ignorância, ingenuidade ou desfaçatez, é somente mais de "5Geitinhos" de enganá-lo.

352 *Canal para molares ou miolos*

Não tenho um canal além do molar. No YouTube, vejo apenas 3 tipos de canais não odontológicos: de entretenimento, de consumo e de (des)-(in)--formação. Boa parte do que faz sucesso na plataforma é entretenimento, que é uma forma de descanso, como diria Aristóteles, e vídeos direcionados ao consumo, que é aquilo que motiva a existência do YouTube (sejamos honestos,

---

196 Neves, J. C. S. A philosophical argument against time machines. *The Agonist* 12 (2), 28-41, 2019.

essa gente *tech* quer somente dinheiro, os *techs* nervosos deles são por causa da ansiedade para alcançar o bilhão!). Restam os canais que tentam informar, ou desinformar, ou formar. No último caso, vejo grandes dificuldades em ter-se um canal de formação, aquele que traz um conteúdo auxiliar aos livros e textos técnicos e didáticos. A dificuldade está na diversidade da plateia e no desconhecimento que temos de quem assiste aos vídeos. Tenho amigos com canais de formação, são bem-intencionados, mas tenho dúvidas se tais canais realmente funcionam, se acabam ou não se tornando apenas canais de entretenimento. Por enquanto, para mim, o meu canal é só para o molar — ainda não tenho um para os miolos.

353 *Adoradores da tecnologia*

Não é difícil encontrar um adorador da tecnologia. Ainda mais fácil é encontrar um que se parece com um vendedor de tecnologia. Ele me conta sobre todas as funções, configurações e melhorias em relação ao modelo anterior. Mas o sujeito não tem a mínima ideia do meio de construí-lo. Electromagnetismo ou matéria condensada são ciências ocultas para tal sujeito — ocultas sob um belo monitor de altíssima resolução.

354 *Praça Internet*

Zaratustra, em *Assim falou Zaratustra*, desistiu do povo na praça. O povo não o compreendeu. O povo resmungou, xingou e calou o herói de Nietzsche. Zaratustra conseguiria suportar um passeio pela internet? Desistiria diante do primeiro comentário no YouTube!

355 *Facebook como uma praça pública*

Seria o Facebook a mais nova forma da praça pública? Pregações e comércio, muito barulho e sujeira também encontramos na praça. Ponto de encontro para uma conversa, uma paquera ou ofensa, o Facebook e a praça pública são. Assim como um lugar para ostentar, quando há o que ostentar. Deveríamos, como o sábio, desistir das praças públicas? Pois quem é sábio nada ordinário desiste das praças... e dos ordinários.

356 YouTube(rs)

Pensando bem, YouTube(rs) que fazem *unboxing* e *review* de produtos são apenas novas manifestações do tipo sacoleiro. São ainda o velho no novo mundo digital, são risíveis quando se pensam inovadores.

357 Rápido prazer

Não é novidade dizer que a internet cresceu e se desenvolveu por causa do comércio eletrônico. Sem o comércio, a internet ficaria restrita às universidades e aos centros de pesquisas, como foi no seu início. Comércio que gera conteúdo destinado ao comércio. E dentre aqueles que geram conteúdo para o comprar, estão os YouTubers que fazem os *unboxings* e *reviews*. O prazer no *unboxing* ou no *review* vai além do ato de comprar ou ter o objeto. É nítida a excitação ao receber o produto que será mostrado no vídeo. A infância não está perdida. E o YouTuber alegra-se como um menino quando recebe dos Correios o produto. Mesmo tendo pago, o ato de receber pelos Correios confunde-se com presente ganho. Mas nessa alegria toda fugaz, ainda não vi *unboxings* de bons livros. Muito menos *reviews*... Quase sempre são quinquilharias eletrônicas e tudo aquilo que promove um rápido prazer. Livros também podem ser prazerosos, mas leva tempo para lê-los.

358 O virtual como o subsolo

O virtual como o subsolo. O homem navega não apenas no seu próprio subsolo, mas num mundo composto de muitos subsolos. É a internet esse mundo. O ressentido não mais envenena somente a si mesmo. Hoje, envenena também no virtual. Muito antes da internet, "no seu ignóbil e fétido subsolo, o nosso camundongo, ofendido, machucado, coberto de zombarias, imerge logo num rancor frígido, envenenado e, sobretudo, sempiterno", escreve Dostoiévski em *Memórias do subsolo*.[197] Mas o virtual igualmente permite a imersão. E é assim que o "nosso camundongo" se esconde mais uma vez.

---

197 Dostoiévski, F. *Memórias do subsolo*. 6. ed. São Paulo: Editora 34, 2009, p. 23.

359 Porrada social

É comum afirmar que as redes sociais dividiram famílias e amigos. Mas discussões podem acontecer em almoços de família e em cafés com amigos. Claro, nem sempre o *homem do subsolo* de Dostoiévski apresenta as suas máscaras mais profundas pessoalmente. Na internet, por outro lado, com a distância, tal homenzinho sente-se mais à vontade. Em almoços e cafés, com mais dificuldade, o *homem do subsolo* também pode brotar com brigas e rompimentos. As redes sociais têm apenas adubado algo *natural*.

360 5G para a tristeza e 3G para a alegria

Para aqueles que nunca leram Nietzsche, tido como um dos mais importantes filósofos da história, digo que uma das principais contribuições do filósofo alemão foi o diagnóstico do nosso tempo. Nietzsche afirmou que o nosso tempo é o tempo do ressentimento. Por isso alegrou-se quando leu Dostoiévski, que apresentou em sua obra o exemplar do ressentimento, como no livro *Memórias do subsolo*. Nietzsche escreve no *Crepúsculo dos ídolos* que Dostoiévski foi "o único psicólogo, diga-se de passagem, do qual tive algo a aprender".[198] Não há dúvidas que as "inocentes" redes sociais têm amplificado o alcance do ressentimento. Não há dúvidas que palhaços ressentidos só têm vencido eleições em Estados democráticos por causa da internet. O ressentido quer vingança. Seus seguidores também, e é por isso que o ódio espalha-se facilmente. A propagação de ressentimento é alta nas redes. Aliás, em geral na internet, tudo o que é triste (o ressentimento, a burrice, a mesquinhez, o ódio, a destruição) tende a propagar-se mais rápido do que a alegria (a compreensão, o entendimento, a criação). É como se a tristeza fosse via 5G, e a alegria usasse somente o 3G. Criar é mais difícil do que destruir, ainda mais no movimento criativo que envolve primeiro a destruição e depois a criação — está aí o motivo pelo qual é mais lento ou inacessível na cabeça de ressentidos a alegria na rede e na vida.

---

198 Nietzsche, F. *Crepúsculo dos ídolos*. São Paulo: Companhia das Letras, 2006, Incursões de um extemporâneo, seção 45.

361 *Política na rede*

A política no Facebook é curiosa. Aparentemente, uma democracia. Todos têm o direito de expressar as suas posições... até serem bloqueados ou excluídos por "amigos". As assembleias no *Feed de Notícias* indicam uma democracia direta: cada um fala por si, não escolhe um representante. Assim como a democracia grega na antiguidade. Mas ao contrário do período clássico na Grécia, somos pobres no debate em nossa ágora. Os antigos se preparavam para falar. Hoje, a argumentação é fraca... quando se argumenta. A proteção da distância tira a vergonha. O político no Facebook (e todos somos animais políticos) sente-se à vontade, expõe o seu subsolo, o seu mundo interior. E então temos uma surpresa! Alguém que não conhecíamos, pois diante de nós o seu subsolo sempre foi oculto. Mas na ágora do Facebook, ele emerge... e nos envergonha.

362 *Contra as redes sociais*

Minha rejeição às redes sociais deve-se principalmente ao seguinte motivo: as máscaras usadas na rede não são, em geral, as mesmas usadas pessoalmente. E o virtual como um subsolo, para muitos, é o mundo do ressentimento. Na rede social temos, com frequência, contato com uma máscara profunda, desagradável e contagiosa. Então, evitar a rede social é uma questão de *saúde* atualmente. Pois, por enquanto, o ressentimento é uma epidemia. Para quem não sofre de ressentimento, a fuga das redes é uma profilaxia. Em certos casos, torna ainda possível suportar pessoas que nos poupam, no olho no olho, de máscaras desagradáveis.

363 *Frieza medida em bytes*

No saldo final, sinto que perdemos *importâncias* com a tecnologia. A frieza do homem de hoje e sua incapacidade de olhar nos olhos, por exemplo. Conheço paspalhos que nem mais dão a mão para cumprimentos. Atrás de uma tela de computador atuam como revolucionários ingênuos, ou moralistas hipócritas, ou simplesmente bobos. Fora do virtual, sentem-se fora de suas moradas. Com o aumento dos *bytes*, a frieza aumenta. E o tocar refere-se somente ao *mouse* de um rato subterrâneo. Pois o subterrâneo hoje é o virtual.

364 *Formação e informação*

A inundação de informações que a internet proporciona pode afogar tentativas de uma formação sólida. De mesma origem, informar e formar têm significados diferentes. A informação apresenta um conjunto de interpretações diversas, muitas vezes descontextualizadas, sem um claro regramento do entendimento, que visa buscar as principais relações entre os objetos. Por outro lado, formar envolve a contextualização, o uso de regras claras do entendimento e a busca por princípios. *E os princípios, mesmo que fictícios, fazem da formação algo sólido.* Já a mera informação é algo superficial por não buscar um *arché*, um profundo fundamento. A internet, na maior parte dos casos, é habitada por seres superficiais bem informados, que em muitos casos são *deformados*.

365 *Instagram como a fonte de Narciso*

Diz o mito que Narciso, ao ver-se refletido nas águas de uma fonte, teria se apaixonado por si mesmo. Ele que nunca, até então, tinha visto o seu próprio rosto — pois o adivinho Tirésias tinha alertado sua mãe para que ela nunca lhe mostrasse sua face refletida — morreu definhado, paralisado, sob o encantamento de sua própria beleza. Nos dias de hoje, os Narcisos têm o Instagram. Morrerão definhados deleitando-se consigo mesmos? O tipo Narciso é um tipo nunca esgotado. Os inventores do Instagram bem sabem disso.

366 *Parvos querem memes*

O entendimento é a faculdade da mente humana que serve para criar e operar com os conceitos. Kant gastou centenas de páginas no *Crítica da razão pura* para descrever e mostrar como o entendimento cria conceitos. Sem o entendimento, segundo o filósofo, as representações do mundo ou intuições sensíveis — aquilo que os nossos sentidos captam e são moldados a partir das formas da sensibilidade (espaço e tempo) — são vazias. Para Kant, são os conceitos que preenchem as nossas intuições do mundo. Quem tem dificuldades com os conceitos apresenta um entendimento pouco desenvolvido. Esse alguém é mais intuitivo, imagético e, em muitos casos, parvo. Temos aqui uma boa explicação para o sucesso dos memes e do Instagram. Parvos querem se deleitar com imagens e se recusam aos conceitos.

367 Vontade de ser amado

O querer ser engraçado em todos os momentos indica — principalmente nos casos daqueles sem talento — uma grande vontade de ser amado. Quando nos alegramos com alguém, amamos esse alguém, porque "o amor é uma alegria acompanhada da ideia de uma causa exterior", de acordo com o grande Spinoza.[199] O sem graça é também sem amor. Todos temos algum conhecido que dispara conteúdos "engraçados" nas redes sociais na esperança de provocar risos e, no fim, ser amado.

368 Selfista

Na cabeça do *selfista* — mesmo que ele não se dê conta devido à confusão — há as seguintes palavras de ordem: "Agarre o tempo! Não o deixe ir!". É um dos motivos para tirar tantas fotos de si mesmo. Não apenas o narcisismo. O pavor pelo passar do tempo também acomete o *selfista*.

369 O iracundo consumidor impotente

Ele range os dentes. Escreve no mundo subterrâneo, o virtual, ofensas. Seu ódio é dirigido às alíquotas. Condena todo um país *apenas* porque não pode comprar. Ele é o iracundo consumidor impotente — um tipo comum.

370 Brasil: o melhor país, pois sou daqui!

O iracundo consumidor impotente é mais um na média. Despreza todo um país porque as alíquotas estão altas. Toda a sua raiva surge da impotência diante de uma vitrine. "Não posso comprar, Brasil miserável!", diz ele. Existe também o ódio ao serviço público. Não que o país não tenha problemas. Tem muitos, e isto é bom para quem quer algo novo. Mas odiar um país inteiro somente por serviços mal prestados e preços *abusivos* é sintoma de um tipo. Um tipo que, segundo o poeta Heine, pesa na mesma balança o gênio e o queijo. Prefiro não dar tanta importância a tudo isso. Enxergo o país com outros olhos: um país gigantesco, com paisagens capazes de irromper o sentimento

---

199 Spinoza, B. *Ética*. São Paulo: Autêntica, 2009, III, definição 6.

do sublime, uma diversidade curiosa e auspiciosa e, principalmente, a terra onde nasci. Porque ele vale *ainda* mais por minha causa...

371 *Oráculos*

Nós ainda nos admiramos com entidades enigmáticas que nos trazem respostas: no passado, a sacerdotisa Pítia no Oráculo de Delfos; hoje, o ChatGPT na internet.

372 *É artificial, mas é inteligência?*

Se seguirmos os antigos e as suas teleologias, inteligência e fim como razão e motivo são indissociáveis. As chamadas "inteligências artificiais" não têm um fim ou uma razão para fazer isso ou aquilo, ou seja, não planejam ações, somos nós que impomos fins às máquinas. Logo, não seriam inteligências, de acordo com os antigos. Mas em tempos em que teleologias são vistas com suspeitas, não se suspeita das "inteligências artificiais". É a mais nova *panaceia global* — um *erro artificial*, nada inteligente.

373 *É uma questão de formação*

Perceber que grandes influências, especialmente sobre jovens, apresentam-se hoje como *digital influencers* — que são igualmente jovens com discursos para o entretenimento e o consumo — não é animador como os seus vídeos "engraçadinhos". A coisa piora quando tentam falar sério, pois são risíveis as suas prateleiras ao fundo, que indicam as suas formações. Ao invés de clássicos da literatura, ciência e filosofia, bonequinhos de super-heróis, jogos de videogame e "importantes" obras como *100 coisas para você se lascar antes de morrer*. Que se lasquem logo!

374 *A ampliação da frustração no Youtube*

Teremos ainda mais frustrados por aqui. E com o aumento da frustração, mais violência. O Youtube mostra muito. Mostra até demais. O Youtube só existe porque faz comércio, caso não o fizesse seria deixado de lado. Tudo aquilo que é bom e não é comércio — como vídeos sobre coisas que nos elevam — é esmola do Google. A prioridade da gigante de tecnologia é o comércio eletrônico. Vídeos sobre luxo são cada vez mais comuns no Youtube. Mansões, carrões, joias, roupas, sapatos, *gadgets* são assistidos e desejados por milhões ou até bilhões que não podem tê-los. Como consequência — a tristeza da frustração e a raiva gerada pela injustiça social. Antes do Youtube, o luxo era menos conhecido e mais escondido. A massa quase o ignorava. A propaganda do Youtube "você também pode ter um" sempre será contraproducente. Porque produz mais frustrados do que novos ricos.

375 Tiranos eleitos pelo povo

Já que negamos as ditaduras, ainda haverá lugar para tiranos? Sim, no papel de milionários ou bilionários. Tais têm, em muitos casos, a principal característica de um tirano: uma vontade forte que deve ser satisfeita imediatamente. Algumas vezes, tais tiranos milionários ou bilionários tornam-se governantes eleitos pelo povo, algo aparentemente paradoxal. Em tais casos, os problemáticos, não devemos nos surpreender caso testemunhemos posturas antirrepublicanas, ou seja, quando os interesses do tirano sobrepõem-se à lei ou ao bem comum. Porque o bem comum e a lei que o garante somente surgem quando o "eu" recua e dá espaço ao nós. Algo difícil a um tirano.

376 Os 3 tipos de bens, incluindo o de um cachorro vira-lata

Qualquer cachorro vira-lata, aquele que tem um latido ardido e gosta de revirar lixo, reconhece aquilo o que é seu e deseja aquilo o que é de outro cachorro. Assim o é um ser humano que apenas o dinheiro e as posses o preocupam. Nem o mundo da cultura nem o seu próprio corpo são bens valiosos para um *humano-vira-lata*. Se seguirmos de perto um grande sábio, alguém que não foi um vira-lata, poderemos assumir três tipos de bens: o dinheiro e as posses, a nossa formação cultural e o nosso corpo. Somente o primeiro tipo, o dinheiro e as posses, pode ser tomado de nós. A nossa formação cultural e o nosso corpo podem ser destruídos por alguém, mas não podem ser roubados. Qualquer excesso e exclusividade na busca ou no aperfeiçoamento de apenas um dos três tipos de bens gera deformidades. O excesso no culto ao corpo gera beldades ignorantes e pobres, e a exclusividade nos cuidados na formação cultural gera pobres de saúde débil. Neste último caso, são inteligentes, mas feios, fracos e pobres. Já o excesso na busca por dinheiro gera ignorantes e presunçosos com uma saúde débil. Esse tipo, como disse, é o vira-lata, alguém que quer tomar algo que temos.

377 *O traficante e o homem da bolsa*

Considerado perigoso, o traficante de drogas é apenas um homem que quer lucrar muito e rápido. Mas esse tipo é comum. Não é o mesmo das bolsas de valores? Um especulador não tem a mesma intenção? "Mas o traficante destrói vidas", alguém me disse. "Ora, um especulador também pode. Se quebrar um país, inúmeros ficarão desempregados e sem o que comer...", respondi. O traficante e o especulador surgem do desenfreado desejo, muito comum, de acúmulo e enriquecimento rápido. Em *Crime e castigo*, Dostoiévski narra um interessante diálogo que poderia ter o título *Qual é a origem das "coisas erradas"?*. É relatada a prisão de um professor de história que falsificou dinheiro. Sua resposta depois de ser preso foi: "Todos estão enriquecendo de várias maneiras, então eu também quis enriquecer o quanto antes."[200]

378 *Pega o ladrão*

Reduza as virtudes e os vícios na política apenas à corrupção. Ou seja, considere vício somente a corrupção e tenha como virtude somente o combate à corrupção. O que teremos? A ausência de um largo horizonte com inúmeras possibilidades devido à estreiteza de quem pensa a política somente a partir de duas possibilidades: "quem rouba" e "quem pega quem rouba".

379 *Quem quer ser um bilionário?*

Eu não, já respondo. Em tempos de comércio mundial — onde até mesmo as nobres atividades científica e artística seguem exemplos de empresas, basta lembrar da expressão "indústria cultural" da escola de Frankfurt e de laboratórios de pesquisa que funcionam como fábricas de conhecimento —, não me

---

[200] Dostoiévski, F. *Crime e castigo*. São Paulo: Editora 34, 2001, p. 164.

estranha o ideal ser o do homem bilionário. Mas querem um bilhão para quê? Muitos mal sabem, ou apenas querem descansar, a partir do bilhão, sobre a admiração e a inveja alheia. Não é uma busca por uma virtude, apenas pelo bilhão. E em tempos de comércio mundial, num nível até então nunca descrito na história, onde até pesquisadores com boa formação gastam meses e anos de pesquisa para desenvolver novas formas de moeda e pagamento, o espírito de comércio e os seus sonhos do bilhão se fortalecem. No entanto, usando a mesma língua dessa gente, há um preço a pagar, pois o espírito de comércio, segundo Kant, traz consigo "o mais baixo egoísmo, a covardia e a preguiça, assim rebaixando o modo de pensar do povo".[201] Todo bilionário, então, deve ser ou um egoísta, ou um covarde, ou um preguiçoso. Está aí o motivo pelo qual não tenho aquele ideal.

380 *Nada de indiferença*

Tudo bem! Ganhe o seu dinheiro, pense somente na sua riqueza, viva com os seus olhos nos índices da bolsa. Esqueça a coletividade, individue-se a tal ponto até tornar-se um individualista. Fora dos seus interesses, fora das suas preocupações, o mundo continuará considerando-o. Mas como alvo para um assalto, sequestro, latrocínio... Esse será o preço da sua riqueza e da sua indiferença com a coletividade — que nunca será indiferente com você.

381 *Dinheiro para esquecer do dinheiro*

A mais sábia relação com o dinheiro foi descrita por Stendhal como a de Goethe. Em *Do amor*, o francês escreve sobre o alemão: "Goethe, ou qualquer outro homem de gênio alemão, estima o dinheiro pelo que ele vale. Devemos pensar em nossa fortuna enquanto não temos seis mil francos de renda e, depois, não devemos mais pensar nela. O tolo, por sua vez, não compreende a vantagem que há em sentir e pensar como Goethe; por toda a sua vida, ele só sente pelo e só pensa no dinheiro."[202] A falta de medida no desejo pelo dinheiro, a insaciável vontade de sempre ter mais, é digna de um tolo. Quase todas as suas energias são voltadas a esse desejo imoderado. Não lhe resta praticamente

---

201 Kant, I. *Crítica da faculdade de julgar*. Petrópolis, RJ: Editora Vozes, 2016, p. 160.
202 Stendhal. *Do amor*. Porto Alegre: L&PM, 2011, p. 206.

mais nada. Seu mundo reduz-se a cifras, sua avaliações são feitas com base em cálculos monetários. É um tipo comum, e os mais "bem-sucedidos" são copiados por uma multidão igualmente tola.

382 *Administrador público e administrador privado*

Incautos e ingênuos, de um tempo pra cá, associaram o empreendedorismo e a boa gestão de coisas privadas à boa política. Depositaram votos como cheques nas contas, ou melhor, nas campanhas de gente que se tornou pública por coisas privadas, admiradas por terem milhões ou bilhões. As enormes cifras, para esses eleitores, significam sucesso e boa gestão. Só que a coisa privada não é a coisa pública. Bons empreendedores não são ou serão necessariamente bons políticos e administradores da coisa pública. A coisa pública, segundo o artigo 37 da nossa Constituição, deve ser administrada por valores ou princípios que podem ser dispensados na administração da coisa privada. Dentre estes, a publicidade e a impessoalidade. Um empreendedor de sucesso pode esconder os seus segredos ou sucesso (ausência de publicidade) e promover ou rebaixar quem bem quiser segundo o seu gosto (ausência de impessoalidade). Algo proibido pela lei fundamental brasileira na administração da coisa pública. Claro que é possível uma boa administração pública por alguém que tenha realizado uma boa administração privada. Mas esse alguém terá que mudar os seus valores. Como alguém que pensou, na maior parte do tempo, somente em si e em seus negócios poderá pensar na coletividade sem ter em mente o que lhe pertence, sem um conflito de interesses? É uma dura transformação... tão dura que desconfio que seja *quase* impossível ou improvável. *Quase*... pois se os físicos dizem que até o *cabeça dura* do próton pode transformar-se, ou seja, pode decair num píon e num pósitron em aproximadamente 10^{34} anos, talvez um bom administrador privado possa virar um bom administrador público em menos tempo. Quem sabe...

383 *Cristofobia contra não cristãos*

O apelo à fictícia cristofobia é risível. Pois quem a denuncia nem mesmo cristão o é. Se pensarmos no espectro político, é possível encontrar "cristãos" da esquerda à direita. Não faltam "cristãos" na atuação política no Brasil, pois, mesmo quando duvidam da divindade única, guiam-se por valores cristãos ou, pelo menos, tentam guiar-se. Em muitos casos, a tentativa é falha. Portanto, ao invés de uma cristofobia por aqui, nota-se mais uma hipocrisia. Pois quem realmente é cristão no Brasil? Aqueles que denunciam uma cristofobia provavelmente não o são. Se aceitarmos a definição de um sábio, segundo a qual luxo é aquilo que impede que consigamos o necessário, não se é cristão em muitos casos por aqui, pois em tais casos busca-se incansavelmente a acumulação. E a acumulação individualista impede o cristianismo como necessário amor e cuidado ao próximo. Nesse sentido, a acumulação é luxo, e cristofobia no Brasil é ficção hilária em país de palhaços individualistas. Como pode haver cristofobia se mal há cristão? Talvez, como disse outro sábio, o cristianismo tenha morrido na cruz...

384 *Metrô: transporte para toupeiras*

Que o metrô seja uma das piores invenções, eu já admito. "Mas como!?", perguntarão os *devotos da tecnologia* (uma das mais novas seitas disponíveis). O metrô é o meio de transporte do apressado, aquele que acredita que tempo é dinheiro. Meio subterrâneo, caminho de toupeiras, no metrô o mundo não é visto. Nele, a cidade não é sentida, vista e pensada. No escuro do túnel, transformações e mudanças não são sequer reparadas. No escuro do túnel, olhos pequenos, olhos de toupeira, são suficientes.

385 *O trabalho, a fealdade e a dominação*

Num dia desses no metrô (meio de transporte para toupeiras apressadas), reparei na feição das pessoas, em suas posturas, olhares... É *incrível*! O trabalho *duro* maltrata, torna feio, castiga (quem disse que não temos *escravos*!? A diferença é que agora eles podem voltar para casa e têm décimo terceiro!). Ah, mais uma coisa tão importante quanto a estética do trabalhador: existe toda uma estrutura de justificação que permite o prosseguir dessas pessoas. Tal estrutura é a expressão de um poder *incrível*. Tal como uma represa, um controle de forças imenso, uma domesticação gigantesca. Mas como toda relação de forças, mudará. E como toda represa, um dia extravasará.

386 *Trabalho como remédio*

Dizem que o trabalho é o melhor remédio para a vida. Mas eu pergunto: quem disse que a vida está doente? Está doente somente a vida de quem assim fala. Todo homem e toda mulher esgotados, todos que estão em *degeneração*, têm que assim dizer. O que lhes resta de força é dirigida ao trabalho — ao remédio para uma vida que declina. Para esses a vida está doente, e o remédio usado só prolonga a agonia.

387 *Inveja daquele que não trabalha*

E se, *no fundo*, a crítica àquele que recebe uma bolsa de auxílio de um governo, sem precisar trabalhar para isso, surge da inveja daquele que odeia trabalhar ou trabalha em algo insuportável? "Ganhar sem trabalhar!? Eu quero isso para mim! Mas como eu não posso ter, então ninguém terá!", pensa, então, o crítico invejoso. Para quem tem trabalho e prazer conjugados, pouco importa tudo isso.

388 *Violência doméstica*

É quase certo que a violência doméstica contras as mulheres não tenha origem no machismo. Ou seja, o machismo não é a *causa*, é um *efeito*. Para isso, vamos interpretar "o mundo" usando o conceito de força para fins didáticos. Um mundo como forças em disputa, um jogo de forças como afirmou Nietzsche: "Este mundo: uma monstruosidade de força, sem início, sem fim, uma firme, brônzea grandeza de força, que não se torna maior, nem menor, (...) jogo de forças e ondas de forças ao mesmo tempo um e múltiplo".[203] Ao conceito de força da mecânica newtoniana, que é somente uma causa eficiente para os físicos, Nietzsche acrescentou um mundo interno: a vontade de potência. Assim, as forças jogam, disputam por mais potência. Em geral, um homem depauperado não agride sua mulher assumindo a superioridade do *homem* em relação à *mulher*. Numa vida frustada e ressentida, o homem impotente escolhe a sua mulher para praticar uma violência pois avalia que a sua força é superior à força dela. E a força dela é inferior à força do vizinho ou do inimigo. É,

---

203 Nietzsche, F. *Obras incompletas*. São Paulo: Editora 34, 2014, fragmento 38 [12].

inicialmente, uma questão de avaliação e submissão de forças, somente. Não há, a priori, o enorme passo de pensar o *mundo* usando conceitos como o *homem* e a *mulher em geral*.

389 *Cultura do estupro*

Negamos a cultura do estupro — não há tal cultura. Pois uma cultura é uma pele que encobre uma fera. Estamos com Nietzsche quando disse que uma cultura é uma nova e melhorada natureza. Assim, o estuprador não foi formado por uma cultura do estupro. É, ao contrário, a ausência de uma formação que o deixou mais "natural", mais animal. Pois no fundo, o estupro é dominação por algum instante. E a *nossa cultura* serve para desestimular esse tipo de dominação selvagem.

390 *Tempos exagerados*

Não é exagero dizer que vivemos em tempos exagerados. A nação "líder", os EUA, é a casa do exagero — exemplo para os exagerados no mundo todo. Dentro da casa, a TV tem tantas polegadas quanto o número de canais para distrair com bobagens. O refrigerador comporta um minimercado. A máquina de lavar pode até lavar roupa para fora... A cama *king* é espaçosa, pois o americano está *sobrando*. E na garagem é o automóvel que sobra nas ruas. E num mundo em excesso, a perda de si também é excessiva. A dependência química é igualmente exagerada, com vastas ofertas e quantidades de entorpecentes. Os corpos não fogem à regra do exagero. O excesso de músculos, gordura e silicone atestam isso. Nem mesmo a internet livra-se: o excesso de informação desinforma; o exagero na conectividade desconecta as pessoas.

391 *Física social*

Os SUVs, aqueles carros grandes que muitos têm ou querem ter, estão na moda. Para muitos, dirigir um carro alto e forte traz segurança. Para torná-los ainda mais atraentes, as montadoras conseguiram diminuir o consumo dessas grandes máquinas, assim como preço. Hoje há até modelos "populares". No entanto, numa coisa o SUV sempre foi superior aos sedãs, cupês, hatchs e compactos: no seu peso. SUVs são mais pesados, ou melhor, têm mais massa inercial. E a boa física diz que considerando a mesma velocidade, um SUV terá sempre mais momento linear do que outro modelo de carro. Isso significa que as colisões de SUVs serão sempre mais violentas. Quanto maior o momento linear de cada carro envolvido, mais violenta é a colisão. Estatísticas recentes têm mostrado que o número de atropelamentos fatais aumentou em vários lugares. São possíveis vítimas de SUVs.

392 *Trânsito desbotado*

Se o Brasil é tido como o país das cores, devido a uma natureza exuberante e ao seu folclore vivo, cor que está até no seu nome, por que as cidades estão perdendo as cores? Olhem para os automóveis: quase só há nas cores prata, preta e branca. Isso não foi sempre assim. Décadas atrás eram comuns fusquinhas coloridos e brasílias amarelas, azuis e vermelhas. A nossa classe média, que é quem congestiona as ruas com carros pratas, pretos e brancos, parece que não quer assumir a brasilidade do colorido. Talvez ache cafona. A "brasilidade" dessa gente é cinza, uma não brasilidade, algo de gente que nega a sua própria origem, aquela de uma forte cor. Essa gente desbotou-se...

393 *Educação científica para a massa*

Já em Platão lemos a necessidade de uma educação científica para as massas. Sem excessos, pois a busca do rigor e da profundidade é para poucos que têm fôlego, uma formação básica científica pode ajudar-nos em questões do dia a dia, como a estupidez do trânsito. Sem o prévio conhecimento de termos como fluxo e quantidade de movimento, o parvo rejeita questões essenciais como a redução da velocidade dos automóveis. Quando um cientista pensa em reduzir a violência das colisões, pensa na grandeza física chamada quantidade de movimento. Dada pelo produto da massa pela velocidade, em automóveis só podemos pensar em reduzir a quantidade de movimento e a brutalidade das colisões se diminuirmos as suas velocidades. Quando um cientista pensa no movimento dos automóveis, pensa mais no fluxo de veículos do que em velocidades individuais. É o fluxo que importa. Quanto mais fluxo, mais deslocamentos. E o alto fluxo pode não significar altas velocidades individuais.

Questões como a distância entre os veículos deve ser levada em consideração para avaliar o fluxo (distância que aumenta com a velocidade dos veículos). E como fazer o *parvo* compreender? Ora, Platão já nos deu a resposta.

394 Mais sondas, rovers e menos Land Rovers

A primeira imagem de Marte feita pela sonda Esperança foi divulgada. Sonda produzida pelos Emirados Árabes, Esperança é uma grande conquista científica e tecnológica para o país árabe, é a primeira sonda de um país árabe a alcançar Marte. Segundo seus criadores, Esperança poderá despertar em jovens árabes um maior interesse em áreas nas quais os árabes já foram muito influentes no mundo, áreas como a matemática. Influentes somente no longínquo passado porque no último século países como Emirados Árabes ficaram ricos com o petróleo, e desde então seus milionários e bilionários cidadãos distraem-se com o luxo de supercarros, joias e mansões. O luxo impede o necessário, já disse um sábio.[204] E criar é necessário. Quem sabe os árabes produzam e enviem a Marte não "apenas" uma sonda, mas também um veículo para explorar Marte, um *rover*, e deixem então um pouco de lado as suas Land Rovers.

395 Entregadores de Ruído

As entregas por aplicativos aumentaram o ruído nas cidades. Não falo do sinal emitido por antenas de celulares. Falo das motos de poucas cilindradas usadas por entregadores. O ruído ou barulho produzido, muitas vezes amplificado por escapamentos adulterados e furados, é terrível. Em noites dos finais de semana, muitos de nós já nos acostumamos ao fundo CG, que é o ruído de fundo produzido pela moto mais usada por entregadores.

396 Bar

Dizem que o bar é onde o típico paulistano gosta de conversar. Mas como conversar num lugar tão barulhento? Para quem pouco se importa em bem escutar, o bar pode ser um bom lugar. Mas eu quero saber: quem, em São Paulo, ouve, escuta bem!? Na maior parte das vezes, a preocupação é somente

---

204 O sábio em questão é Kant.

falar e beber para perder-se; ouvir é algo que fica de lado. É comum, devido a péssimos ouvidos destreinados, não notar, por exemplo, um advérbio — e um advérbio faz tanta diferença! Entre "todos são iguais" e "quase todos são iguais" existe uma grande diferença. Num bar alguém percebe tal diferença? Agora podemos entender o típico paulistano — sua escola é o bar. Um bar é, para ele, não somente sua escola, é um reflexo de sua barulhenta cidade: fonte de uma inesgotável perda de si mesmo.

397 *Cidade grande*

A cidade também brutaliza. A brutalidade e a barbaridade estão em não falar, mas mugir ou latir; não sorrir, mas rosnar. Uma cidade como São Paulo é feita por *muitos* semisselvagens. Rosnam, latem, mordem e trabalham duro. E trabalhar duro é orgulho para essa gente. Se soubessem que são os escravos de hoje... Uma cidade grande deveria ser proibida. O seu primeiro impedimento é o anonimato. Numa cidade como São Paulo passa-se despercebido. Sem uma *cara*, qualquer um acredita poder ter qualquer uma.

398 *A decadência de um amigo que late*

Existem inúmeros que defendem os animais de estimação, afirmam que a convivência com os bichinhos é boa para a saúde humana. De certa forma, estão certos. Enquanto uma espécie que convive com humanos há milênios, cães, por exemplo, tornaram-se nossos "semelhantes". Então, a questão não é a convivência com animais de estimação para promover a saúde, é a convivência entre semelhantes que nos importa. Em grandes cidades, a convivência ativa entre humanos foi diminuída. Com poucos espaços públicos para o conhecimento mútuo, para o debate e para o mais puro amor amical, além de uma vida atomizada em apartamentos e condomínios fechados, a necessidade humana em conviver é suprida por aminais de estimação ao invés de humanos, que se afastam por causa de uma organização social que separa. Em bairros como a Bela Vista em São Paulo, com uma grande quantidade de prédios residenciais, humanos em pequenos apartamentos são comuns, assim como os seus passeios ao lado de *coisinhas* pequenas que latem ardido. A Bela Vista é um bairro de cocozinhos nas calçadas. Seria muito melhor se a companhia — ao invés de latir e cagar na rua — falasse... e, acima de tudo, falasse muito bem. Esse é mais um sinal de um tempo decadente, de gente que late e considera o cão o melhor amigo do homem. Num tempo e em mentalidades saudáveis, por outro lado, *o melhor amigo de um humano é outro humano.*

399 Fome

O anúncio de que um bonito casarão na avenida Paulista será um museu com foco no conhecimento científico é animador, é alegrador. É claro que precisamos de muitos centros de divulgação científica espalhados pelo Brasil, não apenas na central avenida Paulista, mas o anúncio é um bom começo. Ainda mais para pensar o que queremos em cada esquina da nossa cidade. À esquerda, o Palacete Joaquim Franco de Mello, que será restaurado para a construção do museu. À direita, um casarão, na mesma Paulista, que virou a milésima loja do McDonald's no Brasil. Qual será o melhor uso do patrimônio? É certo que temos muitos famintos, mas a fome de saber é tão urgente quanto a fome comum. E se o museu for muito bem concebido, tiver um bom tempero, pouca gordura e tudo aquilo que chamamos de saudável, irá reverter a minha tristeza que surgiu com o Méqui 1000 na Paulista.

400 Negociador e negociante

Os tipos negociador e negociante — aqueles que somente veem cifras quando olham para alguém — são dos mais repugnantes. Se há uma previsão de ganhos, são extremamente amigáveis, cordiais; caso o contrário, nada importa para esses *homenzinhos*. Não mais do que alguns minutos conseguimos suportá-los. Mas viver numa cidade inclui conviver em demasia com esses tipos *admirados*. Ah!, vamos abandonar as cidades!

401 Sentimento de distinção máxima

É na antiguidade que se apresentam os mais distintos. Como não julgar assim quando lemos histórias dos socráticos, cínicos, estoicos, epicuristas e outros que formavam as escolas filosóficas. Mundos compartilhados apenas pelos seus membros. Um sentimento de diferença (não, a igualdade para essa gente era somente dirigida aos membros), distância em relação aos de fora. Nenhuma humildade, essa "fraqueza" não era concebível ainda. Uma vida — a dos membros — tida como a melhor entre todas. Um sentimento de distinção máxima, com os membros afirmando entre si algo como: "Nosso mundo é o melhor dos mundos. E não é para todos!"

402 Contra a humildade e a arrogância desmedida

A mais implacável crítica à principal e astuta característica cristã: a humildade. Foi Nietzsche, o implacável, quem escreveu: "O verme se encolhe ao ser pisado. Com isso mostra inteligência. Diminui a probabilidade de ser novamente pisado. Na linguagem da moral: *humildade*. —"[205] Nem humildade, nem mesmo arrogância desmedida. A sofrósina grega, o autocontrole tão defendido na antiguidade, entra em cena proibindo a arrogância desmedida. E a coragem proíbe uma vida verminal.

403 Compartilhando sentimentos ou mentiras?

"Eu sei o que você está sentindo" pode ser uma das maiores mentiras. Quem sabe o que sinto? Nem mesmo eu posso dizê-lo. Se o que digo, em relação àquilo que sinto, é *superficial e não adequado* — como alguém pode dizer que sabe o que sinto? É a linguagem o que torna possível essa mentira em quase todos os casos. Em poucos, talvez, exista um estar na mesma *frequência e fase*, um reconhecimento entre "iguais" ou uma *sympatheia* para justificar o sentimento compartilhado.

404 Arte como fast food

Mais uma galeria de "artes" estabelece-se em São Paulo. Já é uma rede, tem franquias e um site para compras. Vende-se lá... O que se vende lá? "Arte"— *pop art*. Chegam a dizer que um dos seus compromissos é "deixar sua parede mais bonita". Ora, é só isso? Quem, afinal, está por trás disso? Um herdeiro de bilhões. Seu tino comercial, já reconhecido em sua família, deu forma a uma

---

205 Nietzsche, F. *Crepúsculo dos ídolos*. São Paulo: Companhia das Letras, 2006, Máximas e flechas, 31.

galeria de "artes" inspirada em redes de *fast food*: uma indústria de "cultura" que faz mal à saúde.

405 *Arte como decoração*

Com o seu esvaziamento, a arte vira decoração. Em geral, não resta mais nada de grandioso e poderoso para expressar, sobra somente a decoração de ambientes. Quadros, telas, são vendidos para combinar com o sofá. Esculturas são colocadas para preencher vazios... de uma sala. Dias atrás, soube de um sebo que vende livros, com bonitas encadernações, por metro quadrado. Sim, é uma necessidade de ricos que desejam preencher prateleiras em suas bibliotecas particulares. Uma biblioteca cheia de alguém vazio. Livros nunca lidos por seus proprietários. Servem apenas para decoração.

406 *Atração desmedida por filmes*

Os filmes atraem muitos. A indústria bilionária do cinema não para. Porque tem gente que não para. Filmes e mais filmes assistidos. Algum vale mesmo a pena? Em tempos de indústria cultural, um filme é como um produto qualquer numa prateleira de supermercado — *aqui a generalização é quase perfeita*. Pois quem é realmente rico nos dias de hoje para criar algo valioso? Ainda mais no cinema... Decerto, cretinos criam categorias e catálogos para defender este ou aquele cineasta. Citam grandes estetas e filósofos para dar credibilidade às suas escolhas. Mas em tempos formais, adora-se a forma, a técnica, e "o mundo" por trás da obra é vazio. O que essa gente que produz e assiste aos filmes quer? Lucro, descanso e fuga — *aqui a generalização é quase perfeita*.

407 *Revistaria e porcaria: não somente uma rima*

Ah, as revistarias! Tolices e mais tolices para distrair... as capas dizem muito. Exibicionismos, falsos grandes homens e mulheres, a pequenez que quer se passar por grandiosidade. Mas quem teve contato na vida com grandes leituras — e, acima de tudo, é seletivo — não suporta mais do que alguns segundos e páginas numa revistaria. E quem não o teve, uma prateleira robusta de clássicos causa impaciência ou é ignorada. Custa adaptar-se à boa alimentação, quando ainda é possível. São os comedores de porcarias que nos dizem isso com os seus hábitos insalubres.

408 *Super-heróis da verdade e do bem*

O típico atoleimado, alguém imerso no caldeirão industrial da cultura pop, não é apto a qualquer tipo de ficção. Às tragédias e aos grandes romances de formação o típico atoleimado não volta o seu olhar. Pois o seu olhar aponta somente para as grandes telas do cinema, onde o herói trágico foi substituído pelo herói do bem e da verdade. Os típicos sucessos do cinema hoje para atoleimados dizem respeito a ficções — heróis que muitas vezes surgem dos quadrinhos — em que a verdade científica e o bem cristão vencem no final. Não sou o primeiro a criticar a nossa ficção de atoleimados. No século XIX, Nietzsche fez uma dura crítica a Sócrates. Ao filósofo grego, Nietzsche atribuiu um movimento que aniquilou a tragédia grega: a partir de Sócrates, a ficção tornou-se "racional" e "científica". Em nosso tempo, há ainda muitos frutos da estética socrática. Os "heróis" do nosso tempo — uma estirpe fuleira que em geral é da família Man — são um exemplo claro da ficção "racional" e "científica", que é a única conhecida pelo atoleimado em baldes de pipoca.

409 *Sinceridade em excesso como estupidez*

Vangloriar-se por dizer tudo aquilo que pensa... Como? Alguém pode querer isso? Aquele que diz tudo o que pensa, o super sincero, não passa de um estúpido. E a melhor definição de estupidez foi dada por Schopenhauer: "Carência de entendimento se chama, no sentido estrito do termo, ESTUPIDEZ e significa precisamente OBTUSIDADE NO USO DA LEI DE CAUSALIDADE (...)".[206] O estúpido, segundo o alemão, ignora a causalidade. O super sincero somente diz tudo o que pensa porque a ignora, não mede as consequências, os efeitos, do que diz.

---

206 Schopenhauer, A. *O mundo como vontade e como representação*. São Paulo: Editora Unesp, 2005, I, 6.

410 Cães bravos

Qual seria a mais potente formação? Dizem que os cínicos, os cães gregos, rejeitavam uma formação, uma paideia, como chamavam os antigos. Mas o cinismo puro é brutal. Imagens de Diógenes, o Cínico, têm sido criadas ao longo dos séculos. Suas características *repugnantes* são, geralmente, deixadas de lado. O Diógenes independente e adepto da parrésia, sem as masturbações públicas e o suposto gosto por carne humana, tem a preferência de *medrosos*. Mas uma pitada do *verdadeiro* cinismo é saudável para lidar com frouxos. No entanto, deixar de lado toda e qualquer formação é um exagero. Uma formação saudável, *temperada* com cinismo, ainda poderia ser a mais potente das formações. Nem um pouco próxima da fragmentação de hoje, da impotência de *bichinhos* que são presas fáceis para cães bravos.

411 Falsificadores de moeda

Não teremos hoje a necessidade de grandes falsificadores, "criminosos perigosos" para subverter a ordem e também o progresso? Precisaremos, então, de cães bravos, cínicos, para morder e latir alto. Porque a moeda — os valores — está desvalorizada (isto não é assunto para economistas). E somente quem não tem bons sentidos não se dá conta disso. Cães bravos e perigosos poderão ser notados, então, até por embotados.

412 Crime e espontaneidade

Não é recente a constatação da falta de espontaneidade. Alguns dizem que ela *ainda* brota na vida privada. É, então, entre quatro paredes que surge a máscara mais resistente e "verdadeira". Fora, o comportamento é previsível, repetido, copiado — as máscaras são compradas em liquidações. Quem é espontâneo além da vida privada é considerado louco. Talvez, os *criminosos* sejam os únicos loucos. Pois para impor o *novo*, o velho deve ser violado, um *crime* deve ser perpetrado.

413 *Dureza e doçura*

Que tudo possa surgir do seu contrário é uma *verdade* para nós. E aqueles que parecem duros, firmes e sisudos podem *ainda* dar um sorriso que dura... um *verdadeiro* sorriso. Assim falou La Rochefoucauld: "Só quem tem firmeza é que pode ter uma verdadeira doçura; os que parecem doces em geral têm apenas fraqueza, que facilmente se converte em desespero."[207]

414 *Mediocridade antifilosófica*

Que não se deixe de lado a ciência — um dos olhares mais poderosos e interessantes que temos hoje. Nenhum *filósofo de verdade* pode ignorá-la. Caso a ignore, não merecerá nem sequer ser tratado por filósofo. Porque a condenação da ciência surge, muitas vezes, da fraqueza, da mediocridade e da preguiça. "Os espíritos medíocres condenam em geral tudo o que vai além de seu alcance", escreveu La Rochefoucauld.[208] E a mediocridade não é uma qualidade de *filósofo de verdade*.

415 *Olhar para a morte*

Foi La Rochefoucauld quem disse que "não podemos olhar fixamente nem o sol nem a morte".[209] É como se o corpo evitasse os danos de uma preocupação demorada. Pois uma exposição demorada ao sol ou à morte pode trazer danos irreparáveis para ele.

416 *A morte sem máscara*

Uma pandemia pode ter inúmeros benefícios. Desde a exigência de um sistema de saúde público e universal até a morte dos nossos inimigos. No entanto, para mim, é a consciência da finitude da própria vida aquilo que considero realmente benéfico numa pandemia. Pois desmiolados se esquecem, na correria do dia a dia, nas tolices das pequenas coisas da vida, que um dia irão

---

[207] La Rochefoucauld, F. *Reflexões ou sentenças e máximas morais.* São Paulo: Pinguim Classics Companhia das Letras, 2014, máxima 479.

[208] Ibidem, máxima 375.

[209] Ibidem, máxima 26.

morrer. Isso é, do ponto de vista coletivo, mais prejudicial do que um vírus. Com uma pandemia, ao contrário, a morte fica presente num futuro ali, do outro lado da rua, sem máscara e álcool gel. E a vida, então, a partir da morte, pode ser recriada, pode-se atribuir novos valores.

417 *Pensamentos absurdos*

Uma eternidade futura, um tempo infinito de vida pela frente, causa-me o mesmo incômodo do pensamento de minha morte. A imortalidade é tão absurda quanto a mortalidade.

418 *Vitória sobre a morte*

No muro de um grande cemitério de São Paulo — o Araçá —, li: "Eu venci a morte". A frase fez surgir em meu rosto um sorriso. Perguntei-me: "Quem será esse homem, cuja vitória o torna reconhecido como o mais corajoso de todos?" Pois somente a coragem torna possível tal feito. "Coragem é o melhor matador, coragem que ataca: ela mata até mesmo a morte, pois diz: '*Isso era vida? Muito bem! Mais uma vez!*'" — assim falou um corajoso.[210]

419 *Preparar-se para morrer*

Como, quando e onde morrerei são questões *importantíssimas* para mim. Questões pensadas diariamente. Certa vez, Montaigne disse que "filosofar é aprender a morrer".[211] Então, todos dias aprendo um pouco a morrer. "Que conversa mórbida é esta?", você se perguntará. É o contrário, meu amigo ou minha amiga. Não há dúvida de que falar sobre morte hoje causa incômodo. Hoje é comum não estar preparado para morrer. Tudo é muito frouxo e medroso. Mas preparar-se para morte é, *no fim*, viver e cuidar da vida.

---

210 Esse corajoso foi Zaratustra. Veja Nietzsche, F. *Assim falou Zaratustra*. São Paulo: Companhia das Letras, 2011, III, Da visão e enigma, 1.
211 Montaigne, M. *Ensaios: uma seleção*. São Paulo: Companhia das Letras, 2010.

420 *Sobre a minha morte, a cada segundo mais próxima, e a minha tentativa de eternidade*

Todo o *santo* dia penso *diabolicamente* em minha morte. Como será o meu último infinitésimo de tempo? Estará logo ali ou nem tanto? Pensar na finitude entristece-me pois a encaro sem muletas metafísicas. Então como viver com alguma alegria a finitude sem qualquer expectativa de vida eterna? Ou estaria certo o sábio Sileno que disse que o melhor para a humanidade seria não ser, mas como somos, então, o melhor seria logo desaparecermos? Como não pude evitar tornar-me o que sou, posso pelo menos escolher desaparecer. Porém, o suicídio, segundo Camus,[212] é uma resposta ao total absurdo ou falta de sentido, e o meu trabalho, por outro lado, é alguma criação de sentido — é continuação da vida. É pelo caminho da criação que a morte e o seu pensamento afastam-se de mim por algum momento. No fim, Platão tem razão quando disse que a obra é uma forma de continuação ou imortalidade, aquilo que se afasta do fim.

421 *Equação da morte (ou da vida)*

Hoje vivemos mais anos, mas o tempo parece passar mais rápido para nós. Antes, viviam menos, mas o dia parecia mais longo para eles. Poderíamos aqui desconfiar de uma quantidade conservada? Ou seja, *idade* x *percepção do tempo* = *constante*?

422 *O sono e a morte*

Em tempos de devoção ao trabalho e aos seus lucrativos frutos, não é incomum encontrar quem até evite dormir. Para esses, não há tempo para dormir, e ostentar um dia completo e repleto de trabalho é necessário. Há empresários — um deles até se tornou *político profissional* — que gostam de dizer que dormem pouco. Há abobados que dizem até usar "técnicas" para dormir menos e fazer o dia render mais. Ou seja, querem fazer mais bobagens durante o dia! Essa gente atoleimada desconhece que a boa ciência de hoje defende boas e longas noites de sono. Afirma benefícios neurológicos e cognitivos numa boa

---

212 Camus, A. *O mito de Sísifo*. Rio de Janeiro: Record, 2010.

noite de sono. Mas mesmo antes da nossa boa ciência, Schopenhauer já tinha defendido boas noites de sono. O grande filósofo dizia que o sono e a morte guardam semelhanças.[213] O sono seria juros de uma dívida que é a própria morte. Pagamos juros todos os dias em nossas noites de sono. Quem não paga, somente adianta a cobrança mortal.

423 Tratando da morte

Vamos tratar da morte. Não para evitá-la como um médico pois, no fundo e quando chegarmos lá, será inescapável. Talvez possamos tratá-la ou discuti-la para melhor aceitá-la. Uma das mais sábias palavras sobre a morte teria sido dita por Epicuro: "A morte nada é para nós. Com efeito, aquilo que está decomposto é insensível, e a insensibilidade é o nada para nós".[214] Ou seja, quando estamos vivos a morte não está, e quando a morte está não estamos. Com a morte não há mais um sujeito, logo não há sensibilidade ou capacidade de sentir. Sendo assim, não há dor, choro, tristeza porque não há um ser humano que sente. A dor fica somente para os que ainda estão vivos, mas o "morto" tem que ter sido amado por, no mínimo, um vivo para que isso aconteça! Enquanto ainda estivermos vivos — por pouco tempo e isso nunca deve ser esquecido — a morte estará ausente. As palavras de Epicuro podem ser usadas para indicar a vida como processo: enquanto há processo há vida; com o fim do processo de tornar-se um indivíduo, há a decomposição, e "aquilo que está decomposto é insensível". A morte apresenta-se somente para os que ainda ficaram vivos pois o morto, um processo de individuação interrompido, não sente... nem mesmo a sua morte.

424 Boas-vindas à velhice

A velhice e os seus sintomas são todos bem-vindos. É na velhice que o corpo decreta a falência de si mesmo. E com a falência decretada, o pensamento sobre a morte não incomoda mais. Ao contrário da juventude, que afasta e rejeita a morte pois ainda há forças e disposição em excesso. Já que

---

213 Schopenhauer, A. *Sobre a morte: pensamentos e conclusões sobre as últimas coisas*. São Paulo: Editora WMF Martins Fontes, 2013, p. 56.
214 Epicuro. *Máximas principais*. São Paulo: Edições Loyola, 2013, p. 14.

nada é eterno e imutável, a velhice é o melhor expediente para aceitar o fim. Então, sejamos velhos para isso.

425 *Vida e morte*

Vida ou morte? — não há esta escolha. Há somente vida e morte. Vida, como é pensada por muitos, não passa de uma *fantasia*. Pois é colocada como contrária à morte — separa o inseparável. Para nós, no entanto, a morte surge da vida, e a vida surge da morte. Não há vida sem morte ou morte sem vida. Há vida depois da morte — mas não num *além*. Há morte depois da vida — algo que não se detém.

426 *Vida pós-morte e happy hour*

A certeza da vida é não vida — numa palavra, morte. Como será o último dia, o último olhar? A quanto tempo daqui? A vida pós-morte é uma ficção para suportar a morte, é *happy hour* para suportar o trabalho. Mas se o trabalho e, principalmente, a vida bastam, então trabalhemos, vivamos e morramos sem esperanças vazias.

427 *Morrer: verbo no futuro*

Entre os meus pensamentos, o do meu último instante no *futuro* está sempre *presente*. Imagino, tento, pergunto-me: "Como será o meu último instante, o que separará ser e não ser?" Uma espécie de limite, um horizonte, que poderia também ser chamado de *horizonte de eventos*. Pensar na própria morte, ainda jovem, entristece quem numa vida além não acredita. Para quem, como eu, vê cada vida como um *processo de individuação*, a morte é só o fim do processo. Mas pensemos melhor nisso: considerar a própria finitude pode educar... para a vida. Pois as pessoas mais frívolas, que somente buscam os seus prazeres e consideram todos apenas como meios para tais, são as que menos pensam sobre a finitude da vida.

428 n-1

Mefisto: "n-1 é o número de dias para desapareceres. Restam-te n dias menos 1, pois o dia de hoje já não conta. O teu n pode até mesmo ser 1. Jamais — infinito. Então, prepara-te para os teus n-1 dias. E não haverá, depois de n-1, uma sequência infinita além. Pois o além é tão imaginário quanto i e tão *inatual* quanto o infinito."

429 Morte

"Não fecha os olhos agora, pois a morte está diante de ti. Espera, terás os teus olhos fechados durante toda a eternidade, no vazio da tua *desindividuação*. É isto a morte, caro. Na verdade, não terás os teus olhos fechados eternamente, porque tu não serás mais coisa alguma. Enquanto isso, de olhos bem abertos, encara a morte, a única certeza da tua pobre existência, e nota se esse ato de coragem muda a tua miserável vida. Um sábio disse, certa vez, que para a efêmera e miserável estirpe humana o melhor seria não ter nascido, mas nascem, o melhor então seria morrer imediatamente. Não nego que para muitos seja a melhor opção a imediata *desindividuação*. Para outros... alegrias e tristezas na prorrogação do jogo da vida. Mas lembra-te sempre — o apito final é a tua única certeza, já o placar é imprevisível."

430 Velhice como alegria contraditória

Spinoza disse que a saudade é uma tristeza. Depois, Riobaldo, o Heráclito do sertão, afirmou que a saudade é uma espécie de velhice. Logo, a velhice seria uma tristeza, e uma velhice alegre seria uma contradição. Mas quem disse que a vida não é contraditória!?

431 Por que envelhecer?

Envelhecer significa aceitar morrer. Se na juventude a morte é insuportável pois o corpo é ainda potente, na velhice suporta-se a morte porque o corpo se enfraquece. As forças atenuam-se para que sabiamente se aceite morrer. Perder as forças no envelhecimento significa que o processo de tornar-se um indivíduo é menos ativo, facilitando a dissolução do corpo como um organismo, que é justamente a *definição da morte*. E quem não quiser envelhecer e muito menos morrer, então que entre no Supremo contra e será tão ridículo quanto o aloprado que quis revogar a lei da gravidade. A gravidade continua valendo, e o aloprado morreu velho.

432 *A náusea do mundo*

O niilismo, o pior de todos os hóspedes, está diante da porta. Pergunta Nietzsche: "de onde nos chega esse mais estranho e mais ameaçador de todos os hóspedes?".[215] Manifestações múltiplas da ausência de sentido, isso é o niilismo, que está em toda parte. Como escreve Müller-Lauter, referindo-se ao diagnóstico de Paul Bourget, um "psicólogo" e crítico literário do século XIX, a náusea do mundo permeia toda Europa: "Nos eslavos, ela se manifesta como niilismo; nos germânicos, como pessimismo; nos latinos, como incomum sensibilidade nervosa. Porém, em todos eles Bourget encontra o mesmo 'espírito de negação da vida, que a cada dia obscurece mais a civilização ocidental' (…)".[216] Nietzsche, leitor de Bourget, conjuga todas essas manifestações descritas sob o nome de niilismo. Procura, então, depois de identificá-las, indicar um tratamento. A filosofia nietzschiana seria um tratamento — visaria à superação do homem moderno, visaria à eliminação da náusea do mundo. *Se isso for possível*...

433 *Sobre a corrupção*

Dizem que a corrupção é um dos grandes problemas dos Estados e dos povos. Concordo, mas aquilo que chamam de corrupção é só um desdobramento da corrupção. Esta última — um estado de degeneração "psicofisiológica", um desejo de esquecimento, perda e aniquilação de si mesmo. Esta degeneração é "causa/efeito" do vácuo da modernidade. Vivemos num tempo em que as referências perdem os seus sentidos: o certo e o errado não são mais claros. Aquilo que chamam de niilismo é a constatação dessa perda de sentido. Nem reformas, nem decretos ou leis mais rígidas: a corrupção necessita de outra terapêutica.

---

215 Nietzsche, F. *Fragmentos finais*. Brasília: Editora Universidade de Brasília, 2002, fragmento 2 [127].

216 Müller-Lauter, W. *Nietzsche: sua filosofia dos antagonismos e os antagonismos de sua filosofia*. São Paulo: Editora Unifesp, 2009, p. 124.

434 O absurdo indígena

Em *O mito de Sísifo*, Camus trata do suicídio. Este, segundo o pensador francês, é uma possível solução encontrada para o absurdo. Diante de uma existência absurda, mata-se a si mesmo. Quando um índio se suicida, deixa claro que o seu mundo não faz mais sentido, deixa claro que o mundo dos homens brancos lhe é insuportável. O índio que se suicida é aquele que resiste — ele não quer ser *incorporado*.

435 Tá Danaides

Danaides, na mitologia grega, são as quarenta e nove filhas do rei da Líbia, Dânao, condenadas a uma pena absurda por matarem os seus maridos na noite de núpcias. A pena às Danaides foi encher um tonel furado, uma tarefa impossível de ser realizada, mas que deveria ser tentada por toda a eternidade no mundo infernal, o Hades. O mito antigo usa imagens para indicar algo, no caso do mito das Danaides é o absurdo de uma tarefa aquilo que é destacado, enfatizado, absurdo que pode ser sugerido em ações nossas no cotidiano. Podemos enxergar tarefas absurdas como o combate ao tráfico de drogas, quando toneladas de entorpecentes são apreendidas hoje, toneladas foram ontem e serão amanhã, depois e depois de amanhã... O absurdo é, acima de tudo, o sem sentido, aquilo que para alguém que o experimenta é paralisante. Um simples policial não pensa que é uma das Danaides, por isso ainda corre atrás dos traficantes. Mas se um dia deparar-se com o absurdo de sua tarefa, ficará paralisado e dirá "tá danado!" ou, ainda melhor, "tá Danaides!"

436 Hedonismo e dor

O hedonismo — que é a busca de prazer como finalidade da vida — nasce da fraqueza, nasce do medo da dor. Para fugir da dor, o hedonista procura o prazer — mesmo que este conduza à própria morte. Para fugir da dor, o hedonista age como o pequeno pássaro que, diante de uma ineficaz luta contra o falcão, atira-se dentro da boca deste.

437 O nada por trás das tatuagens e dos piercings

O que há por trás das tatuagens e dos *piercings* num típico ocidental *civilizado*? Nada. Importados de tempos imemoriais, no homem sem mito, ou *aparentemente* vivente num mundo desmitologizado, tatuagens e *piercings* nada significam *além*. No homem antigo tinham a justificativa do mito. Hoje, como o corpo é coisa, não passam de adornos para um corpo que pode ser comprado e vendido e que, por isso, deve ser exibido.

438 Família republicana

Não é incomum uma família republicana. Não trato aqui da *res publica*, a coisa pública. Trato de famílias que vivem como numa república estudantil. E o motivo para conviverem é o mesmo dos estudantes: diminuição das despesas individuais, ou seja, carência de dinheiro e carência de companhia, típica de quem teme a solidão. Essas famílias vivem como em repúblicas não somente na questão financeira. Num dos seus sentidos, república estudantil também quer dizer uma casa sem *ordem* ou *hierarquia*. Não há melhor palavra para descrever essas muitas famílias.

439 O véu do amor

Atrás do véu do amor escondem-se inúmeros sentidos. Amor significa: desejo de apropriação, vontade de dominar ou ser dominado, apoio para medrosos, consolo para desamparados, negação da solidão, perda de si mesmo e gozo fácil para quem não quer pagar. Não existe nada de *etéreo* e *transcendente* no amor. A maior parte das pessoas quer enganar-se. Mas ainda há um outro caminho, um outro sentido *imanente*: amor como a mais nobre amizade, como um *querer a cada instante* a superação de si mesmo (amor-próprio) e a *autossuperação* do amigo (amor ao próximo).

440 Amizade altaneira

Sujeitas ao vir a ser, as palavras também mudam. Seus sentidos podem ser múltiplos num mesmo discurso, numa mesma frase. Seus significados podem ampliar ou encolher com o tempo. Neste olhar, um olhar que não deseja *múmias*, a amizade pode ter um novo sentido, um novo significado. Aquilo que é tido, normalmente, por amizade provém da pobreza — um aproximar-se por escassez, por falta e por carência. Num sentido elevado (elevado em relação àquele), amizade significa doação e desejo de mais força. Amigos, nesse sentido altaneiro, reúnem-se para o fortalecimento mútuo.

441 *Convívio com semelhantes*

A alegria no convívio com semelhantes — não há como escondê-la. Até o mais raro tipo tem a sua vitalidade amplificada ao lado de um semelhante. Mesmo que seja apenas um de poucos, pois é justamente um raro tipo... Se, de acordo com um sábio, a alegria é a passagem de uma perfeição menor para uma maior ou um aumento de uma *energia potencial*, o convívio com semelhantes pode gerar movimento e até desentendimento. E se num momento de desentendimento afasta, logo depois aproxima, pois os semelhantes sempre ocupam o mesmo *lugar natural*.

442 *Casais e amizade*

Com o tempo, os beijos diminuem. Os abraços acabam, e as mãos dadas são raras em *quase* todo relacionamento. O fogo inicial perde intensidade. Em muitos casos, transforma-se no gelo do enfado e do desprezo. Mas ainda há uma saída para o esfacelamento: a amizade. Casais de amigos, mesmo há muito tempo juntos, mantêm algo ainda vivo. É a admiração mútua, entre verdadeiros amigos, que alimenta um sentimento gostoso de querer estar próximo. Pois uma amizade rica traz sempre algo novo, uma nova mulher e um novo homem que se apresentam a cada dia.

443 *A riqueza de Epicuro*

Segundo Nietzsche, Epicuro — o mitigador de almas — teve uma opulência que se resumia a um pequeno jardim, figos, queijos e alguns amigos. Quem, hoje em dia, pode declarar-se rico com tão "pouco"? Não existem problemas em encontrar um pequeno jardim, figos e queijos. O problema é ter alguns amigos e ainda declarar-se rico. Pois amizade, em geral, é compartilhamento de misérias, dores e pesares.

444 Duas solidões: Zaratustra e Golyádkin

Podemos olhar a solidão com mais de um olhar. Considerada pela maioria um infortúnio, a solidão neste caso é a de Golyádkin. Personagem de *O duplo* de Dostoiévski, Golyádkin é o pobre funcionário público afogado no seu próprio ressentimento. Desconfiado, não tem amigos, vive uma vida miserável para o trabalho. Aqui, temos a solidão do homem doente. Sua solidão surge do medo e desconfiança em relação a todos. Já Zaratustra, personagem principal da obra capital de Nietzsche, abandona sua pátria para durante dez anos viver só numa caverna no alto de uma montanha. A solidão para Zaratustra é indispensável para a sua saúde. É na solidão que enriquece, amadurece, cresce e cultiva a si mesmo. Aqui, a solidão é o caminho para a saúde, não para o aprofundamento da doença como em Golyádkin.

445 Solidão para aprender e silêncio para suportar

Quem não suporta a solidão é insuportável. Somente *doentes* repugnam totalmente a solidão. Pois é na solidão que podemos aprender a lidar com o nosso abismo aterrador. E *quase sempre* na companhia de outrem esquecemo-lo, livramo-nos dele. Porque o outro é *quase sempre* um consolo, uma distração e um tagarela desagradável. Na companhia de outrem, é *quase certo* que o silenciar seja o melhor. E no silêncio, a companhia, *ainda* suportável, é solidão a dois.

446 Silêncio

Entre as mais elevadas atitudes humanas — o silêncio está. Caminho para distinção, o silêncio fortalece. Um dia, convidarei amigos para silenciar. Quem suportará o silêncio? Apenas aquele que suportar a si mesmo.

447 Celular e silêncio

Animais inquietos. Precisam sempre, de forma contínua, de algo para distração e esquecimento. O telefone celular serve para fins de distração e esquecimento para esse tipo. Ora, basta andar pelas ruas e notar a estupidez de pessoas que não conseguem tirar o olhar das telas de LCD. Uma mensagem é aguardada; uma ligação, esperada. Tudo para do tédio livrar-se. Como conseguem pagar suas contas de telefonia? Devem deixar de comer bem para pagar contas exageradamente altas. O celular hoje está entre as invenções mais entorpecentes. Aliás, nossos cientistas — principalmente os operários da ciência em laboratórios de grandes companhias — têm conseguido realizar aquilo que os seus patrões desejam: a distração e o entorpecimento das massas. Com isso, o silêncio, tão indispensável à saúde, não é considerado e realizado. E todo aquele que não sabe lidar com o silêncio é um atoleimado depauperado. Por motivos de saúde, deve-se manter distância desse tipo assim como das antenas dos celulares.

448 Coragem de quem fala

Quando alguém me diz algo — uma verdade, uma opinião, um conselho —, penso comigo: "Quem é esta pessoa? Tem coragem?" *Quase todos* palpiteiros, conselheiros e donos de "verdades" não são aprovados nesse questionamento. São reprovados antes de qualquer coisa. Então, o que falam deve ser, *quase sempre*, rejeitado. Mas não sempre... Pois certa vez um sábio disse: "Há quem não pode se soltar dos próprios grilhões e, no entanto, é um salvador para o amigo."[217]

449 Coragens

Também os corajosos são em dois tipos: aqueles que são com ou sem testemunhas. Pois é mais fácil apresentar-se como corajoso sob o olhar de outrem. O outro pode servir como apoio e defesa. Já a coragem solitária é mais rara. É a coragem de quem luta sozinho contra os seus próprios abismos.

---

[217] Nietzsche, F. *Assim falou Zaratustra*. São Paulo: Companhia das Letras, 2011, I, Do amigo.

450 *Carnaval*

Carnaval como teatro, circo, música e dança. Carnaval como um necessário tempo de extravasar. Para aqueles que acreditam nos danos do carnaval, saibam que, sem esse escoamento de forças, a barbárie seria maior. Para aqueles que medem tudo de acordo com ganhos e lucros, o carnaval é um período de ociosidade e prejuízos. Mas eu pergunto: será que não existe suficiente ganho no carnaval? De qualquer forma, mesmo que esse ganho não compense as perdas financeiras, eu insisto no carnaval — indo na contramão do tipo moralista e do tipo economista. Compreendo a rejeição de ambos, pois o primeiro julga, pesa, tudo de acordo com o maior de todos os pesos (Deus), e o segundo julga, pesa, como disse o poeta Heine, o gênio na mesma balança do queijo.

451 *Explosão e implosão*

Carnaval é festa arrebatadora e arrebentadora, é momento de explosão em fevereiro para que não se imploda em dezembro. E quem não gosta da alegria do carnaval bom sujeito não é, pois já implodiu sobre si mesmo num ressentimento triste, silencioso e nada carnavalesco.

452 *Calem-se*

Assistir aos desfiles de escolas de samba na TV é doloroso. Acreditam que desfile é jogo de futebol, que precisa de narração, colocam o som do samba num nível abaixo do som dos narradores e comentaristas, como o fazem com o som da torcida num jogo. Desfile de escola de samba é apresentação artística, qualquer interferência com comentários é falta de apreço. Também fico intrigado com jornalistas — acostumados com a cobertura política e policial — que mostram as engrenagens dos carros alegóricos durante o espetáculo, o que há por trás, tudo movido por um excesso de "verdade", por uma vontade de mostrar "a verdade" ao público — algo que não combina com uma apresentação artística. Calem-se, façam-se de mudos para ouvirmos os surdos!

453 A tirania do conceito

O carnaval está logo ali com todas as suas músicas, danças e, talvez, fantasias coloridas. Digo talvez porque tem gente brava com as fantasias carnavalescas. Dizem, por exemplo, que a de índio é proibida, pois "é uma apropriação cultural do opressor, que no carnaval diverte-se a partir do sofrimento dos povos indígenas." O fiscal do carnaval irá conferir as fantasias. A cada fantasia de índio que ele encontrar, o seu intelecto irá fornecer um conceito de opressor que será usado independentemente de quem esteja fantasiado. O particular ou o singular, o sujeito em carne e osso fantasiado, é rejeitado aqui, o que vale para o fiscal do carnaval é um conceito de opressor, o universal, e o seu uso irrestrito. Não se pergunta "Mas quem assim se fantasia?". De repente, é alguém que admira culturas indígenas e respeita inúmeros índios conhecidos seus. No entanto, a tirania do conceito é apressada, não quer estourar o tempo do seu desfile, mesmo que o seu desfile seja com menos cores. Porque os conceitos são incolores.

454 Para que o carnaval?

Não são poucos aqueles que não gostam do carnaval. Há inúmeras razões nesse grupo de pessoas que odeia a folia. Podemos citar algumas: têm vergonha do próprio corpo (porque o carnaval é a festa da carne), não foram criados num ambiente alegre (porque o carnaval é o período da alegria), têm medo da perda carnavalesca (porque o carnaval é o tempo da loucura e perda de si). Há também o argumento econômico usado para negar o carnaval, alegam prejuízos econômicos com a parada do feriado prolongado mas esquecem-se de inúmeros setores que consideram o feriado do carnaval um dos mais lucrativos. Podemos citar o setor hoteleiro, o de aviação e até mesmo tocadores de atabaque faturam com o carnaval. O bobo triste que nega o carnaval poderia ser acolhido no carnaval (porque o carnaval é também o período dos bobos, mas os alegres), então diminuiria a sua raiva e reconsideraria o seu argumento econômico. Como vimos, há setores que faturam muito no carnaval. Mas os bobos tristes sem um carnaval enganam-se também quando não avaliam outros benefícios do carnaval. O carnaval pode ser julgado usando-se argumentos que transcendem a argumentação econômica, argumentos que, no fim, mostram-se também economicamente positivos. Se olharmos o carnaval como

Aristóteles viu a tragédia grega (*Poética*, 1449b25), que era igualmente uma festa popular, poderemos, num certo sentido, dizer sobre o carnaval aquilo que o grande filosófico disse sobre o teatro grego: logo, o carnaval tem uma função purgativa, o folião livra-se de afetos ruins durante a folia, alivia-se no feriadão para que o retorno à vida normal e ao trabalho seja mais saudável. Benefícios econômicos de um carnaval que serve também como medicamento podem ser incalculáveis e invisíveis a um bobo triste, porém existem. O carnaval também pode ser visto como uma festa dionisíaca. Nessa perspectiva, é Nietzsche quem nos ajuda a interpretá-lo. Nietzsche leu a tragédia grega de forma diferente de Aristóteles. Ao invés de um purgativo, o teatro grego apresentava a realidade trágica do mundo, segundo Nietzsche. Na atuação do impulso dionisíaco, o público experimentava a participação na natureza, a perda da identidade, o retorno à unidade original (*O nascimento da tragédia*, I). Em nosso carnaval temos a troca de papéis (patrão vira empregado, homem vira mulher, etc) para, num curto período, as barreiras sociais e biológicas serem esquecidas. O folião perde-se na multidão, esquece as suas dores, samba com um sorriso no rosto mesmo com um calo no pé. Alegra-se por participar de um mar de foliões, alegra-se por brincar. A criança reaparece para ser esquecida na quarta-feira de cinzas. O retorno à vida normal é o retorno à vida adulta, que na maior parte dos casos é a vida sem alegria. Mas esse folião ainda tem o carnaval para brincar como um bobo alegre mesmo que o bobo triste queira acabá-lo.

455 *Carnaval como demarcação*

O nosso carnaval é festa, teatro, música e... histórias do Brasil. Os organizados desfiles de escolas de samba — uma ordem dentro da desordem — também apresentam histórias, trazem passados para o presente e reforçam uma *unidade nacional*. É tal sentimento de unidade que promove a diferenciação, torna o Brasil um lugar diferente de qualquer outro. *O nosso carnaval é nosso*, diz sobre um povo que vive numa grande região do planeta, "o Brasil", demarca uma cultura, diferencia-a de outras tantas. Ser contra o carnaval é, de certa forma, ser contra um Brasil.

456 Máscaras resistentes

Dar outra forma ao caráter, assumir um novo papel na vida — que tarefa difícil é essa! Como não há nada imutável, máscaras são trocadas ao longo de uma vida. Mas existe aquela muito arraigada, firme como um tronco que não se deixa arrancar pelo rio da vida. Somente uma *enorme* força pode arrancá-la! Na vida, *na maior parte das vezes*, cometemos o erro em acreditar numa mudança profunda. Dedicamos elogio à mudança. Mas a velha máscara permanece, e nos decepcionamos em ainda encontrá-la. Pois somente uma *enorme* força — não a fraqueza — pode dar outra forma ao caráter.

457 O cultivo de si mesmo

O que significa cultivar a si mesmo? Significa seguir um caminho onde experimentar é a "regra". Olhar "o mundo" com vários olhos e querer intensamente vários olhos fazem parte dessa "regra". Perder-se, encontrar-se, caminhar numa direção que não tenha uma linha de chegada. *Jamais ser, mas vir a ser.*

458 Mais do mesmo pelos publicitários

Para disfarçar o mesmo sob a máscara do novo, publicitários utilizam-se de todos os expedientes técnicos para persuadir parvos. Como pode uma simples luz de LED ser o critério para estabelecer a diferença entre dois modelos de automóveis? No fundo, não há diferenças, ainda mais quando você descobre que o chassi dos dois modelos é fabricado pelos mesmos trabalhadores. E o telefone de quinta geração que ganhou um irrisório detalhe em relação ao de quarta? Novidades para nada mudar — é o que necessita o mercado e um dos seus maiores servos: o publicitário. Há um grande inimigo do homem profundo, que cultiva a si mesmo — aquele que busca o *verdadeiramente* novo. Esse inimigo é a publicidade.

459 Marqueteiro: o prestidigitador

O marqueteiro está muito distante do homem do conhecimento. Ainda que o pequeno homem de anúncios escolha "a verdade", usa-a a partir de formas que enganam, que ludibriam incautos. Já o homem do conhecimento escolhe "a verdade" porque não quer enganar... nem a si mesmo. Ora, o marqueteiro não se preocupa com isso. Dirá que *respeita* "a verdade", é claro! Mas a usa como um prestidigitador. Um exemplo: o pequeno homem de anúncios diz que a "entrega do seu produto será em 72 horas!" Isso porque 3 dias podem parecer muito distantes.

460 *Um exemplo da idiotização ou como transformar todos em publicitários*

Podemos dizer que disposição e fôlego para um bom texto têm sido raros. Em tempos de internet, raríssimos. Hoje, os textos são fragmentados, *tweets* inseridos numa foto, autêntica ou não, para transmitir ou propagar algo tolo. A velha brincadeira "Quer que eu desenhe?" é feita a todo instante. Não com o desenho, mas com a fotografia para ficar ainda mais *real* e fácil de compreender. Vemos, então, que a total *idiotização* está em pleno curso. O tipo publicitário vem sendo reproduzido em larga escala. Porque fotos com *mensagens baratas* são práticas desse tipo idiota.

461 *Engenheiros nada engenhosos*

Não apenas os bacharéis em Direito têm por aqui algum domínio. Há também os economistas — principalmente os formados nos EUA. Certa vez, ouvi um importante economista, por aqui bem formado, dizer que na China o domínio do Estado está nas mãos dos engenheiros. Ora, nós temos bons engenheiros! Onde estão? No mercado financeiro, no departamento de vendas.... Ah, isso é pouco para homens engenhosos.

462 *Filhos do Direito: estéreis que procriam*

É claro, podemos interpretar um país a partir dos seus filhos também! Vamos olhar para um Brasil ou uma parte de sua prole que tem sido muito valorizada. Tal prole coloca-se (e é colocada) como referência ou até mesmo como algum tipo de elite. Refiro-me aos bacharéis em Direito. Dizem que por aqui temos o maior número deles em todo mundo. Ora!, como pode isso? Um país dominado por bacharéis em Direito significa: relações humanas conduzidas por processos, a forma acima da matéria, o desejo de vingança travestido por justiça, o pedantismo, a formação cultural precária (pois não sabem derivar e integrar), a obediência à tabela e, principalmente, a *quase* total esterilidade (se fossem criadores, seriam físicos, matemáticos, músicos...). Assim vemos um influente Brasil, cujos filhos são invejados porque ganham bons salários e têm a ilusória estabilidade (se fossem leitores de Heráclito...). Um Brasil de estéreis que procriam exponencialmente. Ora!, como pode tal absurdo? Deixemos claro que nós não queremos o fim do bacharel em Direito... seria tolice. Queremos o seu enfraquecimento. Que os *verdadeiros* criadores assumam o protagonismo por estas terras!

463 O homem de toga

Nós não acreditamos na Verdade. Mas há ainda muitos que creem. Dentre estes, muitos juristas e os seus seguidores. "O homem do Direito como o homem da Verdade", pensa a multidão. Ou, pelo menos, aquele que busca a Verdade. O que acontece hoje no Brasil é uma consequência da crença na Verdade do homem de toga.

464 Homo consumens

Esqueça tudo aquilo que possa ser chamado de profundo ou espiritual. Enquanto a novidade for oferecida, enquanto as vitrines e prateleiras estiverem repletas de novidades, o *homo consumens* estará ocupado e continuará vivo. Mas quando a prateleira ou o seu bolso estiver vazio, a vacuidade da sua vida o empurrará para alguma morte — seja a sua ou a de Deus. *Pobre homo consumens endinheirado*! Está vivo somente para consumir, sua vida tem o valor da fatura do seu cartão de crédito.

465 Nietzsche contra as churrascarias

"Que horror as refeições que fazem as pessoas atualmente, nos restaurantes e em toda parte onde vive a classe bem aquinhoada da sociedade!" escreve Nietzsche em seu *Aurora* enfatizando o costume de pôr a mesa com excesso e variação como em nossas churrascarias hoje. Para Nietzsche, essas refeições representam algo. Mas o quê? "A classe?", pergunta o filósofo. "Não — responde —, o dinheiro: não se pertence a nenhuma classe mais! A pessoa é 'indivíduo'! Mas dinheiro é poder, fama, dignidade, prerrogativa, influência; dinheiro determina agora o pequeno ou grande preconceito moral de um homem, conforme o quanto dele tenha! Ninguém quer ocultá-lo, ninguém quer pô-lo sobre a mesa; logo, o dinheiro precisa ter um representante que se possa pôr na mesa: daí nossas refeições!"[218] O filósofo do martelo martela mais uma vez, mostrando que hoje "indivíduo" ostenta até na mesa. E em nossas churrascarias, a ostentação até *enoja*.

466 *Alegria calórica conservada*

Em geral, uma ceia de natal ou ano novo é um momento em que o celebrar, o compartilhar e a abundância estão à mesa. São as duas datas em que o melhor é colocado na mesa em quantidades maiores do que as normais para que convidados possam também aproveitá-lo. A exagerada preocupação em relação àquilo que se come nas duas principais ceias — estimulada por médicos, nutricionistas e preparadores físicos tacanhos — é mais um exemplo da ignorância do contexto, algo típico de especialistas. Dois dias no ano não comprometem trezentos e sessenta e cinco no que diz respeito às refeições. Exagerar nas duas ceias não fará alguém gordo, pois a constituição de um corpo ocorre ao longo dos meses, ao contrário do que a obsessão *fit* apregoa. Negar o exagero das ceias de natal e de ano novo é desconhecer as suas origens e motivações. Que nos demais dias do ano a disciplina esteja presente. Mas nas duas datas a "loucura" deve tomar o seu corpo na forma de muitas calorias alegradoras. E que a chamada "ceia *fit*" seja um absurdo como "alegria faminta". Negar o exagero pontual em poucas datas produzirá outros exageros, porque "o exagero, no mundo, é uma quantidade conservada", *assim falou um físico*.

467 *Contra Aristóteles: poesia e história*

Já no *Poética* de Aristóteles, a crença numa diferença fundamental entre arte ou poesia e história é clara. Para o grego, o historiador e o poeta podem

---

218 Nietzsche, F. *Aurora*. Sao Paulo: Companhia das Letras, 2004, seção 203.

usar o mesmo meio, versos, mas o conteúdo tratado pelo primeiro é o fato, de acordo com Aristóteles, "o que aconteceu realmente", enquanto o poeta trata do "que poderia ter acontecido." Ainda hoje a crença no fato histórico, um em si, um absoluto, sobrevive. Mas o tempo passou. Da Grécia antiga até os dias de hoje desconfianças brotaram no *espírito filosófico*. E Nietzsche é um dos mais desconfiados em relação à *verdade*, ao *fato*, ao *absoluto*: "Não, justamente fatos é o que não há, e sim apenas interpretações", escreveu num fragmento.[219] Em Nietzsche, a tarefa do historiador e do artista não são tão diferentes. Também aquilo que chamamos de história é uma criação, uma interpretação, para o alemão. Não é um *fato*. A história que prevalece é somente a mais persuasiva.

468 Contadores de histórias

A história está mais próxima da literatura do que muitos historiadores acreditam. "Fato histórico" como uma absoluta verdade não é crível. Nem mesmo os documentos expressam uma "coisa em si". Devem ser interpretados. E com isso, rendem inúmeras interpretações. O sonho de uma ciência histórica dura afunda. Nem tanto pela ausência de fatos, mas, principalmente, por aquela palavrinha usada por desconfiados: a reprodutibilidade, que é aparentada à falseabilidade e previsão. É por isso que a física é uma ciência... com até mais de uma dezena de casas decimais reprodutíveis.

469 O gosto de quem não tem gosto

Assim como aquele homem que saiu às ruas de Atenas, há mais de dois mil anos, questionando todos e suas supostas sabedorias e gostos, saio por aí e pergunto: o que são o belo e o bom? E a resposta, *geralmente*, é o gosto de quem não tem gosto. Posso afirmar que no subsolo virtual, assim como na vida fora dele, o gosto é ditado, imposto: seja por amigos, ou grupos, ou por tipos que merecem ser copiados. Mas quem, *geralmente*, o impõe? Quem não tem gosto e forças para cultivar-se. Quem quer falar sério sobre arte e não como um diletante que assistiu ou ouviu alguns "clássicos" da indústria cultural? Como falar sobre o filme ou a música se não se conhece estética alguma (mas os adoradores da forma falarão de tecnicidades, que são aprendidas em universidades,

---

219 Idem. *Fragmentos finais*. Brasília: Editora Universidade de Brasília, 2002, fragmento 7 [60].

e não sobre "o mundo" por trás da obra, que é, geralmente, vazio!)? Ou melhor: até fabrica-se de acordo com uma estética, mas ela é *comumente* desconhecida.

470 *A linguiça do Star Wars*

Para quem não sabe o que é a indústria cultural, termo criado no livro *Dialética do esclarecimento* por Adorno e Horkheimer, um exemplo pode ajudar: a sequência *Star Wars* mostra hoje qual é o motivo para fazer arte na indústria cultural. E a causa final ou motivo é fazer dinheiro. Na indústria cultural, arte vira produto, o artista é substituído pelo marqueteiro, alguém que visa, acima de tudo, o sucesso comercial. E se você, estimado amigo, acredita que as artes somente têm como motivo "faturar", você já foi *estragado*. Exemplos de posicionamentos diferentes em relação às artes são encontrados durante a história humana. As tragédias gregas, grandes espetáculos populares que ocorriam na Grécia antiga, tinham motivos outros. Para Aristóteles, como disse, a tragédia tinha a função de expurgar da plateia sentimentos que poderiam ser prejudiciais no dia a dia. Já o jovem Nietzsche, séculos depois, viu na tragédia grega a apresentação de um impulso chamado dionisíaco, que para o filósofo tinha a função de restaurar a unidade e o sentimento de pertencimento do público no seio da natureza. Como vemos, nas leituras de dois gênios, o dinheiro não justificou tal arte. A linguiça do *Star Wars* (enchendo uma atrás da outra) não tem em seus criadores alguma nobreza. Talvez, a trilogia original tenha tido algum motivo para além do lucro. Hoje, infelizmente, não.

471 *Descanso no cinema*

A indústria cultural sempre é vista, suas manifestações estão presentes, pois trata a arte como produto e a experiência estética como entretenimento. Exemplos são inúmeros. Um claro exemplo é o cinema, não apenas os filmes, que muitas vezes são puro entretenimento, mas também as salas de cinema. Recentemente, salas VIPs são criadas para um público "especial". Grandes poltronas que reclinam, garçons e outros serviços que mostram que a experiência estética, artística, virou descanso. E nós sabemos que, desde Aristóteles, o entretenimento é uma forma de descanso. Tal situação não pode ser vista como "natural". Um bom professor ficaria triste com alunos sonolentos, assim como grandes artistas diante de uma plateia em *poltronas-camas*.

472 Goethe e os vampiros

Não gosto de vampiros. Não tenho dado audiência à moda. Vampiros carecem de vida — são muito desbotados. Goethe, um grande artista, também não gostava deles; achava-os horrorosos. Numa carta em 1830, o artista critica o uso de tais figuras na literatura (uma crítica atual ao excesso do tema nos livros e filmes): "Em lugar do belo conteúdo da mitologia grega surgem demônios, bruxas e vampiros, e os sublimes heróis dos tempos antigos têm de ceder lugar a trapaceiros e galeotes".[220] O mito grego é mais vivo — pois diz algo sobre a fealdade e a tristeza, sem excluir a beleza e a alegria.

473 Futebol lá e aqui

Lá, na Europa, futebol é estatística. Em todo jogo números: porcentagem de posse de bola, quantidades de chutes certeiros e "erreiros", distâncias percorridas, joules ou calorias queimadas. Aqui... podem errar até o placar. Porque aqui o futebol é para *amadores*. Aqui as estatísticas são desconhecidas e despercebidas. Somos, em geral, menos "educados" nos números. E é por isso que somos mais olhares artísticos do que científicos no futebol.

474 Futebol genialmente sujo

O jogo sujo no futebol — a falsidade, a tentativa de enganar o árbitro. No berço dos melhores jogadores, a América Latina, a catimba é maior do que na aplicada Europa. Lá, parece-me, há um respeito maior à autoridade. Aqui, não. Respeito que aparece ou não no campo, aparece ou não fora do campo. O nosso futebol indisciplinado nasce num berço pouco disciplinado. Por outro lado, a genialidade não é um sinal de indisciplina? Sim, a jogada genial surge, muitas vezes, da não obediência à táctica da autoridade do time, o técnico. Diante do pré-fixado pela tática, o gênio cria.

---

220 Carta de Goethe a Eckermann de 1830. Citada em Goethe, J. W. *Fausto II*. São Paulo: Editora 34, p. 117, n. 20.

475 O jogador de futebol como *commodity* e o problema de um tipo de inteligência brasileira

O Flamengo quase ganhou do melhor time da Europa. Foi um jogo equilibrado. O que isso significa? Que temos sempre a maior safra de jogadores. Se o Flamengo tem em seu time quase só brasileiros, o Liverpool, por outro lado, tem inúmeras nacionalidades no seu elenco de muito bons jogadores, inclusive brasileiros de destaque. O Flamengo mostrou que o Brasil ainda provê um número enorme de bons jogadores, de tal forma que construiu um time campeão de boa qualidade sem ter os maiores nomes do futebol brasileiro, os da seleção, que jogam na Europa. Exceto o England Team ou a seleção inglesa, nenhum time de lá conseguiria, sem estrangeiros, ser um bom time mundial. Nem os da Espanha, nem os da França, nem os da Alemanha — todos precisam de muitos estrangeiros para ter um bom caldo. Na América Latina, Brasil e Argentina conseguem com as suas "riquezas naturais" formar equipes da elite mundial. O Brasil ainda mais do que a Argentina, pois somos mais de 200 milhões de brasileiros, temos muitos espaços para a prática do esporte e, acima de tudo, dá-se um enorme *valor* ao futebol aqui. Na verdade, é por dar valor ao futebol que todas as facilidades existem no Brasil para formar jogadores. E com tamanha produção ou safra, exportamo-los em grande número, até com a ajuda de times do exterior que trabalham em nossas terras na exploração de jovens riquezas. No Brasil, jogador de futebol virou *commodity* que, em muitos casos, tem aumentado o valor agregado do seu jogo a partir do seu desenvolvimento tático e técnico na Europa. A inteligência europeia transforma uma *commodity* em produto de maior *valor agregado*. E essa história é bem conhecida por aqui... No caso do Flamengo e dos seus jogadores, uma inteligência futebolista europeia (o seu técnico) foi trazida para dar forma a uma matéria bruta, a jovens ainda não bem desenvolvidos, além daqueles que retornaram ao Brasil após um período de desenvolvimento na Europa, os chamados repatriados. O futebol pode ser mais um exemplo de um Brasil que, desde o tempo colonial, destaca-se, principalmente, pela exportação de *commodities*, seja pau-brasil, minério, açúcar, café, soja e, hoje, jogadores de futebol. A interpretação de nossos jovens jogadores de futebol como *commodity* pode até indicar uma resposta para o porquê de não sermos mais dominantes no jogo como éramos nos tempos do Rei, não de Dom Pedro, mas de Pelé. Com a cientifização do futebol, com todos os seus aspectos encarados a partir das "ciências do futebol", ficamos para trás. Somos artistas da bola; não somos técnicos de planilhas. Acreditamos no talento, na arte, no "dom", não vemos ainda o futebol como negócio no nível dos europeus, que o tratam dentro de uma ciência dos negócios. No final das contas, sem álgebra porque somos na média ignorantes em matemática, temos aqui um exemplo do problema de um tipo de inteligência brasileira, ou a sua falta. É um problema psicossocial.

476 Campos da vida

E tínhamos até uma boa seleção. Atletas talentosos comandados por um estrategista, alguém com bem pensadas configurações defensivas e ofensivas, *alguns* estudos médicos e estatísticos para jogar um bom e belo futebol. Mas "o mundo", mais um vez, mostrou-se arredio: nossas confianças na razão e na vitória foram frustradas porque justamente razão não há — pelo menos não em todos os *campos da vida*.

477 Por que a seleção?

A Seleção Brasileira de Futebol, que os alemães respeitosamente chamam de "die Seleção", proporciona algo que não pode ser menosprezado. A seleção proporciona um forte senso de pertencimento ao Brasil. Na partida, pobres, ricos, pretos e brancos *igualam-se*, sentem-se pertencentes à pátria das chuteiras. Uma partida da seleção pacifica corintianos e palmeirenses, flamenguistas e tricolores, gremistas e colorados, atleticanos e cruzeirenses. Durante a partida, todos são brasileiros: o senso de pertencimento é enfatizado pela amarelinha. O senso de pertencimento aponta na direção contrária à individuação. Quanto maior o senso de pertencimento, menor a individuação. A coletividade é enfatizada quando o senso de pertencimento é alto. Matematicamente, um indivíduo pode ser um processo de individuação descrito por um *conjunto fuzzy*.[221] Assim, há graus de pertencimento e individuação. O senso de pertencimento durante um jogo da seleção é um fenômeno psicossocial de grande intensidade, que somente pode ser ignorado pela falta de entendimento. O

---

221 Veja Neves, J. C. S. A fuzzy process of individuation. *The Journal of Mathematical Sociology* 44 (2), 90-98, 2020.

entendimento provê conceitos, tal como o conceito de senso de pertencimento, que coloco aqui para encerrar discussões vazias, isto é, sem conceitos.

478 O natural contra o artificial

Perdemos uma Copa que parecia certa. Até uma tal inteligência artificial teria calculado as probabilidades do hexa. Seriam grandes, o time brasileiro seria o favorito segundo a mãe Dináh cibernética. Mas, como vimos, isso foi só um erro, mais uma *bobagem artificial*. O certo é que o Brasil parecia-me, no ataque, previsível. E não foi uma inteligência artificial que me disse isso. Foi o meu juízo natural. Os croatas também assim nos julgaram naturalmente. Parece-me que aquilo que nos faltou não foi o trabalho duro e mecânico. Faltou-nos algo natural, talvez o "jogo bonito", porque no futebol o artificial é sinônimo de erro.

479 UFC só se for em Fortaleza

UFC para mim é Universidade Federal do Ceará, a qual admiro e respeito muitos de lá. Já o UFC, *Ultimate Fighting Championship*, não deveria ser levado a sério, apesar de sua enorme capacidade de fazer dinheiro. Aliás, qualquer tipo de luta explícita deveria ser visto com rejeição hoje. Pois estamos no século XXI, e esse tipo de entretenimento barato já poderia ter sido banido. Se o prezado leitor se entretém com lutas, saiba que é o seu lado tosco o responsável por isso! Quer batalhas? O futebol as tem. Quer disputa? O basquetebol a oferece. Os nossos esportes de hoje são "espiritualizações", no sentido de refinamentos, de um antigo instinto, o de combate, guerra ou disputa, o mesmo que conduz ao UFC quando ainda está em estado cru. O basquetebol é algo ainda mais refinado do que o futebol pois é disputado num ambiente artificial, a quadra, já o futebol é realizado sobre uma vasta vegetação, o gramado. Nesse sentido, o futebol é mais próximo à guerra tradicional do que o basquetebol. Isso poderia explicar o motivo de ser o esporte mais popular do mundo (já o rúgbi, mesmo num gramado, pode ser tido como muito tosco e violento a muitos, logo rejeitado apropriadamente por uma boa parte das pessoas). A psicologia de um lutador também poderia ser um motivo de rejeição ao UFC. Alguém que sobe num ringue para "amassar o coco" de outrem, sem este ter-lhe feito algo, só por dinheiro e fama, mostra um tipo de "doença" psicológica. Talvez todos lutadores tenham algum grau de *sociopatia* ou *psicopatia*. Isso fica evidente com um nocaute e a sua comemoração sobre o corpo de alguém que sangra. Nós não repudiamos aqueles que não mostram simpatia ou empatia por outrem, considerando-os incapazes de viver em sociedade? Então, repudiemos o UFC e toda luta explícita e sangrenta.

480 *Origem das torcidas organizadas*

A origem das torcidas organizadas e sua popularidade está no sentimento de pertencimento. Ou seja, em tempos de queda das religiões tradicionais, no ocidente, a torcida organizada fornece o grupo e o sentimento de pertencimento a ele. Em outros tempos, na antiguidade grega arcaica, tal pertencimento era interpretado como sentimento de liberdade. Como escreve uma erudita brasileira, na antiguidade arcaica ser livre era "pertencer a um solo próprio, crescer e desenvolver-se a partir de um grupo como extensão de sua pessoa, o que possibilita reconhecer-se como partícipe grupal em grau tão endógeno, que a instância do 'eu' — como se pode dizer — só surge enquanto parte constitutiva da identidade grupal."[222] Ou seja, o sentimento que irrompe no torcedor é o mesmo, só não *comumente* chamado de liberdade.

481 *Messi como especialista da bola*

Lionel Messi tem aproximadamente 80% dos seus gols com o pé esquerdo. Fica claro quão "especialista" e "eficiente" o argentino é. E fica nítido o porquê de muitos o considerarem "o melhor". Mas Messi é um grande especialista como um grande operário da ciência, que fala bem sobre um tema só e muitas vezes. Em tempos de mundo como fábrica — um mundo que avalia pela eficiência e produtividade —, o operário da ciência é "gênio", e Messi — o maior. No entanto, ainda prefiro o tipo que diversifica, que pode até mesmo ser um pouco menos produtivo, mas é mais inventivo, ousado, menos especialista. Pois chuta com os dois pés e pensa com *muitas cabeças*.

---

[222] Gazolla, R. *Pensar mítico e filosófico*. São Paulo: Edições Loyola, 2011, pp. 99-100.

482 *Jornalismo esportivo*

O jornalismo esportivo, muitas vezes, é guiado não apenas pela informação. Há muita inveja como combustível. Quando décadas atrás jogadores famosos e jornalistas igualmente famosos ganhavam grandezas da mesma ordem, o convívio era amistoso. Hoje, com os milhões para os futebolistas e o salário mínimo para os radialistas, fica evidente a origem das ofensas disfarçadas de crítica jornalística.

483 *Ufologia e jornalismo*

A ufologia não é uma ciência. Quando muito, um tipo de jornalismo. O "bom" ufólogo coleta depoimentos e, quando insistente é, obtém documentos estatais supostamente verídicos. E o "mau" ufólogo é somente um mau contador de histórias como muitos jornalistas.

484 *Decaimentos: de alfa a ômega*

Não apenas átomos e partículas decaem. Pessoas também. Vemos então o talento que esmorece, o potencial que não mais se atualiza. Nas profissões, temos inúmeros decaimentos: de um intelectual original para um jornalista pedante, de um artista talentoso para um publicitário, de um engenheiro astuto para um vendedor astuto e de um meia para um zagueiro. Há decaimentos para todos os tipos e letras.

485 *Contra os que falam sobre tudo*

Falar sobre tudo é tão prejudicial quanto comer de tudo. Não há estômago que aguente! Já que conhecimento é alimento para o *espírito*, existem assuntos proibidos para quem tem paladar refinado. Eles fazem mal à saúde. Mas em tempos de jornais, é servido de tudo, rapidamente, exageradamente, como num *fast food*. E a obesidade é nítida.

486 Julgando pelo prazer

Podemos *discriminar* pessoas pelo prazer que buscam. Sexo e comida são fontes de prazer a quase todos. Sexo refinado, com amor, *cristalizado*, usando a palavrinha de Stendhal, vale mais do que o sexo por um belo corpo somente. Também a comida pode ter uma relação mais refinada com quem a come. Já o saber é fonte de prazer para bem menos. Também existem relações e refinamentos neste caso. Aqui, da mesma forma, vale mais quem mais refinado tornou-se: quem é seletivo e sabe distinguir aquilo que é *saudável* daquilo que está vencido e estragado. A bebida e os entorpecentes, em geral, são um critério para deixar de lado ou abaixo. Miseráveis buscam o esquecimento de si mesmos (pois o si mesmo é insuportável neste caso), querem o prazer que a bebida e os entorpecentes possibilitam com a fuga. Mas são covardes para a fuga definitiva: o suicídio.

487 Livros e pratos

Quando decido ler um livro, assumo um compromisso. Será minha companhia por dias, semanas ou meses. Faço um pequeno planejamento. Pois não gosto de deixá-lo, abandoná-lo pela metade. Assim como um prato de comida. E no final, um livro é como um prato, um alimento para o espírito. Escolho-o com cuidado, nem todos podem ocupar minha despensa/prateleira. Existem sabores exagerados, produtos estragados nas livrarias/supermercados. Uma boa medida para avaliar alguém: olhar para o seu prato.

488 Vida como exemplo, corpo como "fundamento"

A vida é o exemplo. Não está nas salas de aulas, nem mesmo nos livros! É a vida o exemplo. Um corpo cria *mundos* para serem *tomados* por outros corpos. O corpo é o "fundamento". É a partir dele que se avalia qualquer ensinamento. Pergunto: "É saudável o que diz? Se sim, então também é o seu corpo, e a sua vida pode ser *tomada* como um exemplo."

489 *Falseando pessoas*

Não podemos conhecer alguém como *realmente* é. Não há uma essência íntima ou um ser imutável por trás da experiência sensorial. Não há o que conhecer *verdadeiramente*. Criamos uma imagem de alguém. São as situações da vida que corroboram ou refutam essa imagem. No final das contas, não conheceremos verdadeiramente alguém pois não poderemos vê-lo em todas as possíveis e impossíveis situações. Mas nas quais estamos diante, naquelas em que vemos, cheiramos, degustamos, ouvimos e tocamos, sua imagem pode ser *falseada*... como uma ideia ou uma teoria.

490 *Perturbações*

Que todos falem e exponham os seus pensamentos. Quem está interessado no que todos pensam e falam? A grande *verdade* é a amplitude de um pensamento: quanto pode *dominar* no final das contas. Se fulano ou sicrano será relevante ou *dominante*, com o tempo saberemos. Falando em termos da teoria matemática das perturbações: "És um modo decrescente ou não com o tempo?" Quase todos são perturbações irrelevantes, decaem rapidamente.

491 *América exportada*

Por aqui estamos a nos americanizar. Quase um século de domínio americano por aqui, e nós temos reproduzido muito daquilo que fazem. Aquilo de "bom", como o conforto material que o capitalismo pode oferecer, é copiado, mas em escalas pequenas. Ou seja, para só uma pequena parte da população, a rica. Aquilo de baixa qualidade, ao contrário, é copiado em grande escala. Além da epidemia de obesidade, comum também nos pobres, temos igualmente por aqui tiroteio em escolas. Teremos ainda inúmeros... infelizmente. Tal como lá, tivemos um bufão na presidência, alguém que não conseguiu resolver o grande problema comum aos dois países: como lá, temos perdido o sentimento de pertencimento a uma coletividade definida pela cidade, pelo Estado e pelo país. Uma coletividade que — caso fosse baseada no amor entre cidadãos, aquilo que os gregos chamavam de *philia* — evitaria quase tudo aquilo de baixa qualidade exportado pela América.

492 Preconceito racial

Não serve apenas o "não tenha preconceitos!". É insuficiente. Deve-se mostrar o que há por trás de um preconceito como o racial: a crença no conceito, a crença na raça, ou seja, a igualação do não igual. O que é o homem negro? Ele simplesmente não existe. O que é o homem branco? Uma fantasia, um erro. Afinal, o que é o homem? Uma abstração, algo inexistente. *Conceitos não existem*, servem apenas para igualar o desigual. O preconceito do tipo racial surge como crença naquilo que não existe, como crença na fantasia do igual, da raça, de uma *substância* comum, justificada pela metafísica.

493 A falsa substância dos brancos, a brancolina

Você pode até não gostar dessa ou daquela pessoa. Mas não gostar ou desprezar apenas pela cor da pele ou pelo país de origem é um julgamento apressado e equivocado. Assumir raças e uma hierarquia de raças, com uma suposta supremacia de uma cor, não tem respaldo na atual ciência. Mesmo que alguém opte por hierarquizar — deixando de lado a ciência de hoje, assumindo, por exemplo, que brancos são superiores — terá de escolher critérios para tal feito, critérios a partir de suas crenças e não a partir da ciência. Então, quais serão? A crença em raças, de certa forma, carrega a crença numa *substância* que definiria uma raça. Só assim alguém poderia defender uma superioridade pois acreditaria numa origem profunda para a desigualdade entre raças e povos, uma suposta *substância* compartilhada por membros de uma raça e ausente em outras, uma suposta alma diferenciada, melhorada. Mas tal *substância* também é uma ficção como toda e qualquer *substância* num sentido filosófico. Sem uma *substância* que garanta a superioridade racial, como amparar um julgamento racista? Somente a partir da luz ou ondas eletromagnéticas refletidas pela pele de alguém, fenômeno que gera a percepção da cor da pele? Mas isso é, no fundo, só uma questão de quem recebe as ondas. Altere a percepção (o aparelho sensorial) e o movimento relativo entre quem reflete as ondas e quem as recebe, você terá outra cor diante dos outros! Portanto, sem uma *substância*, a suposta *brancolina*, e com a dependência entre quem recebe e quem reflete as ondas eletromagnéticas, não há algo absoluto no julgamento racista. Pois não há uma *substância* e uma cor em absoluto. Logo, o julgamento racista não é universal, é somente local e boçal! Como, então, julgar alguém, já que, de fato, há diferenças entre as pessoas? Pensar os humanos como processos de individuação que emergem em contextos específicos elimina a crença numa suposta *substância* que definiria uma suposta superioridade racial. A vida humana como um processo de individuação assinala a importância do meio, do local, na gênese de um indivíduo, não os iguá-la absolutamente, apenas enfatiza que a formação de alguém depende de todo um contexto datado. A vida, nesse sentido, é um processo e não uma *substância*, não se é diferente por herdar uma "cor", mas torna-se diferente durante o processo que se chama vida. Ninguém é, mas torna-se.

De baixo

494 Um buraco negro é forévis

Na filosofia de Mussum, um buraco negro é *forévis*. Mussum, grande *conhecedor* das equações de Einstein, *sabia* da eternidade de muitas de suas soluções, como as soluções de buracos negros. Mussum, antes mesmo da imagem do buraco negro M87* divulgada somente no ano de 2019, *conhecia* a cara de cu de um buraco negro. "Um buraco negro é *forévis*" mostra, mais uma vez, que *o filósofo do morro estava certo*.

495 O cumandante escraviza

Sabemos da crítica de Platão, no *Timeu*, aos homens governados pela cabeça de baixo. Um homem governado pela cabeça de baixo não é livre, não é governado pela razão, segundo o grego. Ou seja, "nos homens a natureza dos órgãos genitais é desobediente e detentora de vontade própria, tal como um ser vivo que não se sujeita à razão".[223] Mas não apenas o *pinto* escraviza. Quem um *cumandante* tem livre não pode ser.

496 Quando a única autonomia que importa é a da bateria

Os tais *smartwatches*, aqueles relógios tecnológicos com monitoramentos diversos e funções em excesso, são os novos senhores de escravos. "É hora de caminhar!", ordena o relógio ao seu "dono" — que no fundo tornou-se propriedade do relógio porque tornou-se o seu escravo! Então, o escravo caminha, exercita-se diante de um aparelho que o constrange e monitora a frequência cardíaca e número de passos dados ao longo do dia. Nesse caso, o governo de si não existe, é o *smartwatch* quem diz o que fazer. A autonomia do sujeito é trocada pela autonomia da bateria.

---

223 Platão. *Diálogos V: Timeu*. Bauru: Edipro, 2010, 91b.

497 Terra plana e bucho redondo

A situação merece uma reflexão. Diante do excesso de gastronomia, um exagerado número na oferta de alimentos, especialmente os gordurosos e os muito calóricos, a cidade fecha livrarias e abre restaurantes. E ignorantes como os terraplanistas só veem alguma curva no próprio bucho.

498 Nada, boia, afunda

Estamos imersos no meio científico. Nele pode-se nadar, boiar ou afundar. Nadar significa ter conhecimentos para conduzir-se em tal meio; boiar é permanecer indiferente; já afundar nesse meio é negá-lo. Poucos nadam e afundam — a maioria é boiada.

499 A questão da audiência

No final, não se busca a audiência. Ou seja, em "aristotelês": a audiência não é a causa final. O fim é o dinheiro do anunciante. Alta audiência significa altas cifras de anunciantes. E tudo é anunciado como se o público tivesse importância. O público é meio pelo qual busca-se o faturamento. Ou seja, em "aristotelês": o público é causa material, massa, gado.

500 Religiões em débito com o fisco

Já que muitas religiões insistem apenas no *material*, no financeiro, nada mais justo do que taxá-las. Consultorias pagam impostos. Igrejas que promovem somente o desenvolvimento *material* são apenas consultorias para uma *massa falida*.

501 Deus e também o Diabo morreram

A morte de Deus é o grande acontecimento dos nossos tempos, estudado e descrito por cabeças *privilegiadas*. O esvaziamento dos valores cristãos, a dúvida em relação à fé, está no obituário de Deus. Mas com a morte Dele, o Diabo também não sobreviveu. Sendo o Outro, o Duplo de Deus, sem a referência suprema do Bem perde-se a referência suprema do Mal. O quê, não sabias nada disso? Não és alguém da vanguarda, amigo.

502 Os novos padres

Os padres mudaram? Ascetas por "opção", estes homens *sempre* deram mais importância à alma em detrimento do corpo. Quando se importavam minimamente com o corpo, o objetivo era espiritual — o corpo sempre perdia da alma na predileção desses celibatários. E os novos padres? Eles são jovens extremante cuidadosos com o vestuário, com a barba, com o cabelo e com a forma física. Dão mais importância ao corpo? Não, no fundo são iguais aos monges que se vestem com trapos. O novos padres ainda são ascetas. A alma ainda é superior ao corpo, ainda existe o danoso dualismo metafísico. Eles, apenas, são a mais nova arma da Igreja, que tem por objetivo seduzir dois tipos de mulheres *necessitadas*: as adolescentes e as velhas.

503 O padre e os trogloditas narcisistas contra Platão

Não é sem alegria que vejo o grande número de academias de ginástica pelas ruas de São Paulo. Ficaria ainda mais satisfeito se fossem criadas no lugar de algumas igrejas. Perto de casa, por exemplo, existe uma academia nos fundos de uma paróquia. Na frente, cuidados com a alma; nos fundos, com a carne. Mas academia para quê? "Para cuidar da saúde", poderá alguém me responder. E saúde para quê? Que não seja para o trabalho, ora! Na formação do filósofo legislador, Platão, em *A república*, elege a atividade física, a ginástica, ao lado da geometria como uma das partes do treinamento do sábio para governar bem. Alma e corpo são igualmente importantes para Platão. Algo diferente de um típico asceta cristão, um padre, que vê na carne a corrupção. Só que hoje é comum também o outro extremo, aquele diametralmente oposto ao asceta. Nem a integração platônica, nem o desprezo da carne do asceta. Há uma sobrevalorização da carne em academias. A *alma* para homens e mulheres que se encantam com os seus reflexos no espelho é deixada de lado. No entanto, *alma ou espírito*, para nós, também é carne. E falar em valorizar o *espírito* é somente assumir uma prática e um tipo de formação para tornar-se mais refinado — algo que trogloditas narcisistas ignoram completamente. Os trogloditas precisam aprender que *a alma também é corpo*.

504 *Maromba que arromba*

Que me perdoem os meus amigos *bodybuilders* ou fisiculturistas, também conhecidos como a turma da maromba, mas vocês estão se animalizando. Venham comigo neste sucinto raciocínio: a comida ou a dieta que seguem é, no fundo, ração; vocês gastam inúmeras horas por semana a levantar pesos cada vez mais pesados para que seus corpos dilatem-se mais e mais; por fim, vivem no cárcere de pequenos apartamentos em grandes centros urbanos. Dieta limitada, inchamento muscular, cárcere e, principalmente, a ausência de uma vida espiritual ou filosófica — que é a vida que humaniza — tornam-lhes a animalização mais nítida? Com o *arrombamento* da vida espiritual, vocês se transformaram em *chester* de Natal.

505 *Cabeçonas em corpinhos e cabecinhas em corpões: Platão contra os brandos e os bárbaros*

Quem frequenta as academias sabe: temos *cabeçonas* em corpinhos e cabecinhas em *corpões*. Pois a academia dividiu-se em duas: uma para a *alma* e outra para o corpo. Platão, fundador da Academia, propôs uma nova forma de vida. Sua república governada por sábios, os filósofos legisladores, tinha a intenção de indicar os caminhos, os modos de vida. Ou seja, desde aquilo que é justo, belo, bom e verdadeiro até a alimentação, passando pela atividade física, seriam determinados. Para governar, o futuro legislador tinha um longo caminho, um longo treinamento. Platão não foi um padre: o corpo, a carne, tinha valor para o grego. O treinamento do filósofo legislador tratava do corpo e da *alma*. Em *A república*, escreve o que acontece quando corpo ou *alma* é deixado de lado: "(...) eu sei que os que praticam a mera ginástica tornam-se mais rústicos que o devido e, em compensação, os que praticam a música tornam-se mais brandos do que seria bom para eles."[224] Por música Platão quer dizer uma arte das Musas, que pode ser, por exemplo, até mesmo uma ciência particular. Mas como não concordar com o *monstro* Platão? Numa academia de ginástica

---

[224] Platão. *A república*. São Paulo: Martins Fontes, 2006, livro III, 410d.

temos a dureza, a barbárie, a estupidez, em corpos bem trabalhados. Na universidade, por outro lado, a brandura em corpinhos delicados. E o conselho do sábio grego é ignorado pelos acadêmicos até hoje.

506 *Ginástica sem fim*

Existe uma busca por "boa" forma atualmente que chama a atenção até dos mais desatentos. Mas para que essa ginástica ensandecida? A resposta que *quase* todos darão: para a saúde. No entanto, existem também aqueles que querem ostentar um "belo" corpo somente. Como, para o homem hodierno, corpo é coisa, já disseram Adorno e Horkheimer, querem então ostentar algo. Querem dizer que têm algo. E isso é burguês... Voltando à saúde: para quê? Na antiguidade, se Platão indicou a ginástica foi por acreditar que o sábio legislador, o filósofo, deveria ter alma e corpo saudáveis para atingir o belo, o justo e o bom e, somente assim, governar a pólis grega. E hoje, saúde para quê?

507 *Atletas e os seus físicos*

Em muitos casos, podemos conhecer o esporte de algum desconhecido pelo seu porte físico. Jogadores de futebol têm baixa estatura e pernas grossas, jogadores de basquete são altos e fortes, os de vôlei são altos e mais longilíneos, os ginastas são pequenos e muito fortes. Já os atletas eletrônicos... Há atletas de vídeo games? Podemos chamar essa gente do *joystick* de atleta? O porte físico de um típico "atleta" de vídeo game também o denuncia: bíceps e tríceps de uma criança de dez anos! Fora o olhar... comprometido com o excesso de ação e estímulos dos joguinhos. Hoje há bons olhos para tais "atletas" porque há muito dinheiro envolvido nos "esportes eletrônicos". Tire o dinheiro — então ficará só atrofia.

508 *Corrida*

Não foi sem surpresa que descobri a corrida. Sim, a corrida! Sempre dei valor somente à caminhada, deixava de lado a corrida. Não acreditava que quando se corre, pode-se pensar também. Desde que não seja muito veloz.

Quanto mais velocidade menos consegue-se pensar. E isso vale para a vida também. Por isso, a caminhada ainda é mais adequada a conversações sérias.

509 *Filhos de Narciso*

Então, a busca pelo "belo" corpo é comum. Mas agora o que me chama a atenção é a "alimentação" que os construtores de "belos" corpos se submetem. Suplementos e mais suplementos: para mim, não passam de ração. Onde está a beleza e, talvez, a saúde nisso? Alguém já disse que o importante é fazer da vida uma obra de arte. Mas que não se torne estátua com isso. Transformar-se em obra de arte é outra coisa. Esses homens e mulheres podem incorrer num erro. Há quanto tempo comemos a comida típica? Décadas, séculos. A comida típica tem história, já foi testada ao longo do tempo. E esses suplementos? Mas o efeito imediato é nítido, e os adoradores de "belos" corpos se aprazem diante do espelho. Tais adoradores precisam conhecer a história de Narciso.

510 *Mulheres das cavernas*

Para aquelas mulheres que gostam de se apresentar "naturalmente" e para aqueles homens que as aplaudem, as palavras de Goethe, ou melhor, de Wilhelm Meister, são as mais apropriadas: "Que insensatez insurgirem-se os poetas e homens que se dizem sensíveis contra o adorno e o luxo, exigindo das mulheres de todas as classes que usem apenas trajes simples, adequados à sua natureza! Censuram os efeitos, sem levar em consideração que não é o pobre adorno aquilo que nos desagrada (...)".[225] Por que não se adornar? Que não me venham falar na superioridade da beleza interior. Não há diferença entre exterior e interior, ou melhor, não há diferença entre corpo e espírito porque "sangue é espírito".[226] Mesmo as inteligentes cientistas que valorizam a mente, o adorno é deixado de lado por muitas. Estas mulheres ainda dão mais valor à alma, ao espírito, em detrimento do corpo. Só que elas preferem, assim como Spinoza, usar a palavra mente ao invés de alma ou espírito.

---

225 Goethe, J. W. *Os anos de aprendizado de Wilhelm Meister*. São Paulo: Editora 34, 2006, p. 201.
226 Nietzsche, F. *Assim falou Zaratustra*. São Paulo: Companhia das Letras, 2011, I, Do ler e escrever.

511 *As aparências nem sempre enganam*

Pode-se julgar pela aparência? Na *maioria* das vezes, para um *bom* observador, a resposta é sim. O cuidar de si mesmo — buscando a higiene própria, roupas limpas (por que não bonitas?), uma rica alimentação e exercícios físicos — pode ser "efeito" de um saudável gostar de si mesmo. Ou seja, alguém com boa saúde tem zelo consigo mesmo. Valorizamos, cada vez mais, esses bons hábitos, e as preocupações com o corpo, desde o surgimento da ciência moderna, têm aumentado. Um pouco antes, o desprezo pelo corpo, o *reinado absoluto da alma*.

512 *Contra os malnutridos*

Corpo e alma ou espírito não são coisas distintas. A má nutrição é um problema corporal e espiritual. A falta e a péssima qualidade do alimento tornam impossível uma vida saudável ou potente. E aqui tratamos do alimento para o corpo e espírito. Em nosso tempo, a má alimentação não apenas vem da comida gordurosa. Vem também dos *best-sellers*, jornais, revistas e blogs desorientados. Alguém saudável seleciona e, o mais desejável, prepara o seu próprio alimento. Seus legumes, suas frutas e carnes são muito bem escolhidos e muito bem preparados com todo carinho. Também as suas leituras, seus pouquíssimos filmes e suas poucas músicas são muito bem selecionados. Tudo deve ser muito bem escolhido para servir ao preparo. Porque alguém saudável não é um devorador de livros, músicas e filmes. Tem sempre em vista a seleção e a criação de novos pratos. Falta de seleção na alimentação e impotência não são "qualidades" apreciadas por nós.

513 *Os sem graça*

Conheço pessoas de boníssima formação, abundantes em conceitos e definições, que sofrem de um grave problema: a gravidade. Não falo aqui da lei de Newton, que enuncia a atração universal entre os corpos como força, nem do olhar de Einstein, que enxerga a atração universal como curvatura espaço-temporal. Por gravidade quero dizer excesso de seriedade. Com a sua permissão, estimado leitor, vou propor uma interpretação para a gravidade, não como fenômeno físico, mas como fenômeno mental. Os sem graça, como disse, têm um entendimento repleto de regras e conceitos. E por tal entendimento ser *rígido, pesado, pouco fluído*, os absurdos risíveis de um pensamento que bagunça os conceitos e sentidos são proibidos. Porque rimos, muitas vezes, do absurdo, do sem sentido. Os sem graça não se permitem um *entendimento desentendido*. São graves, pesados, não são leves e fluídos como quem sorri.

514 *Cara engessado*

Conheço homens e mulheres inteiramente engessados. Adeptos de um pensamento só, seus *espíritos* se engessaram. Jamais mudam suas maneiras e pensamentos. O curioso é que seus corpos estão igualmente engessados. Isso corrobora a tese de que corpo e alma não são distintos. Lembro-me de um que só tinha uma cara. Quando sorria era como tivesse tido um espasmo: seu sorriso desaparecia imediatamente, e sua cara, sempre igual, uma cara de nada, permanecia como seus pensamentos — engessada.

515 *Tá na cara*

Eu reprovo pela cara. Mas não apenas. Também pelo olhar, pelo jeito de andar... Não há uma essência eterna escondida por trás de um corpo que será consumido por vermes num tempo finito. Não há uma essência verdadeira por trás de um corpo enganoso. Há, ao invés, movimentos ou aquilo que chamo de processo de individuação. Logo, corpo e alma são uma e mesma coisa. Existem muitas pessoas que, em apenas um olhar, posso não apenas lançar uma desconfiança mas, até mesmo, *condená-las*. Que eu não seja acusado de preconceituoso. Em geral, não o sou porque vejo bem, costumo bem ler *almas* ou corpos. Por outro lado, quem bem não vê, para aqueles que não enxergam a um palmo, esses sim podem ser muito preconceituosos. Então, o problema do preconceito pode não ser apenas um problema ético e jurídico, pode ser também *oftalmológico*.

516 *O relógio viral e a estupidez*

O relógio do vírus não é tão preciso como um relógio atômico, mas pode ser usado, caso se aceite o que se sabe sobre entidades virais. Duas semanas depois das festas de fim de ano, tivemos casos de COVID-19 em abundância. Especialistas avisaram sobre o relógio viral e anteviram o triste cenário. No entanto, vivemos uma mistura de ignorância e burrice, algo que sempre conduz à estupidez. Pois se a ignorância é não conhecer e a burrice é mal julgar, a estupidez, como incapacidade de bem conhecer e avaliar as consequências de algo, é a soma daquelas duas. Ao contrário dos casos de COVID-19, a *média móvel* da estupidez não sobe nem desce por aqui, pois é uma *constante*. Paradoxalmente, é uma *constante* de grande e baixo valores. Como? Na matemática, a estupidez como constante tem grande valor porque acomete muitos, já na ética seu valor é baixo porque não é uma virtude. O relógio viral marca *constantemente* a estupidez.

517 *Não julgueis, burros*

Há um certo tipo que deveria seguir o conselho bíblico "Não julgueis" do livro de Mateus. Não que isso deva ser uma regra universal. Mas para um certo tipo deveria ser uma obrigação. De qual tipo falo? Do burro. Um burro não é um ignorante, ele é burro! Ou seja, um burro pode até ter uma boa formação, pode até ser doutor, mas quase sempre erra quando julga. A partir de um conceito aprendido, encontra no mundo real um caso em que esse conceito é aplicado erroneamente. Essa é a própria definição da burrice. Não é a falta de conhecimento que a define, é a falta de bom julgamento quando se usa conceitos em casos concretos no mundo real. Não é algo que se aprende ou se desaprende, a burrice é inata, vitalícia e intransferível mesmo por Pix. É ela que, diante de um burro, nos faz duvidar do futuro da humanidade e lamentar sobre o *maledetto* momento em que a espécie humana se diferenciou das demais. Portanto, para ainda termos esperanças na espécie, o burro deveria suspender o juízo, ficar calado e fazer *até* três refeições diárias. "Não julgueis, para que não sejais julgados" é uma verdade só para burros.

518 *O índice H e o índice P*

Simplício: Ah, meu índice H está crescendo. Quero ter um valor superior à centena.

Altanado: Índice H? Do que falas?

Simplício: Do índice que mede a importância de um cientista. Quanto maior, mais citado é.

Altanado: Mais citado? Ora, vê se não é mais uma estúpida invenção de um mundo que deseja ardorosamente tudo quantificar. Eu mesmo nem sei quanto é o meu índice H... pouco me importa! Agora, seria mais curioso um índice P — que mede o tamanho... Neste caso, o mais importante não é a citação... é a excitação!

519 O abismo

Simplício: O que é o abismo?

Altanado: O abismo não é.

Simplício: Onde fica?

Altanado: Não fica algures. Abismo como a completa aceitação de que fundamento último não há. Nada de valores universais e absolutos, nada de verdades eternas e imutáveis. Olhar o mundo por esta perspectiva é afirmar que aquilo que chamamos de ciência, filosofia, religião, moral e arte são — como disse o sábio — criações humanas, demasiado humanas. Sim, Simplício, apoiamo-nos em ficções e em erros. Portanto, apoiados não estamos — no abismo ficamos!

Simplício: Isto é terrível!

Altanado: Não, agora somos livres para criar mundos.

520 *Distrações*

E se toda a sua vida não passar de um distrair-se, um desviar-se de um *pensamento abissal*? E se eu disser que essas distrações apresentam-se como consumo, como ciência e sua crença na lógica/razão e como os ideais igualitários tão distantes e irrealizáveis quanto o paraíso cristão? Quem não é adepto de pelo menos uma distração dessas? Quanto ao pensamento *abissal*... Não poderei dizer nada, o *abismo* é inefável!

521 A existência nua

A existência nua me é dada em apenas alguns segundos. Nestes, todo o seu vazio é apresentado. São segundos aterradores — seguidos por sentidos que preenchem o vazio. O extremo vazio pode conduzir ao nada. *Mas do vazio também pode surgir um mundo cheio de sentidos.*

522 Um desafio não arquimediano

O grande Arquimedes certa vez disse algo como: "Deem-me um ponto de apoio e moverei a Terra". Mas eu proponho algo diferente: mover a Terra sem precisar de um *apoio ou fundamento*. Aquele que conseguir elevar-se-á em relação aos grandes!

523 Trinta e seis anos de solidão

"Por que tanto tempo, Hölderlin? Tamanha reclusão e solidão, são poucos os que conseguem. Tu foste maravilhoso. O teu *Hipérion* está entre os maiores e mais ricos. Uma fonte inesgotável e abundante. Tu viste o que poucos conseguem ver. Seriam os teus trinta e seis anos de solidão o efeito de forças bem vistas que não conseguiste dominar? A chamada *dementia praecox*, atribuída a ti, seria somente um nome pomposo para a tua constatação do *abismo*, do sem fundo da existência?"

524 Trogloditas poliglotas

Os trogloditas poliglotas rosnam em mais de uma língua. Suas habilidades linguísticas são veneradas. Mas o que adianta o poliglotismo quando se vive no *vazio*? O *vazio*, então, é expresso em várias línguas.

525 Rio

Uma torrente inexorável, um rio que nunca para. Jamais estático, represado — águas que sempre trazem o velho novo. Rio da vida, *mundo* como Rio e sorriso. Heráclito como carioca?

526 Esquecimento

No rio da vida, aquilo que passou não voltará... tão cedo. O passado deve estar sempre mais distante, remoto, apagado. Pois o esquecimento é um alívio, uma *força* oposta ao *peso*, tornando a vida mais leve. Minhas antigas paixões e as suas dores e sofrimentos — não há mais nada que nos toque. Tudo se separou, se afastou. O *abismo* entre nós somente aumentou.

527 Justiça fluida

No Brasil, o magistrado — aquele que deve buscar o justo — está de acordo com o *suposto* Platão do *Crátilo*. Sendo o justo algo que atravessa tudo,[227] um fluxo, muitos dos nossos juízes e desembargadores também estão, de certa forma, à procura de um "justo fluxo"... mas de dinheiro.

528 O problema no banho

Não foi a primeira vez que a solução para um problema surgiu num banho (e aqui não falo do problema do mau cheiro!). Será que água ajuda? Pelo que me parece... É como se a água do chuveiro — uma água que escorre... Sim, movimento: a água do chuveiro é movimento. E no campo de batalhas de um corpo que busca uma solução ou um posicionamento, a água em movimento gera movimento-posicionamento.

529 Origem do mau cheiro no mundo

Observar as próprias fezes é muito importante. Ocorre sem pensar, sem consciência, algo instintivo — é como andar. Mas com consciência, reparar em sua consistência, formato e volume pode ajudar a descobrir algo que não *cheira bem*. E quando não se repara, quando se tem algum defeito — uma má consciência —, quando não se tem bons olhos, *cagadas* são disseminadas e compartilhadas, causando um mau cheiro no mundo.

---

227 Veja *Crátilo* 412d.

530 *Cães quase todos são!*

Cães *quase todos* são! "Pois cães ladram contra os que eles não conhecem", disse o sábio Heráclito.[228] Ora, diante do desconhecido, é comum como um cão agir: os medrosos ladram e correm; os corajosos ladram e avançam. Isso porque o *estranho* causa medo.

531 *Brasil ontem e hoje*

E se as coisas não forem tão novas assim? E se o gosto pelo jogo financeiro for antigo, algo que tem sido colocado acima do coletivo? E se a disputa e a esperteza financeiras entre indivíduos são colocadas acima de tudo já faz um tempo? Hoje são inúmeros os exemplos dessa vida. Seria recente? Parece-me que não, pois no *Dom Casmurro*, de Machado de Assis, Bento Santiago narra o fechamento de uma farmácia para dar lugar a um banco: "A farmácia faliu, é verdade; o dono fez-se banqueiro, e o banco prospera" (CXXXIV, O dia de sábado). Ora, a diferença qualitativa entre ontem e hoje está num ponto: farmácias já não quebram mais, a necessidade de entorpecentes e placebos cresceu hoje. Já no que diz respeito ao financismo, a diferença é só quantitativa. Hoje em dia, até lojas que vendem cuecas são "bancos" — você compra uma para cobrir o seu cu, e o dono enche o dele com dinheiro a juros altos.

532 *Bolsa ao invés de boceta*

Que me perdoem os amigos investidores da bolsa, mas o jogo financeiro e as preocupações com ações e títulos de investimentos são uma miséria. Não importa quantos milhões vocês ganham. Despender boa parte do dia para faturar mais e mais é... pobreza. Como bom amigo — um que ama ver amigos enriquecidos —, só posso oferecer uma terapêutica, um remédio para a miséria espiritual de pobres amigos. Aqui insisto no rico remédio da boa formação, uma que passa pelos grandes nomes que formaram o ocidente na sua versão mais bela, boa e inteligente. No passado, o excesso de tempo gasto para os ganhos financeiros foi criticado por nomes como Aristóteles, Dostoiévski e Nietzsche. No nosso tempo, o da ansiedade e da busca desenfreada por lucros,

---

228 Heráclito. Fragmentos. In: *Os pré-socráticos*. São Paulo: Editora Nova Cultural, 2005, fragmento 97.

há críticas de inúmeros nomes respeitáveis que testemunham o desperdício de esforço e tempo de jovens talentosos que buscam o jogo financeiro. Buscam as taxas ao invés dos versos, os títulos do tesouro ao invés dos tratados e a bolsa ao invés da *boceta*. Ora, seria um problema sexual na sua origem, amigos?

533 O Brasil

"O Brasil"! Mas do que falam? Não há "o Brasil". Há inúmeros!!!... Zombo de quem diz conhecer as soluções para o Brasil. Pois, para mim, diz conhecer apenas soluções para uma *equação imaginária*... Ah, nem isso! Pois no Brasil não se sabe matemática... Mas em qual Brasil mesmo?

534 Promessas que podem ser equivalentes às do seu candidato

"Se eu for eleito, a lei da gravidade será revogada, a inércia, combatida, e a eficiência será total, não haverá perdas. A inflação cósmica será zerada, e a expansão espaçotemporal, paralisada. Buracos negros serão tapados, e a Via Láctea, recapeada!"

535 Hiperbóreos

Não apenas geograficamente estamos longe dos Hiperbóreos. Aqui, é comum o céu não ter *claridade e limpidez*. Em cima de muitas cabeças, o Sol não brilha (nunca brilhou e jamais brilhará!), pois nuvens estão carregadas de ressentimento e raiva. *Idade das trevas*.

536 DroBrasil

A mais famosa avenida de São Paulo, a *concreta* Paulista, tem quase uma drogaria por quarteirão em cada sentido. A venda de drogas — lícitas e ilícitas — tem gerado lucros em *escalas cosmológicas*. Entrar numa drogaria hoje é deparar-se com absurdos. Por exemplo, o absurdo da cestinha repleta de placebos e o absurdo de uma geração que há décadas não se cuida, alimenta-se mal, movimenta-se pouco e não serve o *espírito* com o que existe de melhor numa boa livraria ou biblioteca. Hoje precisam de drogas para sobreviver. E por falar em (sobre)viver: até quando? Está na hora de aprendermos a morrer também...

537 O absurdo na farmácia

Dias atrás fui à farmácia comprar coisas para alguém saudável. Fiquei surpreso com o número de idosos com suas cestinhas repletas de medicamentos. Dei uma rápida e disfarçada olhada: remédios para pressão alta e diabetes eram comuns. Pensei na alegria daqueles envolvidos com a fabricação e venda de medicamentos. Estão lucrando bilhões. São dois os problemas aqui. O primeiro é a causa de tantas doenças: depois de uma vida quase toda sedentária e com péssima alimentação, é razoável a fila na farmácia na velhice. Pois ainda é comum comer como porcos e mover-se como... Em muitas pessoas é até difícil imaginar como andam, caminham. Há ainda graça no andar? Talvez não, pois simplesmente não andam mais. O automóvel não as deixa. Quanto ao primeiro problema, gerações futuras e próximas poderão resolver. É com satisfação que vejo um grande número de pessoas, cada vez mais, buscando conhecimento para alimentar-se melhor e exercícios físicos. Para o segundo problema uma solução é mais difícil. Demorará mais tempo. Ele diz respeito ao não se preparar para morrer. E por não se prepararem, todo e qualquer *paliativo* é usado para arrastar vidas que não se sustentam mais.

538 A família brasileira doente

"O remédio da família brasileira", assim diz um famoso laboratório para promover as suas drogas. Como!? A família brasileira está doente? De qual família fala? De todas? Se forem todas, temos então um país doente. Pensemos: um remédio destina-se a um doente. Ao dizer que as suas drogas são para a família brasileira, o laboratório diz que é a família brasileira que está doente. Talvez não esteja equivocado pois a "família brasileira" mostrou a sua doença nas últimas eleições — tal diagnóstico vem de um doutor, mas não em medicina, tão nítidos são os sintomas da doença! Esqueçamos a vontade de lucrar do laboratório. Então qual o sentido de anúncios com pessoas sorridentes dizendo que conhecem o "remédio da família brasileira"? Nenhum! Sem a alegria do lucro, deveriam somente ficar tristes pois teriam um diagnóstico triste

— "a doença da família brasileira". Mas a vontade de lucrar é maior do que tudo, e para essa gente quanto mais doentes mais lucros. Devem pensar: "Fique doente logo, família brasileira, porque tenho uma droga esperando por você!"

539 *Ájax na UTI*

O tipo Ájax — algo raríssimo hoje. "Viver com honra ou perecer honradamente é o lema para quem de fato nasceu nobre",[229] afirma o herói grego na peça de Sófocles. Ájax, nos dias de hoje, soa estranho para muitos. Em tempos de *fraqueza* e excesso de *compaixão*, um médico ajaxiano desligaria aparelhos numa UTI, pois "não admiraria um homem que soubesse apenas alimentar esperanças vãs."[230]

540 *Heróis e overdose*

Se morrerem de overdose, não serão meus heróis, poeta. Serão depauperados, desesperados, em suma, degenerados. Ora, o herói é a máxima expressão da força — a coragem elevada a enésima potência. O suicídio do herói é o suicídio de Ájax.

541 *Maconha como analgésico*

O sofrimento deve ser encarado. Porque fortalece. O problema da fuga diante da dor está na formação de um corpo que não se fortalece com as perdas, com as frustrações, com as forças contrárias que o mundo sempre irá colocar. "O que não me mata me fortalece", escreveu Nietzsche em *Crepúsculo dos ídolos*.[231] Sendo assim, no fim, o maconheiro e o hipocondríaco igualam-se não apenas no cemitério. São semelhantes também no que diz respeito à dor... ou à fraqueza diante do sofrimento.

---

229 Sófocles. Ájax. Rio de Janeiro: Zahar, 1993, versos 659-660.
230 Ibidem, verso 658.
231 Nietzsche, F. *Crepúsculo dos ídolos*. São Paulo: Companhia das Letras, 2006, Máximas e flechas, 8.

542 Filosofia da maconha

O *cigarrinho do capeta* do demo não deve ser. Porque o tinhoso, em geral, apresenta-se endiabrado, já o maconheiro, amansado. Então, seria a maconha divina, uma *divina comédia*, e estaria, assim, explicada a graça que veem naquela coisinha *risível*?

543 Imortalidade

Depois de morto, perguntaram-me: "Quem foi ele?" Respondi: "Basta olhar sua obra para saber quem foi. De alguma forma, permanece. Seu espírito, seu sangue, está em tudo o que fez. Que o reconhecimento ocorra somente entre semelhantes — que o não semelhante sinta sua obra, sua saúde, como veneno!"

544 Minha primeira descida ao Hades

Desci ao Hades, pela primeira vez, há uns anos e lá encontrei Nietzsche, que virou, para mim, uma espécie de guia no mundo inferior, assim como Virgílio foi para Dante em sua *Comédia*. O primeiro encontro marcou minha vida — foi um divisor de águas (uma feliz expressão quando se trata de Nietzsche, que pensa, assim como Heráclito, o vir a ser como o fluir de um rio). O grande alemão contou-me sobre sua interpretação de mundo, alertando-me sobre os preconceitos morais por trás de outras interpretações tais como científicas e artísticas. Com um sorriso no rosto falou-me sobre aquele que se elevará em relação ao homem de hoje, o *além do homem*. Nietzsche mostrou contentamento e até um pouco de surpresa com a capacidade de predição de sua obra: totalitarismo, arte como entretenimento e adições são marcas de nossa época previstas pelo alemão em seu *corpus*. Em seguida, contei-lhe sobre a mecânica quântica e a cosmologia. Meu guia sorriu e disse: "Tu trazes boas-novas!"

545 Felicidades

A felicidade da ignorância — uma felicidade de quem pouco conhece. A felicidade da sabedoria — uma felicidade de quem muito conhece. No final, depois de muito caminhar, o pouco e o muito encontram-se. Mas e a infelicidade de quem se diz "sábio"? É arrogância de quem ainda precisa muito caminhar.

546 *Tédio*

Que os meus amigos e, principalmente, as minhas amigas que amam e cuidam com muito ardor dos bichos não me levem a mal. Mas o motivo que faz vocês cuidarem é o mesmo daqueles que maltratam os bichos — o tédio. Para se livrarem do tédio e de si mesmos, buscam os bichos — seja para ter prazer com a tortura, seja para ter prazer com o cuidado.

547 *Não tem preço, ordinário*

"Todo mundo tem o seu preço" é uma das afirmações mais baixas, é de um tipo que, como disse o poeta, coloca na mesma balança o gênio e o queijo. Quão triste ficaria um Kant se escutasse um ordinário qualquer a repetir tal tolice. O grande Kant buscou algo que determinasse a vontade humana, algo que guiasse o nosso agir e fosse não material, não empírico ou a priori. Esse algo, segundo o filósofo, é a lei moral que não teria relação direta com a felicidade humana e os prazeres do mundo. Mesmo que recusemos uma "lei moral a priori", porque somos filósofos naturais, podemos rejeitar a lei imoral "Todo mundo tem o seu preço". Não somos ordinários...

548 *Viagem de avião*

Não consigo ficar totalmente tranquilo num avião. Acredito que a tranquilidade num avião surge por dois motivos: a fé na máquina e a fé na divindade. Como não tenho uma fé inabalável na máquina e numa divindade protetora, acredito que a gravidade pode vencer. Passageiros tranquilos acreditam em coisas como hora certa para morrer. Mas não há hora certa para morrer porque toda hora é hora para morrer.

549 Motoristas e telespectadores

Além da poltrona e do assento confortáveis, o que une motoristas e telespectadores? "O entretenimento!", poderia até mesmo Aristóteles responder. Claro, se tivesse visto automóveis e televisores. Porque aquele que gosta em demasia de dirigir ou de assistir à TV quer somente o entretenimento. Quer ver o mundo passar confortavelmente. O telespectador e o motorista, quando se usa o referencial do automóvel, veem o mundo vindo e indo. Em *Ética a Nicômaco*, Aristóteles diz que "o entretenimento é repouso e, portanto, um afrouxamento dos esforços; o forte apego ao divertimento é uma forma de frouxidão excessiva."[232] Frouxos e indolentes que se unem e se misturam: quando assistem à TV, veem carros; quando dirigem, assistem à TV.

550 Pilotagem mórbida

Pilotos de automóveis ou motocicletas, sejam profissionais ou não, têm em comum dois gostos: pela disputa e pela provocação da morte. Neste último chama-me a atenção o prazer sentido por quem permanece vivo após ver-se diante da morte. Prazer que surge de um alívio. Na reta, a morte é provocada, o carro atinge o seu limite; perto da curva, a morte é vista de perto, mas os freios fazem com que a reta torne-se curva, e uma boa tomada de curva traz o alívio prazeroso de não ter morrido (num piloto treinado sua reação diante da morte e o alívio prazeroso são menos nítidos. Mas num passageiro que o acompanha, as reações são impressionantes). No final das contas sem álgebra nenhuma, é morbidez pura.

551 O acelerador como parte de um órgão

Se, como dizem, o carro for uma extensão do corpo humano, então o acelerador será parte de um órgão que emite sons. Quando o utiliza, o homem frustrado e ressentido expressa todo o seu rancor e mau humor. O acelerador é um meio para dar vazão, é um alívio. Quando usado ou não, pode matar.

---

[232] Aristóteles. *Ética a Nicômaco*. Bauru: Edipro, 2013, 1150b15.

552 O automóvel: potência para impotentes

Que o automóvel seja uma das piores invenções, eu já admito. "Mas como!?", perguntarão os devotos da tecnologia (uma das mais novas *seitas* disponíveis). O problema do automóvel é o seguinte: atribui-se potência e força a impotentes e fracos. Quando não se tem força, ressentido torna-se, direcionando tudo para dentro. Então, o automóvel pode proporcionar, com muitos cavalos à disposição, a força que falta. É isso o que ocorre no trânsito. O automóvel é usado para dar vazão àquilo que ficou represado. E é sobre centenas de cavalos que aquele que sempre *amarra o burro* se desamarra.

553 Boa viagem... para o inferno

A indústria automotiva descobriu que, ao invés de uma grande velocidade final, um grande torque ou uma grande aceleração é mais estimulante para muitos dos seus clientes. Carros que são rápidos, aqueles que vão de 0 a 100 km/h em pouco tempo, causam mais "adrenalina" aos seus motoristas. São mais divertidos e "ótimos" para se arrebentarem junto com viciados em tal hormônio.

554 Corridas e um dissimulado objetivo

As corridas de automóveis, tão populares por aqui, têm um dissimulado objetivo: despertar o interesse por carros. Não é pouco o dinheiro que a indústria automotiva investe nessas *tolas distrações*. Assim como as corridas, também as feiras, filmes, programas de TV e até as miniaturas de automóveis têm esse objetivo. São tentáculos para pegar desprevenidos. Até o culto a pilotos segue esse caminho. E tal caminho, que era curvo, matou um dos homens mais reverenciados por aqui. Sim, reverenciado! O dissimulado objetivo cumpre-se.

555 O riso da hiena

O que disfarça uma risada diante do fracasso alheio? O alívio de um homem pequeno e malsucedido — uma hiena miserável. O *homem-hiena*, diante do fracasso alheio, alivia-se pois percebe que o fracasso não é só seu, alivia-se pois vê no outro um igual. Feliz fiquei, enquanto escrevia esta nota, porque a palavra hiena, no *Aurélio*, já contempla esse sentido (quando comecei a reparar atentamente nesse riso que surge da miséria, ainda sem consultar o dicionário, o animal hiena vinha à cabeça!). De agora em diante, tais homens — numerosos, por sinal — serão por mim denominados simplesmente por hienas.

556 *O batedor de carteiras e a hiena miserável*

Assistir a um roubo mostra-nos que nunca deixamos de ser natureza. Um incauto que exibe o seu *smartphone*, fotografando a si mesmo e a sua família, tem o aparelho roubado num átimo. Um bom tempo de trabalho gasto para comprar o aparelho é levado por um grupo de astutos pouco preocupados. Diante da cena, lembrei-me do leão que caça, com dificuldade, para, logo em seguida, ter a sua caça levada por um grupo de hienas miseráveis. E como os despreocupados, saem rindo. O riso da hiena é uma miséria em qualquer selva.

557 *Cinismo filosófico ou filosofia de peidos e porra*

Diógenes, o cínico, o cão, mesmo que a tradição filosófica diga o contrário, foi um dos pensadores mais valiosos. Uma pedra no sapato de Platão, Diógenes tinha um enorme prazer em apontar os *erros* do famoso filósofo grego. Existem vários exemplos que mostram isso. Certa vez, depenou um galo e disse: "Eis o homem de Platão!"[233] Isto porque o filósofo do mundo das ideias insistia em definir homem como bípede sem asas. O cínico, além de provocador, foi também corajoso, ignorando Alexandre, o grande, o homem mais poderoso do mundo, quando lhe disse durante seu banho de Sol: "Tira tua sombra de mim."[234] Diógenes foi um contraexemplo aos confortados. Vivia feliz nas ruas, na pobreza, e o único "luxo" que tinha, uma caneca, abandonou depois que viu uma criança beber água usando somente as mãos. "Um menino deu-me uma lição de simplicidade",[235] disse depois. O que o cínico queria mostrar era o ridículo e o absurdo da civilização. Diógenes deu a si mesmo a missão de falsificar a moeda, os valores, e foi um dos mais radicais

---

[233] Citação retirada de Navia, L. E. *Diógenes, o cínico*. São Paulo: Odysseus, 2009, p. 248.
[234] Ibidem, p. 246.
[235] Ibidem, p. 245.

nisso. Sem pudor, masturbou-se em praça pública e defecou, diante da plateia, numa edição dos jogos olímpicos. Foi o tipo que para chocar peidava, arrotava e debochava na frente de todos. Um cão que seria bem-vindo em nossos departamentos hipócritas.

558 A metáfora da centopeia

Certa vez, uma centopeia defendia uma ideia de forma veemente. Ela acreditava em tal ideia, não a colocava em dúvida por nada. A partir dessa ideia, a centopeia defendia "o quanto menos melhor", "a eficiência acima de tudo", "o corte do supérfluo" e coisas semelhantes. Certa vez, encontrou uma velha e sábia águia que lhe disse: "Cara amiga, tu sabes que os adeptos da tua ideia irão cortar as tuas patas? Usam como exemplo a cobra, que bem desfila sem o "desperdício" de patas. Tu não vês que ao apoiá-los acabas por colocar uma ideia acima do concreto? E nesse caso, peia, tu és o concreto, tu irás sofrer a tirania de uma ideia. Não enxergas?" A centopeia não enxergou, foi mutilada em nome de uma ideia. Talvez, se tivesse inúmeros olhos ao invés de inúmeras patas, iria enxergar o absurdo de uma ideia que cega por desconsiderar o particular, o concreto, que é realmente aquilo que pode ser *visto*.

559 Função das pernas

Função cujo *argumento* é o comprimento. Seu valor nem sempre é *real*. Em alguns casos, é *imaginário*... um delírio de quem não vê bem. A *função das pernas* tem o desejo em sua *imagem*. É uma *função crescente e diretamente proporcional ao comprimento*. Ou seja, quanto mais perna vemos, mais desejo sentimos. Está aí a origem do salto alto. Um embuste para amplificar o desejo.

560 Absurdos dos pés à cabeça

Sabe os dedos dos seus pés? Ele se encostam — exceto para quem tem os pés deformados — e, curiosamente, você não se incomoda nem se dá conta disso. Mas quando você coloca algo entre os seus dedos, sente esse algo. É como se o contato mútuo entre os seus dedos produzisse um *ruído de fundo*, eliminado para que você possa viver sem incômodo algum. E se os mais incômodos absurdos da vida forem um *ruído de fundo* para você? Você tornou-se insensível a absurdos, meu caro, vive sem se incomodar com "ruídos"? Então, não estaria na hora de alguém, com um dedo, apontar para que se incomode?

561 *Cenho franzido*

O que anuncia um cenho franzido? Ignorá-lo significa não dar *sentidos* àquilo que um corpo quer dizer. Sim, o cenho franzido nos diz se há preocupações ou incômodos. É mais uma *boca* do corpo.

562 *O bocejador preguiçoso*

Além do comum excesso de gordura, o preguiçoso traz bocejos a tudo o que lhe é desinteressante. Mas quase tudo é desinteressante a um bocejador preguiçoso. Como deseja a recompensa fácil, o descanso duradouro e a tranquilidade de um sono, o bocejador preguiçoso diante de um desafio refuga, diante de uma laboriosa reflexão, desiste e dispara o seu bocejo preguiçoso. O bocejo do preguiçoso é uma campainha que dispara diante da impossibilidade de prosseguir, é o sinal de rendição daquele que desistiu de compreender.

563 *Me lasco, logo existo*

Pense na "vida perfeitinha". Tudo certo, tudo realizado do jeito planejado. Só vitórias, acertos e conquistas ao longo da vida. Vai querer abandoná-la? Provavelmente não. Então, como aceitar a certeza da morte? Já que a morte é certa, é melhor então que a "vida perfeitinha" seja inviável ou inexistente. Imagine a dificuldade em aceitar a morte caso existisse a "vida perfeitinha". É preciso se lascar na vida para morrer bem. Envelhecer é se lascar, perder é se lascar, ou seja, viver é também se lascar! — e a máxima do filósofo deveria ser "Me lasco, logo existo". Portanto, como a desejada "vida perfeitinha" não passa de uma ficção, com todo respeito, amigo, vá se lascar!

564 *Mega punheta*

Suponhetemos (porque aqui é uma questão de fantasiar demais com aquilo que não se tem!) que você aposte na Mega Sena. A chance de você ganhar, com uma aposta, é a miséria de aproximadamente uma em cinquenta milhões! É pouco, quase impossível. Por que então você aposta? Porque tem alguma esperança em ganhar, pois se não a tivesse, jamais apostaria. Sendo a esperança, como disse Spinoza, uma alegria que surge da imaginação de um bem futuro duvidoso, a esperança na Mega Sena deve ser pequena como a chance de ganhá-la, caso você seja "realista" e não fantasie demais com aquilo que não tem, com aquilo que deseja. Caso você fantasie demais com aquilo que não tem, ignorando a *quase* nula chance de dar-se bem, podemos dizer que apostar na Mega Sena, nesse caso, não é diferente de uma ordinária punheta!

565 *Loteria e pobre*

No último final de semana, filas enormes formaram-se nas casas lotéricas. O prêmio é milionário. A multidão fez as suas apostas e sonha com os milhões. É a necessidade de um sonho — uma forma de fugir do tédio e de uma vida frustrada. É o sonho da *felicidade*, que neste caso supostamente viria com muito dinheiro. Cômico também é escutar *pobre* dizendo que, se ganhar, ajudará o *pobre*. Acredita que ter um fim "nobre" para o dinheiro aumentará as suas chances diante de um deus que ama o *pobre*.

566 *O tipo Marcela*

Não escrevo aqui sobre amigas que se chamam Marcela. Escrevo sobre um tipo, descrito por Machado de Assis, indicado aqui como o tipo Marcela. O que diz Brás Cubas? Narra a sua aventura com uma bela e jovem mulher, Brás Cubas conta-nos em suas memórias a sua vida juvenil de amores e presentes caros para Marcela. O relacionamento só foi possível porque Brás Cubas comprava Marcela com joias e outras quinquilharias. O tipo Marcela apresenta-se então como aquela mulher que se pode comprar, e para um homem poder tê-la é preciso muito dinheiro. O tipo Marcela ama o luxo, avalia a vida pela quantidade de dinheiro e objetos valiosos que possui. A avaliação do tipo Marcela é a avaliação simples e fácil, que pode ser feita por qualquer cretino que enxerga os símbolos da posse de muito dinheiro. Avaliar "o mundo" como Marcela é fazer um cálculo simples, possível até a parvos, sobre a possibilidade de obter alguma vantagem a partir da riqueza de outrem. Toda avaliação financeira é "concreta", visível, mas aquilo de mais elevado num ser humano pode ser invisível a olhos cretinos, míopes. No fim, como em muitos casos, a vida do tipo Marcela não é fácil. No livro de Machado de Assis, Marcela acaba pobre, velha e bexiguenta. O dinheiro e o seu principal meio para obtê-lo — a sua beleza como meio — terminam assim como a sua história, pois a sua história foi só isso.

567 *O tipo funcionário público russo ainda hoje*

Seja numa novela de Gógol ou Dostoiévski, encontramos o funcionário público, o *homem do subsolo*. Uma de suas características ainda é comum até nos dias de hoje em nossos servidores públicos: a relação burocrática. Não há amizade num sentido altaneiro, há somente vínculo burocrático.

568 *Burocratas*

Um burocrata pode-se identificar pelo manuseio dos papéis da burocracia. Observem o seu jeito de pegar os papéis, com todo zelo, e a atenção dada aos documentos. Ele é todo cuidadoso, não quer amassá-los, sujá-los, inviabilizá-los. O excesso de cuidado mostra que um burocrata é incapaz de dizer: "Danem-se os papéis, o que importa é a vida!" Claro, uma vida sem papéis ou, pelo menos, com menos burocracia e burocratas.

569 *Paradoxo da aposentadoria*

Aquele para o qual você trabalha hoje não é você amanhã...

570 *Preso e sem um horizonte*

A especulação imobiliária é terrível. Em São Paulo, quarteirões de casinhas antigas e com muita história são comprados para serem construídos prédios que falarão inglês e francês. Dizem que terão espaços *fitness, kids, gourmet* e Wi-Fi por todo o prédio. Se com toda essa fluência até parecem-me bons, fora, nem tanto. Com a construção de um prédio ao lado do outro, não haverá uma visão de algo distante, dentro de *studios* de menos de trinta metros quadrados, o morador é encarcerado num mundo sem muitos horizontes. Preso nesse mundo, deve apenas trabalhar, ganhar algum dinheiro que distraia, morrer e, então, ser substituído por outro na engrenagem.

571 *Gosta de um cigarrinho? E um peidinho vai também?*

Àqueles que gostam de um cigarro e não se importam com o cheiro compartilhado com todos ao redor, pergunto se um *peidinho* é possível. Aceitam um peido meu, um *peidinho* sutil? Quero compartilhar também um cheiro fedido! Ora, se não aceitam o meu peido, eu também posso não aceitar o cheiro do seu cigarro. Àqueles que andam pelas ruas fumando, experimentem a sensação de seguir um peidorreiro.

572 *Cheiro do bafo*

O cheiro do bafo dá indicações do que foi comido. O mau cheiro pode indicar um alimento de má qualidade ou uma digestão problemática. O conhecimento é um tipo de alimento. Mas para o *espírito*. Alimento que também pode provocar mau cheiro, seja em razão da má qualidade do conhecimento digerido ou da má digestão de quem torna fedido até o mais sublime dos alimentos.

573 *Contra fuzis, a favor de fusíveis*

Ora, o ressentimento governamental da tolice elevada a mito até quis fuzis para todos, seria a democratização de um bem durável, algo justo somente na cabeça de estúpidos. Ao invés de fuzis para essa ralé descontrolada, sugiro fusíveis. Porque essa gente tola e descontrolada precisa de fusíveis para controlar as suas asneiras. Dado que a asneira surge de uma *corrente elétrica* tresloucada no corpo do asno, um fusível a controlaria, evitaria o excesso de *corrente e tolice*.

574 Mas já estão armados

O acesso livre a armas é para alguns uma solução. Sem duvidas, pode resolver problemas isolados. Mas também os cria na medida em que os resolve. Um defensor da propriedade privada pode vangloriar-se por eliminar invasores com sua arma. É um problema resolvido para tal defensor. No entanto, em outras tantas situações, armas no atacado causam mais danos. A questão está nas sequelas. O acesso de todos a armas de fogo é uma solução como a decapitação para a eliminação de piolhos. Para um tipo comum como o ressentido — armado com o ressentimento que habita quase todos os cantos da nossa modernidade — qualquer acréscimo de *poder pode foder*.

575 Amor de pica

Amor de pica é uma expressão popular para tratar o amor físico, descrito por Stendhal, em *Do amor*, de forma elegante. Se o *mundo* do amante, aquele que ele cria de sua amada (a cristalização, usando a terminologia stendhaliana), tiver como principal ingrediente suas belas pernas e *bumbum*, será o amor de pica que aturá como dominante. Se a mulher, depois de uma noite, acordar e ao seu lado estiver um homem que apenas tem para oferecer-lhe um calibre vantajoso, também teremos aqui o amor de pica. E num mundo onde a segunda lei da termodinâmica é rigorosa e implacável, a sabedoria popular passa por erro popular. Pois ao contrário do ditado "o amor de pica é o que fica", nem este amor, nem a pica ficam em pé por muito tempo.

576 Amor de vaidade

Em *Do amor*, Stendhal, no século XIX, descreve alguns tipos de amor, realiza uma *tipologia do amor*. Dentre estes, o amor de vaidade, um tipo de amor encontrado sobretudo na França, segundo o qual a maioria dos homens "deseja e possui uma mulher da moda, como se tem um belo cavalo, como algo necessário ao luxo de um jovem."[236] Quem é *afetado* por este amor (pois amor para Stendhal é uma doença) tem, então, uma conquista para exibir: uma bela mulher para despertar inveja e satisfazer a vaidade. Sendo que "a beleza é só a

---

236 Stendhal. *Do amor*. Porto Alegre: L&PM, 2011, p. 12.

promessa de felicidade"²³⁷, segundo Stendhal, a felicidade para esse tipo é a mais bela mulher possível.

577 Mulheres, belas, excitantes e repugnantes

Apropriar-me-ei da *Metafísica do belo* de Schopenhauer sem temor e pudor. A beleza, quando contemplada, segundo o solitário de Frankfurt, elimina o princípio de razão. Isto é, diante da beleza contemplada, não há tempo, espaço ou causalidade. A vontade é anulada. Por outro lado, diante do excitante, a vontade é despertada. Precisamos saciá-la. Por fim, diante do repugnante, há um movimento de resistência e aversão ao objeto que provoca tal sentimento. A vontade, neste caso, também atua. Nos dois últimos casos — o excitante e o repugnante —, o princípio de razão está presente. Ora, mesmo sem aceitar a metafísica da Vontade de Schopenhauer por não ser mais razoável, sua metafísica do belo, quando considerada apenas do lado do sujeito, do espectador, até faz sentido. Diante de uma bela mulher, temos uma experiência muito semelhante àquela descrita pelo filósofo. Uma mulher estonteantemente bela, para alguém sensível ao belo, não desperta, imediatamente, o desejo sexual. Num primeiro momento, um sorriso, apenas a alegria surge ao contemplar sua beleza. O princípio de razão é suprimido: *o tempo para*. Já a mulher excitante move-nos na direção do seu corpo. É incrível o poder de atração dessa mulher! Existe um desejo que quer ser satisfeito imediatamente. Aqui, claramente, *o tempo se apresenta*. Contamo-lo para satisfazer o desejo. Por fim, as repugnantes: *o tempo não deve ser desperdiçado*.

578 Black Friday

Hoje é dia de felicidade: tudo está com desconto! Pois em nossa modernidade decadente e *degenerada*, a felicidade vem com o consumo. Quanto mais se compra, mais "feliz" é tido. Não é assim pensado, julgado, desejado e feito? Ora, a felicidade — que em quase todos os casos sempre foi associada à luz, à claridade (Iluminismo, Esclarecimento, sonhos de um paraíso florido) — é hoje escura. Hoje é dia da *Black Friday*. Não percam, os valores estão adulterados!

---

237 Ibidem, p. 36.

579 Valor tá russo!

Os valores que por aqui parecem razoáveis, *lá* podem não parecer. A universalidade de valores — não vale quando se dobra a esquina. A igualdade entre homens e mulheres, por exemplo. Na Rússia há menos igualdade do que aqui? Possivelmente, pois lá até mesmo os verbos no passado têm gênero! Os russos não aceitarão *facilmente* os valores do lado de cá da esquina.

580 Por Mefisto

"Ei, tu aí, lê aqui, abestado! Quem aqui escreve não é aquele grandão, aquele que se diz físico e filosofo também. Aqui é Mefisto, o tinhoso, o coisa ruim, o pé de bode. Apoderei-me do notebook do grandão para falar contigo, abestado. Ei, tu aí, o Mesfisto aqui vai dizer a ti umas verdades. O capitalismo, uma das minhas crias, não vai morrer tão cedo. Pobres revolucionários pobres! Morrerão sem isso. Mesmo com o meu mais novo *gadget*, que tu chamas de COVID-19, o capitalismo não vai acabar. Acabaria só com a morte de bilhões! Mas a ciência, que não é minha cria, impedirá a morte, seja das pessoas ou do capitalismo. Sejamos justos também nos infernos. Há duas ciências, irmãs, uma boa e uma má. A má trouxe pra cá, terra que exala enxofre. É esta que sempre salva o capita... Tu não sabias disso, não é, abestado? Ei, tu aí, vou-me embora daqui. O grandão tá voltando. Não consigo nada com ele. Ele é amigo da sabedoria, da ciência boa, é filósofo, não tenho chances com esse tipo. Só com desesperados como Fausto e, provavelmente, tu! Vou agora procurar alvos ainda mais fáceis. Hoje existem os *traders* — gente de cabeça oca e fácil de cooptar."

581 Páginas viradas

Viro a página porque aprendi, superei... esqueci. Quem não vira fica perturbado, irritado; não aprendeu, não superou, não esqueceu — o passado vira o presente.

582 Sem...

Sinto um enorme prazer quando saio para caminhar sem carteira, relógio, celular e um destino. Por não portar a carteira, fico sem uma *identidade*. Por não usar o relógio, esqueço *tempos passados e futuros*. Por não carregar um celular, livro-me de *ligações indesejadas*. Por não ter um destino, apresento-me ao inesperado.

583 O meu caminho

O seu caminho não é o meu caminho. O que lhe serve não me serve. O que você valoriza é por mim desvalorizado. Ninguém é a medida para todas as coisas — *a régua e a balança invariantes*. Eu sou minhas próprias régua e balança — *absolutas somente para mim*. Quero o meu próprio caminho — onde o seu caminho é *somente* o seu.

584 Meus anos de aprendizado

Não quero seguir um trilho, mas criar um que não me conduza a uma estação final — pois não há *estado final*. Nego trilhos que não são os meus e fôrmas inadequadas. Quero libertar-me de grilhões e prisões — pois há chaves. Afirmo, como Heráclito, a vida como um rio. Quero dar forma continuamente àquilo que não permanece. São tarefas para minha vida, minha própria vida — meus anos de aprendizado.

585 Riqueza

Olhar "o mundo" com diversos olhos — isto, para mim, é riqueza. Assumir os papéis de *cientista*, *filósofo* e *artista* — utilizando e ignorando a lógica e a causalidade. O quantificar e o qualificar se sucedem.

586 Guerra dos sexos

Nunca os erros, as discordâncias e as dissonâncias acabarão naquilo que escrevo porque a língua e a norma culta são mulheres. Minha guerra continuará sempre porque é uma guerra dos sexos.

Seções

1 Observação do alto
2 Cozinhas e filosofia
3 Física e ética
4 Caímos iguais
5 Política cósmica
6 PBB (Partido dos sem Big Bang)
7 O absoluto na ciência e a morte de Deus
8 A gravidade pode ser força ou curvatura no espaço-tempo
9 A gravidade do desconhecido
10 Gravidade da prisão
11 A irresistível teoria de Einstein
12 O poder das geometrizações
13 Momentos sobre o espaço
14 Posições sobre o tempo
15 Uma suave introdução aos buracos negros
16 Uma suave introdução à ciência mais poderosa: a cosmologia
17 Proposta para um grau de cientificidade e uma cosmologia sem o não científico big bang
18 A metafísica dos buracos negros
19 Singularidades
20 Violações
21 Resolvendo os problemas de Einstein
22 A ecpirose hoje
23 A ecpirose ainda é possível
24 Os estoicos ainda estão aqui
25 Uma provocação aos físicos
26 Uma teoria especial da regularidade natural
27 Quimera e realidade
28 Milagre

29 Multiverso

30 O universo teve ou não uma origem?

31 Claro erro sobre a energia escura

32 Mundos passados

33 Nem bang nem rip, muito menos big: a origem e o fim do universo como mitos cientificizados

34 O universo é morto

35 Demiurgo

36 A coletividade da demiurgia

37 Demiurgia coletiva: a representação de um buraco negro

38 Criacionismos

39 O big bang como algo ainda mais obscuro do que a criação divina, segundo cristãos

40 Sementes da vida e morte

41 Deste tempo

42 Não é uma troca de seis por meia dúzia

43 Newton: o doente celibatário

44 O velho e doente Einstein

45 Einstein e o Deus de Spinoza

46 Sacerdotes e cientistas

47 A verdade do abade

48 Loucura e rigor

49 Mecânica quântica?

50 Mecânicas quânticas

51 Alemanha, física e filosofia

52 Especulações sobre a natureza quântica da modernidade

53 Mecânica, teleologia e a noção de "todo"

54 Sem fim e sem-fim

55 Trabalho mecânico

56 De carona no cometa...

57 Constrangimento pela mecânica quântica

58 Partículas de tédio

59 Físico de partículas como caçador de borboletas

60 Ainda as mesmas

61 Oh, Zé Mané!

62 "O mundo"

63 O fim da física

64 O progresso da ciência e o ... do homem

65 A necessidade de um consolo

66 Apenas humanos

67 Cometendo injustiças

68 O devoto da ciência e os crentes

69 O ateísmo dos que ainda são devotos

70 Bilhões em cima de milhões

71 Cinco olhares para a verdade científica a partir do meu olhar... porque todo olhar é "a partir de"

72 A verdade mumificada

73 Discordando

74 Além do bom e do mau

75 Relatividade e igualdade

76 Filisteu ou aquele de mau gosto

77 E a luz se apagou

78 Filósofos de segunda linha

79 Ciência como degrau

80 Homem x Natureza

81 Império num império

82 Chaos sive natura

83 Um pequeno passo para o abismo

84 Socratismo e ocidente

85 Valores

86 Crepúsculo dos mitos

87 A mais importante de todas as tarefas

88 O cientista e o artista hoje como criaturas do meio

89 Crise ética ou daqueles que não têm mais uma morada

90 Einstein e Heráclito: mais do que físicas diferentes

91 A expulsão de Deus do "paraíso"
92 O GPS e o mito de Theuth
93 Uma beleza e uma felicidade
94 Verdade, beleza e felicidade
95 Criança
96 Sentidos
97 Álgebra linear dos afetos
98 Lei de conservação das paixões
99 Spinoza e o câncer
100 Liberdade de expressão
101 Afastados da "natureza"
102 Séries...
103 Imperativo matemático
104 O vir a ser calculado
105 Cálculo das variações
106 O assombro de Heráclito
107 Platão e Aristóteles
108 Einstein contra Aristóteles
109 A potência de Platão
110 Nietzsche esquecido
111 Fuleiragem
112 Calorias
113 Matemática formadora
114 Einstein vigiado ou invejado?
115 Einstein ainda odiado
116 Máquinas do tempo
117 Ressentimento e viagens no tempo
118 Condenados pelo tempo
119 O mundo nem como vontade, nem como simulação
120 Triplicação "do mundo"
121 O que é a mudança?
122 Terraplanistas não têm profundidade... são planos

123 As planas cavernas dos terraplanistas
124 Quatro razões para um caba ser terraplanista
125 A Terra não é plana, mas o universo...
126 Infinitos como lugares naturais
127 A individuação sua e nossa
128 Um processo de individuação não binário
129 De volta à comunidade
130 O individualismo é sinônimo de burrice
131 A ficção do indivíduo isolado
132 Balelas
133 Práticos que não sabem o que é uma teoria
134 Uma teoria nem sempre é um palpite
135 Teoria como cobertor
136 Brincadeira natural
137 Reciclagem
138 O futurista
139 Por que o conhecimento é possível? Kant e Nietzsche no meio-campo do conhecimento
140 5 erros de gigantes para você se sentir melhor
141 Divulgação científica e sua importância desde Platão
142 Matemática e a sua origem terrestre
143 Mais sobre a origem da matemática
144 Língua e mundo
145 Sob o reino de um ideal
146 Mar de ficções
147 Apropriações para fins de sobrevivência
148 A astrologia é "menos" pior
149 O conservador não conservará a sua alegria eternamente
150 Gramática quântica e relativística
151 Dieta fantasma
152 Os quanta "quiseram" a Lua
153 A cossós

154 Abismo entre nós

155 Outros mundos

156 Vestindo a camisa de Vênus

157 Nossa Terra

158 A Chegada, um filme metafísico

159 Ciência das mudanças climáticas

160 Futurismo

161 O estatístico pervertido e o cientista que só tem dado

162 Ter dado não é tudo

163 Quando a tirânica razão matemática degenera-se em razão probabilística: ou quando não conhecemos bem as causas

164 3 perspectivas sobre a lei da causalidade

165 Morreu mas passa bem quando acordou morto

166 Ciência e arte

167 O belo na ciência

168 O feio na ciência

169 Day nada

170 Ficção científica ou ficção ficcional

171 Planetas alinhados

172 O mundo não mudará, apesar das mudanças

173 Darwin dispensável

174 Um vírus quer nada

175 Pico contingente

176 O mal no mundo: o coronavírus

177 Neurocentrismo como nossa fragmentação

178 Neurociência atrasada?

179 Multiplicadores de eus

180 "Eu"

181 Atividade cerebral

182 Pessimismos

183 Razão e não-razão

184 Arquiteturas filosóficas: os prédios Hume, Kant e Nietzsche

185 "O mundo" é somente fenomenal
186 Conservação da discussão
187 Ainda interessante
188 Questões e mais questões
189 A razão tupiniquim precisa de gozação
190 O zombeteiro
191 Sobre a decadência universitária
192 Eruditos: hipocondria, melancolia e hemorroidas
193 O homenzinho que apenas pensa
194 Não confundir pau-d'água com paideia
195 Carnudos e raquíticos
196 Vulgarização do homem do conhecimento
197 Os trabalhadores científicos
198 O cientista também é do tipo burguês
199 Cientistas enfadonhos contra um povo que ignora
200 A estreiteza do típico homem da ciência
201 Pós-graduando como boi capado
202 Submissão perene ou como doutores podem ser castrados
203 A ausência do grandioso faz-se notar
204 Apenas a fama
205 Sanitarius
206 Shows
207 Improbidade científica
208 A classe média parasitária na ciência: o caso FAPESP como banco
209 É hora de pagar, investidores
210 Carl Sagan só para o público
211 AI (Artificial intelligence) está aí
212 Depois da posse numa cátedra...
213 Fogo de Prometeu
214 Papers ou papiros sagrados
215 O homem que corre
216 Seminários e suas 3 serventias não declaradas

217 *A universidade de Brás Cubas*
218 *O câncer e a universidade*
219 *Admiração e respeito*
220 *Defenestrando eruditos*
221 *O povo contra os ultraespecialistas*
222 *Contra o mérito do especialista*
223 *Produção de amizade*
224 *A ilha dos bem-aventurados*
225 *Prazer, conhecimento*
226 *Esperança universal*
227 *Ciência manhattiana*
228 *Coragem para criar*
229 *Falta de reconhecimento*
230 *Interdisciplinaridade*
231 *Filosofia contra a idiotice*
232 *As ciências humanas geram bilhões*
233 *O cientista como um jumento?*
234 *Plágio antigo ou veneno?*
235 *Necessidade de arte e descanso*
236 *Ciência poética*
237 *Caixa de ferramentas*
238 *Beleza humana*
239 *Um exemplo do sublime*
240 *Uma suave introdução ao trágico*
241 *Trágico*
242 *Tragédias*
243 *Uma função para a arte*
244 *Zaratustra como herói trágico*
245 *Van Gogh como artista trágico*
246 *Leituras plurais*
247 *Homero x Virgílio*
248 *Por que certas séries de TV fazem sucesso*

249 Axila e sovaco

250 O time e a singularidade (ou a obra de arte)

251 Geral, particular e singular

252 Nobreza

253 Goethe, o sem inveja

254 A sempre fracassada tentativa de clarear um sorriso amarelo

255 3 observações sobre a inveja

256 A ave em Nietzsche e Pessoa

257 Concertos de Brandenburgo

258 Um deus dançarino e DJ

259 O problema da música eletrônica

260 Graves e gravidade

261 Mais dois entorpecentes: música eletrônica e rock and roll

262 Roqueiros presunçosos e descabelados

263 The Doors, Led Zeppelin, Jane's Addiction e o dionisíaco

264 Vida baixada

265 Origem do retardado

266 Ser humano

267 A impossibilidade dos empoderamentos

268 Bom senso

269 Saudade em demasia num tempo de fraqueza

270 F5 na alegria

271 O riso e a loucura

272 Hipérion e Zaratustra: amor, amizade e riso

273 Em defesa de um tipo de artista, o que vale a pena

274 Chefs na grosseria

275 Amando na cozinha

276 Abandonar: verbo intransigente

277 Anos de aprendizado

278 Política e nobreza

279 Ativismo irrefletido

280 Juventude inconformada

281 *Juventude precipitada*
282 *Greta*
283 *Contra o anonimato*
284 *Passado, presente e futuro com mais ciência*
285 *Latrocínio*
286 *Questão de valores*
287 *Debate-se ou bate-se?*
288 *Por que estamos assim tão pobres?*
289 *Formações religiosa e científica*
290 *Medo da pobreza*
291 *A falta do espírito público*
292 *Memórias Póstumas*
293 *Paradoxo da honestidade*
294 *Crítica e existência*
295 *Fascismos*
296 *Política e metafísica*
297 *Ciência e felicidade*
298 *Jalecos, ao invés de togas, para parir*
299 *Deus, Diabo, Estado e Mercado*
300 *Filiação econômica*
301 *Vacuidade e plasticidade humana*
302 *O livre mercado como ficção e a crença na ideia de liberdade*
303 *Uma genealogia do liberalismo moderno*
304 *O filósofo do sertão*
305 *A economia é secundária*
306 *Dívida pública*
307 *Contra uma globalização*
308 *Mercador*
309 *Público e privado*
310 *Lulismo*
311 *Um partido é uma organização mas não criminosa*
312 *Falha à esquerda*

313 O tipo médico
314 Ich, der Staat, bin das Volk
315 Obviedades
316 Sangue
317 O conservadorismo pode ser...
318 Conserve só a mudança, assustado!
319 Aristocracias
320 Brasil a curtíssimo prazo
321 Política quantificada
322 O operador fake
323 Quem são os políticos?
324 Estado lamentável
325 Saldo eleitoral negativo
326 Fuzzendo uma eleição
327 Para além das esquerdas e das direitas
328 Capitalismo, socialismo e seus filhos aparentados
329 Chigaliovismo como o limite do socialismo e do comunismo?
330 Política "científica"
331 Monarquistas em 3D
332 Especialistas em rede
333 Economistas: a falta e o excesso de economia
334 PIB
335 Vacinação da economia ou das pessoas?
336 Esperantina para o deus Mercado
337 O problema homem
338 Pé do ouvido
339 Realidade filmada
340 Tem culpa China?
341 EUA e Irã: a bomba nuclear
342 Porta-aviões e o desprezo
343 Negócio para porcos
344 Irmandade mesquinha

345 Pra começar...
346 Coaches
347 Einstein tinha nutrientes
348 O melhor de todos os tempos... desde ontem
349 GOAT ou God
350 Falta de modéstia
351 5Geitinhos
352 Canal para molares ou miolos
353 Adoradores da tecnologia
354 Praça Internet
355 Facebook como uma praça pública
356 YouTube(rs)
357 Rápido prazer
358 O virtual como o subsolo
359 Porrada social
360 5G para a tristeza e 3G para a alegria
361 Política na rede
362 Contra as redes sociais
363 Frieza medida em bytes
364 Formação e informação
365 Instagram como a fonte de Narciso
366 Parvos querem memes
367 Vontade de ser amado
368 Selfista
369 O iracundo consumidor impotente
370 Brasil: o melhor país, pois sou daqui!
371 Oráculos
372 É artificial, mas é inteligência?
373 É uma questão de formação
374 A ampliação da frustração no Youtube
375 Tiranos eleitos pelo povo
376 Os 3 tipos de bens, incluindo o de um cachorro vira-lata

377 O traficante e o homem da bolsa
378 Pega o ladrão
379 Quem quer ser um bilionário?
380 Nada de indiferença
381 Dinheiro para esquecer do dinheiro
382 Administrador público e administrador privado
383 Cristofobia contra não cristãos
384 Metrô: transporte para toupeiras
385 O trabalho, a fealdade e a dominação
386 Trabalho como remédio
387 Inveja daquele que não trabalha
388 Violência doméstica
389 Cultura do estupro
390 Tempos exagerados
391 Física social
392 Trânsito desbotado
393 Educação científica para a massa
394 Mais sondas, rovers e menos Land Rovers
395 Entregadores de Ruído
396 Bar
397 Cidade grande
398 A decadência de um amigo que late
399 Fome
400 Negociador e negociante
401 Sentimento de distinção máxima
402 Contra a humildade e a arrogância desmedida
403 Compartilhando sentimentos ou mentiras?
404 Arte como fast food
405 Arte como decoração
406 Atração desmedida por filmes
407 Revistaria e porcaria: não somente uma rima
408 Super-heróis da verdade e do bem

409 Sinceridade em excesso como estupidez
410 Cães bravos
411 Falsificadores de moeda
412 Crime e espontaneidade
413 Dureza e doçura
414 Mediocridade antifilosófica
415 Olhar para a morte
416 A morte sem máscara
417 Pensamentos absurdos
418 Vitória sobre a morte
419 Preparar-se para morrer
420 Sobre a minha morte, a cada segundo mais próxima, e a minha tentativa de eternidade
421 Equação da morte (ou da vida)
422 O sono e a morte
423 Tratando da morte
424 Boas-vindas à velhice
425 Vida e morte
426 Vida pós-morte e happy hour
427 Morrer: verbo no futuro
428 n-1
429 Morte
430 Velhice como alegria contraditória
431 Por que envelhecer?
432 A náusea do mundo
433 Sobre a corrupção
434 O absurdo indígena
435 Tá Danaides
436 Hedonismo e dor
437 O nada por trás das tatuagens e dos piercings
438 Família republicana
439 O véu do amor

440 Amizade altaneira

441 Convívio com semelhantes

442 Casais e amizade

443 A riqueza de Epicuro

444 Duas solidões: Zaratustra e Golyádkin

445 Solidão para aprender e silêncio para suportar

446 Silêncio

447 Celular e silêncio

448 Coragem de quem fala

449 Coragens

450 Carnaval

451 Explosão e implosão

452 Calem-se

453 A tirania do conceito

454 Para que o carnaval?

455 Carnaval como demarcação

456 Máscaras resistentes

457 O cultivo de si mesmo

458 Mais do mesmo pelos publicitários

459 Marqueteiro: o prestidigitador

460 Um exemplo da idiotização ou como transformar todos em publicitários

461 Engenheiros nada engenhosos

462 Filhos do Direito: estéreis que procriam

463 O homem de toga

464 Homo consumens

465 Nietzsche contra as churrascarias

466 Alegria calórica conservada

467 Contra Aristóteles: poesia e história

468 Contadores de histórias

469 O gosto de quem não tem gosto

470 A linguiça do Star Wars

471 Descanso no cinema

472 Goethe e os vampiros
473 Futebol lá e aqui
474 Futebol genialmente sujo
475 O jogador de futebol como commodity e o problema de um tipo de inteligência brasileira
476 Campos da vida
477 Por que a seleção?
478 O natural contra o artificial
479 UFC só se for em Fortaleza
480 Origem das torcidas organizadas
481 Messi como especialista da bola
482 Jornalismo esportivo
483 Ufologia e jornalismo
484 Decaimentos: de alfa a ômega
485 Contra os que falam sobre tudo
486 Julgando pelo prazer
487 Livros e pratos
488 Vida como exemplo, corpo como "fundamento"
489 Falseando pessoas
490 Perturbações
491 América exportada
492 Preconceito racial
493 A falsa substância dos brancos, a brancolina
494 Um buraco negro é forévis
495 O cumandante escraviza
496 Quando a única autonomia que importa é a da bateria
497 Terra plana e bucho redondo
498 Nada, boia, afunda
499 A questão da audiência
500 Religiões em débito com o fisco
501 Deus e também o Diabo morreram
502 Os novos padres

503 *O padre e os trogloditas narcisistas contra Platão*
504 *Maromba que arromba*
505 *Cabeçonas em corpinhos e cabecinhas em corpões: Platão contra os brandos e os bárbaros*
506 *Ginástica sem fim*
507 *Atletas e os seus físicos*
508 *Corrida*
509 *Filhos de Narciso*
510 *Mulheres das cavernas*
511 *As aparências nem sempre enganam*
512 *Contra os malnutridos*
513 *Os sem graça*
514 *Cara engessado*
515 *Tá na cara*
516 *O relógio viral e a estupidez*
517 *Não julgueis, burros*
518 *O índice H e o índice P*
519 *O abismo*
520 *Distrações*
521 *A existência nua*
522 *Um desafio não arquimediano*
523 *Trinta e seis anos de solidão*
524 *Trogloditas poliglotas*
525 *Rio*
526 *Esquecimento*
527 *Justiça fluida*
528 *O problema no banho*
529 *Origem do mau cheiro no mundo*
530 *Cães quase todos são!*
531 *Brasil ontem e hoje*
532 *Bolsa ao invés de boceta*
533 *O Brasil*

534 Promessas que podem ser equivalentes às do seu candidato
535 Hiperbóreos
536 DroBrasil
537 O absurdo na farmácia
538 A família brasileira doente
539 Ájax na UTI
540 Heróis e overdose
541 Maconha como analgésico
542 Filosofia da maconha
543 Imortalidade
544 Minha primeira descida ao Hades
545 Felicidades
546 Tédio
547 Não tem preço, ordinário
548 Viagem de avião
549 Motoristas e telespectadores
550 Pilotagem mórbida
551 O acelerador como parte de um órgão
552 O automóvel: potência para impotentes
553 Boa viagem... para o inferno
554 Corridas e um dissimulado objetivo
555 O riso da hiena
556 O batedor de carteiras e a hiena miserável
557 Cinismo filosófico ou filosofia de peidos e porra
558 A metáfora da centopeia
559 Função das pernas
560 Absurdos dos pés à cabeça
561 Cenho franzido
562 O bocejador preguiçoso
563 Me lasco, logo existo
564 Mega punheta
565 Loteria e pobre

566 O tipo Marcela
567 O tipo funcionário público russo ainda hoje
568 Burocratas
569 Paradoxo da aposentadoria
570 Preso e sem um horizonte
571 Gosta de um cigarrinho? E um peidinho vai também?
572 Cheiro do bafo
573 Contra fuzis, a favor de fusíveis
574 Mas já estão armados
575 Amor de pica
576 Amor de vaidade
577 Mulheres, belas, excitantes e repugnantes
578 Black Friday
579 Valor tá russo!
580 Por Mefisto
581 Páginas viradas
582 Sem...
583 O meu caminho
584 Meus anos de aprendizado
585 Riqueza
586 Guerra dos sexos

Impresso na Prime Graph
em papel pólen 80 g/m²
fonte utilizada adobe caslon pro
maio / 2024